Richard H. Popkin

Mit allen Makeln
Erinnerungen eines Philosophiehistorikers

Anhang:
Die dritte Kraft im Denken des 17. Jahrhunderts

Mit einem Vorwort hrsg. von
Martin Mulsow

Meiner

Im Digitaldruck »on demand« hergestelltes, inhaltlich mit der ursprünglichen Ausgabe identisches Exemplar.

Bibliographische Information der Deutschen Nationalbibliothek: Die Deutsche Nationalbibliothek verzeichnet diese Publikation in der Deutschen Nationalbibliographie; detaillierte bibliographische Daten sind im Internet über *portal.dnb.de* abrufbar.
ISBN 978-3-7873-4754-4
ISBN eBook (PDF) 978-3-7873-2097-4

Kontaktadresse nach EU-Produktsicherheitsverordnung:
Felix Meiner Verlag GmbH
Richardstraße 47, 22081 Hamburg
info@meiner.de

Gesamtherstellung: Libri Plureos GmbH.
Gedruckt in Deutschland.

Inhalt

Vorwort

Richard H. Popkin gilt als einer der großen Philosophiehistoriker des 20. Jahrhunderts – und doch ist sein Werk für das deutsche Publikum erst noch zu entdecken. Seit 1960 hat Popkin in zahlreichen Büchern und Sammelbänden Themenfelder der Geistesgeschichte eröffnet, von denen sich die traditionelle Philosophiehistorie nichts hätte träumen lassen. Es geht bei ihm um unbekannte Skeptiker, häretische Juden, chiliastische Träumer, um die Vertreibung der Juden aus Spanien, die Entdeckngen von Kolumbus und die Untergrundliteraten der Aufklärung – aber auch und immer wieder um die großen Denker wie Spinoza, Hobbes, Leibniz, Newton oder Hume. Nur werden diese Denker in ein ganz neues Licht gerückt, indem sie in ihre geschichtlichen Kontexte zurückversetzt werden, die eben von allerlei seltsamen und uns fremdgewordenen Strömungen gekennzeichnet waren.

Denjenigen, die Popkin kannten, war schnell klar: Dies ist kein gewöhnlicher Philosophieprofessor. Der Mann scherte sich weder um akademische Förmlichkeiten noch um die Regeln der Grammatik. Seine Mutter war eine Romanschriftstellerin.[1] Popkin selbst hatte die Gabe eines genialen Gedächtnisses. Entsprechend begann er als Mathematiker, wechselte dann aber bald über zur Philosophie. Popkin war im Herzen ein Detektiv, und sein vieldiskutiertes Buch über den Kennedymord, *The Second Oswald* (1966), bestätigt diese Leidenschaft. Er liebte es, riesige komplizierte Informationsmengen zu einem kohärenten Ganzen zusammenzusetzen. Was immer es war – Watergate oder der junge Spinoza –, Popkin suchte nach unentdeckten Spuren. Noch das späte mit David Katz verfaßte Werk *Messianic Revolution* von 1999 ging vom Attentat in Oklahoma City aus, um dessen ideologische Spur zwischen Anti-

[1] Vgl. Jeremy D. Popkin: »A Forgotten Forerunner: Zelda Popkin's Novels of the Holocaust and the 1948 War«, in: Shofar: An Interdisciplinary Journal of Jewish Studies 20 (2001), S. 36–60.

semitismus und Endzeiterwartung bis weit in die Frühe Neuzeit hinein zurückzuverfolgen. Die Frühe Neuzeit war denn auch das eigentliche Gebiet, auf das der am 27. Dezember 1923 geborene Popkin seinen philosophiegeschichtlichen Spürsinn richtete. 1960 erschien sein bis heute bekanntestes (aber nie ins Deutsche übersetztes) Buch: *The History of Scepticism from Erasmus to Descartes*. Darin wurde jener Skeptizismus wiederentdeckt, der seit dem späten 16. Jahrhundert von Kreisen der katholischen Kirche genährt wurde, um den Rationalismus vieler Protestanten zu unterminieren. Popkin las Montaigne, Descartes – und später auch Spinoza und Bayle[2] – im Lichte dieses Narrativs auf neue Weise. Und er vervollständigte sein Bild von diesen Denkern – und von Hobbes, Glanvill, Hume und vielen kaum bekannten Theoretikern –, indem er in den folgenden Jahrzehnten dem Puzzle ständig neue Teile zuführte: etwa den Millenarismus, also die Endzeiterwartung, die so viele Philosophen und Wissenschaftler von Comenius bis Newton umtrieb und ihre Systeme prägte. Die Gewißheit der Endzeit aus einer unfehlbaren Bibeldeutung heraus erschien manchen ein besserer Weg aus der skeptischen Krise als das cartesische »cogito«. Zwischen den Rationalisten und den Empiristen waren diese Männer (und eine Frau: Anne Conway) eine nicht zu unterschätzende »Third Force«. Popkin lag viel daran, die Einteilungen der philosophischen Lehrbücher aufzubrechen. Vor allem die angloamerikanische Philosophiehistorie der Nachkriegszeit neigte zu der Vereinfachung, alles in die Felder Rationalismus und Empirismus aufzuteilen. Wenn Philosophiegeschichten heute damit vorsichtiger sind, ist das nicht zuletzt Popkin zu verdanken.

Der Detektiv Popkin verfolgte seine Spuren aber auch bis in den Untergrund der »clandestinen Philosophie« von religionskritischen Pamphleten wie der berüchtigten Schrift über die »drei Betrüger« Moses, Jesus und Mohammed. Oder den antichristlichen Schriften, die in den Kreisen der Amsterdamer Juden um 1700 zirkulierten, bevor sie ihren Weg in den Schwarzmarkt der Aufklärer und in die Hände der Deisten fanden. Jüdisches (häretisches) Denken

[2] Spätere Auflagen des Buches haben die Spanne des Werks erweitert: The History of Scepticism from Erasmus to Spinoza (Berkleley 1979); The History of Scepticism from Savonarola to Bayle (Oxford 2003).

war dem Nachkommen russischer Juden immer ein Anliegen. Er spekulierte über die Verbannung Spinozas aus der jüdischen Gemeinde, über die Aktivitäten des großen Vermittlers Menasse ben Israel oder das mögliche Marranentum (verborgenes Judentum) von Isaac La Peyrère, einem der ersten Bibelkritiker. Nicht immer sind seine oft gewagten Hypothesen akzeptiert worden, aber immer war die Forschung dankbar für die Anregungen.

»Popkin knew hundreds of sixteenth-, seventeenth-, and eighteenth-century thinkers personally,« hat Popkins Schüler Richard Watson bemerkt. «Perhaps several thousand. He had read their letters and private papers, noted what they underlined in the book they read, checked mentions of their names in official documents, virtually memorized the book they wrote, and registered their relations to one another. His memory was omnivorous, nothing [...] ever escaped, but what defined the man was that his mind ranged around in that memory bank and made all the connections.«[3]

Popkin, der in Iowa, St. Louis und Kalifornien gelehrt hat und dazwischen rastlos auf Reisen war, verbrachte seine letzten Jahrzehnte in Pacific Palisades bei Los Angeles, dem bevorzugten Ort deutscher Emigranten. Schon seit Jahren von Lungenproblemen gezeichnet und am Ende fast blind, hat er dennoch nie seinen spezifischen Humor verloren immer wieder den großen Kreis seiner Mitstreiter und Korrespondenten mit der Offenheit und Großzügigkeit seiner Hinweise verblüfft. Bis zuletzt hat er an Projekten gearbeitet, mit Unterstützung studentischer Helfer, die ihm Texte vorlasen und das Eintippen übernahmen. Er saß in seinem Rollstuhl, schrieb Texte still in seinem Kopf und konnte dann aus dem Gedächtnis heraus diktieren. Bis zuletzt hat er Freunden seinen Wissensschatz geöffnet und Informationen und Adressen vermittelt.

Ich selbst bin erst spät mit Popkin in Kontakt gekommen: 1990 bei dem vierwöchigen Sommerseminar über die »Drei Betrüger« in Leiden, in das ich rein zufällig hineingeschneit war, das aber prägend für meine weitere Arbeit werden sollte. 1990 war ich noch eher verwundert über diesen kleinen dicken Mann mit Warzen und fettigen Haaren, der schnaufend die Treppen hochstieg. Als ich aber in den Jahren danach immer intensiver in brieflichen

[3] Richard A. Watson: »Richard H. Popkin«, in: Isis 96 (2005), S. 412–415.

Austausch mit ihm kam, da lernte ich erst den richtigen Popkin kennen: Einen unglaublich lebendigen, freigiebigen und begeisterungsfähigen Menschen, der nie aufhörte, Projekte zu entwerfen, Sammelbände zu planen und auf unentdeckte Schätze in Bibliotheken hinzuweisen.

Richard Popkin starb am 14. April 2005 in Los Angeles. Nach seinem Tod hat es mehrere Konferenzen und Unternehmungen gegeben, die sein Andenken ehren und die Lebendigkeit seines Erbes zeigen. In Los Angeles gab es im Juni 2006 in der Clark-Library eine Tagung mit dem Titel *The Legacies of Richard Popkin*, organisiert von Popkins Sohn Jeremy. In Belo Horizonte, Brasilien, hat José Maia Neto im Oktober 2007 eine Gedächtnis-Tagung für Popkin abgehalten, und in Florenz hat Antonio Rotondò kurz vor seinem eigenen Tod einen Sammelband in Erinnerung an Popkin organisiert, der von Luisa Simonutti als Herausgeberin fortgeführt wird.

* * *

Ich habe einige Zeit gezögert bei der Entscheidung, die deutsche Übersetzung der Autobiographie Popkins zu veröffentlichen. Sie erschien im englischen Original in Form von zwei Aufsätzen an abgelegenen Orten: der erste im von Richard A. Watson und James E. Force herausgegebenen Sammelband *The Sceptical Mode in Modern Philosophy. Essays in Honor of Richard H. Popkin* (Dordrecht: Kluwer 1987, S. 103–149), der zweite in *Everything Connects. In Conference with Richard H. Popkin*, einer Festschrift zu Popkins 75. Geburtstag, herausgegeben von James E. Force und David S. Katz (Leiden: Brill 1998, S. xi–lxxvi).

Während der erste Aufsatz – der erste Teil der Autobiographie, der bis etwa 1986 reicht – schwungvoll geschrieben ist und ein buntes Bild nicht nur von Popkins Interessen und Theorien, sondern auch der Zeitgeschichte enthält, erschöpft sich der zweite Teil in Beschreibungen von Konferenzen und gibt zunehmend den Themen von Popkins gesundheitlichen Schwierigkeiten in den letzten Jahren Raum. Er kann weit weniger öffentliches Interesse beanspruchen als der erste, durchaus ungewöhnliche Teil. So stellte sich die Frage: Sollte man den zweiten Teil einfach weglassen? Doch das hätte eine seltsame Amputation bedeutet, denn die Jahre zwischen 1986 und 1997, von denen diese Seiten erzählen, waren reich an Tagungen, die die Ernte dessen einfuhren, was Popkin seit den 1960er Jahren gesät hatte. Da es Zweck dieses kleinen Bandes sein soll, in Popkins Welt einzuführen und Interesse an seinen Themen zu wecken, sei es dem Leser zugemutet, auch einige Längen zu erdulden und Einzelheiten zu erfahren, die nicht an die große Glocke gehängt werden müssen.

Der Titel, den Popkin seiner Autobiographie gegeben hat, lautet im Original »Intellectual Autobiography: Warts and all«. Das läßt sich schwer ins Deutsche übertragen. Das wörtlich »Warzen und das alles« Meinende changiert in seiner Bedeutung zwischen »In aller Offenheit«, »ohne Umschweife« und »ungeschönt« bis hin zum umgangssprachlichen »Mit allen Macken«. Der Titel sagt einiges über Popkins unorthodoxe Art, mit Dingen umzugehen – und sei es der eigenen Autobiographie.[4]

Natürlich ist die eigentliche Übersetzung, die notwendig ist, aber noch aussteht, diejenige von Popkins Hauptwerk, der *History of Scepticism*. Das konnte in dem Rahmen, der hier zur Verfügung stand, nicht geleistet werden. Um aber dennoch einen Eindruck zu vermitteln, wie sehr Popkin gerade auch mit seinen Aufsätzen neue Türen geöffnet und neue Sichtweisen ermöglicht hat, ist der Autobiographie hier noch ein exemplarischer Aufsatz beigegeben. Er heißt »Die Dritte Kraft im Denken des 17. Jahrhunderts« und stammt aus dem Jahr 1982, als Popkin Gastprofessor an er Clark-Library in Los Angeles war. Erschienen ist der Aufsatz 1992 (in Popkin: The Third Force in Seventeenth-Century Thought, Leiden: Brill 1992, S. 90–119). Dieser Aufsatz bindet zwei der Themen, die Popkin bis dahin beschäftigt hatten, auf überraschende Weise zusammen, indem er Millenarismus als eine mögliche Antwort auf die skeptische Krise im 17. Jahrhundert versteht. Zugleich ermöglicht der Aufsatz eine Art »Gestalt-Wahrnehmung« der diffusen Gruppierung um Hartlib, Dury und Comenius, die man sonst auch »Hartlib-Kreis« nennt.[5] Dieser Kreis ist in gewisser Weise ein Vor-

[4] Vgl. auch Jeremy D. Popkin: »Is Autobiography Anti-academic and Uneconomical? Some Thoughts on Academic Autobiography«, in: *History of Political Economy* 39 (2007), S. 30–47.

[5] Vgl. dazu meine Aufsätze: »Metaphysikentwürfe im Comenius-Kreis

läufer der Royal Society und der wissenschaftlichen Revolution, doch sieht man in ihm viel deutlicher die treibende Kraft, die in der spezifischen religiösen Überzeugung gegeben ist.

Die hier gedruckten Texte sind von einer Gruppe Münchener Übersetzer unter der Leitung von Andreas Mahler aus dem Englischen übertragen worden. Übersetzer der Autobiographie waren Andrea Arendt, Richard Barth, Birke Bossmann, Andreas Keller und Christel Klink, Übersetzer der ›Dritten Kraft‹ Birke Bossmann und Christel Klink. Ich danke der ganzen Gruppe für ihr großes Engagement. Weiterhin danke ich den Verlagen Brill und Springer (Springer Science and Business Media, die Rechtsnachfolger des Kluwer-Verlags) für die freundliche Erlaubnis, die drei Texte übersetzen zu dürfen.

New Brunswick, im Frühjahr 2008 *Martin Mulsow*

1640–1650. Eine Konstellationsskizze«, in: Martin Mulsow und Marcelo Stamm (Hg.): Konstellationsforschung (Frankfurt 2005), S. 221–257, und: »The Third Force Revisited«, in: Jeremy Popkin (Hg.): The Legacies of Richard Popkin (Dordrecht: Springer, im Erscheinen).

Mit allen Makeln
Erinnerungen eines Philosophiehistorikers

übersetzt von
Andrea Arendt, Richard Barth, Birke Bossmann,
Andreas Keller und Christel Klink

I.

Womit beginnt man am besten seine intellektuelle Biographie? Mit den ersten Gedanken, an die man sich erinnern kann? Oder mit den frühesten Schreibversuchen? Ich will ab dem Zeitpunkt beginnen, wo ich die Phase meiner intellektuellen Pubertät überwunden hatte und eigene Vorstellungen davon zu entwickeln begann, was auf der Welt so vor sich geht.

Als Ideengeschichtler bin ich der Auffassung, dass man Ideen, egal von wem sie stammen, immer in einen historischen Zusammenhang einbetten muss, damit man mit ihnen einigermaßen systematisch und stringent umgehen kann. Ich will also zunächst kurz skizzieren, aus welchen familiären Verhältnissen ich komme. Ich wurde am 27. Dezember 1923 in der Bronx geboren. Meine Eltern waren unauffällige, säkularisierte Juden aus der Mittelschicht. Selbst schon in den USA geboren, waren sie beide Kinder von Immigranten aus einem kleinen Städtchen in der Nähe von Wilna, das damals zu Russland gehörte. Meine Eltern hatten sich vom orthodoxen Judentum gelöst und standen ihm eher feindselig gegenüber. Sie waren Amerikaner und amerikanisiert. Beide waren in New York aufs College gegangen, allerdings ohne einen Abschluss zu machen. Sie waren berufstätig und betrieben eine Agentur für Öffentlichkeitsarbeit. Meine Mutter schrieb, anfangs nur Artikel, später auch Detektivgeschichten und Romane. Die weltoffene, fortschrittliche Gesinnung meiner Eltern war gleichermaßen geprägt von John Dewey und seiner fortschrittlichen Schulreformbewegung wie von Bertrand Russells aufgeklärtem Humanismus, vom Sozialismus eines Eugene Victor Debs wie von den radikalen Reformbestrebungen der Linken um Roosevelt.

Solange ich denken kann, lebten wir in einer fast ausschließlich jüdischen Welt, in der alle ähnlich emanzipiert waren wie wir. Meine Eltern engagierten sich in der jiddischen Kulturszene von New York und kannten so ziemlich alle ihre Schriftsteller, Bühnenautoren und Schauspieler. Leider haben sie diesen Teil des jüdischen Lebens mit uns Kindern nicht geteilt.

Einen halben Block weiter in der Bronx lebten auch Katholiken, die für uns sozusagen den Feind darstellten. Oft verhöhnten sie mich und meinen Bruder, und gelegentlich boten sie uns eine Verfolgungsjagd die Straße entlang.

Meine Eltern engagierten sich für alle möglichen nicht-religiösen jüdischen Belange. Von Anfang an waren sie aktiv darum bemüht, die Wahrheit über die Hitlerdiktatur öffentlich zu machen, Flüchtlingen zu helfen und Pläne für die Emigration von Juden nach Palästina und in andere Länder zu unterstützen. Aber wenn auch die jüngere Schwester meiner Mutter in den dreißiger Jahren nach Palästina ging und seither dort lebt, waren meine Eltern keine Zionisten.

Meine Familie unterstützte Roosevelts Reformen und auch einige kommunistisch zu nennende Initiativen. Ein russischer Spion, der später im Gulag getötet wurde, war oft Gast in unserem Haus. Einige unserer Verwandten waren Kommunisten, und meine Eltern waren aktiv in einem Komittee zur Unterstützung der Demokratiebewegung in Spanien tätig. So weit ich mich erinnern kann, hatten wir aber nichts mit den mörderischen Auseinandersetzungen unter Trotzkisten, Lovestonisten und Norman-Thomas-Sozialisten etc. zu tun. Ich bin mir sicher, dass meine Familie für Roosevelt, Herbert Lehmann und Fiorello La Guardia gestimmt hat, obwohl mein Vater in New York Wahlkampfmanager von Alf Landon (dem republikanischen Präsidentschaftskandidat von 1936) und auch der von La Guardias demokratischem Gegenkandidaten war.

Aufgrund der fortschrittlichen Einstellung unserer Eltern wurden mein Bruder und ich auf eine der besten fortschrittlichen Schulen geschickt, die Walden School in Manhattan. Ich war ziemlich frühreif, und dementsprechend hatte diese Schule für mich in den vier Jahren, in denen ich dort war, nur die eine Funktion: meine intellektuelle Entwicklung zu hemmen. Ich lernte, wie man strickt, webt, Aschenbecher töpfert, und Französisch. Ich lernte auch, dass ich, obwohl wir, gemessen an den Maßstäben der Depression, wohlhabend waren, in der Schule als armer Junge galt. Wir wohnten zwar in einem eigenen Heim, einem Zweifamilienhaus in der West Bronx, das meiner Familie gehörte. Wir hatten neun Zimmer, eine schwarze Hausangestellte (die wir immer zu überzeugen versuchten, Kommunistin zu werden, damit sie ihre wirtschaftlichen Probleme lösen könne), ein Auto, massenhaft Bücher, verfolgten kulturelle Aktivitäten und unternahmen Reisen durch den östlichen Teil der Vereinigten Staaten. Aber meine Klassenkameraden waren Juden aus der Oberschicht, die Häuser auf dem Land hatten, Privatunterricht in Musik und Kunst erhielten und Pferde und andere Tiere besaßen. Aus diesem Blickwinkel war unser adrettes Mittelschichthaus in der West Bronx nichts weiter als ein Elendsquartier, gemessen an den großen eleganten Wohnungen im Central Park West und den Stadtvillen meiner Klassenkameraden an der Upper East Side. Obwohl wir also während der Zeit der Depression nie wirklich arm waren, kam es mir im Vergleich zu der Welt meiner reichen Schulfreunde trotzdem so vor. Mein Vater war früher sehr arm gewesen, er hat als Kind Zeitungen verkauft und sein ganzes Leben lang arbeiten müssen, um seine Eltern zu unterstützen. Als Kind, so hat man mir erzählt, soll er in Harlem in einer unmöblierten Wohnung ohne warmes Wasser gelebt haben. Er und seine Geschwister mussten sich aus tiefster Armut nach oben kämpfen. Der Familie meiner Mutter ging es besser, obwohl ihr Vater ein Immigrant war, der alle seine geschäftlichen Unternehmungen in den Sand setzte. Aber auf ihrer Seite der Familie gab es eine ganze Reihe erfolgreicher Aufsteiger, die allesamt daran arbeiteten, die Amerikanisierung meines Großvaters mütterlicherseits zu bewirken, der sein Leben lang ein unnachgiebiger orthodoxer Jude blieb. Er und meine Großmutter ließen sich schließlich in Wilkes Barre, Pennsylvania, nieder und zogen dort drei Töchter groß, die alle schon als Teenager Heim und Orthodoxie hinter sich ließen.

Ich denke, dass es uns aus der Sicht meiner Mutter ganz gut ging, und obwohl es im Familiengeschäft finanzielle Höhen und Tiefen gab, führte dies nie zu einer vergleichbaren verheerenden Notlage, unter der zu der Zeit so viele andere zu leiden hatten.

Ein geschäftliches Tief war der Grund dafür, dass ich aus der Walden School herausgenommen und in die De Witt Clinton High School gesteckt wurde. Ich glaube, mein intellektuelles Leben begann dort, zwischen 1937 und 1940. Obwohl Clinton nach der Walden School ein ziemlicher Schock war – 10.000 Schüler, und das Ding sah aus wie ein Gefängnis –, gab es dort auch eine Menge junger aufgeweckter Juden aus den Aufsteigerfamilien im nordwestlichen Teil der Bronx. Zur Walden School gingen die ganzen unangepassten Reichen, von denen nur einige wenige intellektuell interessant waren. (Mein ältester Freund, David Lowenthal, war einer meiner gescheitesten Klassenkameraden, der dort nicht hineinpasste und auf eine andere, besser organisierte Privatschule geschickt wurde. Wir wurden enge Freunde, weil wir im Milieu von Walden beide Außenseiter waren.)

In Clinton waren die intelligentesten Jungen (und es gab dort nur Jungen), die zum großen Teil Juden waren, in einem Begabtenförderungsprogramm. Als Folge bekamen wir nie die schwarzen Schüler, die ein Drittel der Gesamtzahl ausmachten und eine praktische Ausbildung absolvierten, zu Gesicht. Wir waren eine handverlesene Gruppe, hauptsächlich mit dem Ziel, später aufs College zu gehen und einen anspruchsvollen Beruf auszuüben. Unter meinen Klassenkameraden waren viele, die später hervorragende Professoren wurden, einschließlich einiger bedeutender Philosophen (Adolf Grunbaum, Robert S. Cohen, Steven S. Schwarzschild). Wir lernten sehr viel und hatten oft gute Lehrer. Mein berufliches Ziel war ziemlich vage, Dozent für irgendetwas, möglicherweise Französisch oder Mathematik, meine beiden besten Fächer.

Meine intellektuelle Volljährigkeit erreichte ich so zwischen 1939 und 1940. (Ich war nur drei Jahre in Clinton und habe mit 16 meinen Abschluss gemacht.) Die faschistische Gefahr im spanischen Bürgerkrieg, die Bedrohung durch die Nazis und ihre Ausbreitung und die Unterdrückung der Schwarzen im Süden der USA waren zuhause und in der Schule ständige Themen. Ich schloss mich einer Gruppe von Radikalen im amerikanischen Studentenausschuss an. Ich trug eine Anstecknadel der *Friends of the Abraham Lincoln Brigade*, mit einer Abbildung der Freiheitsglocke. Diese Gruppe kämpfte dafür, die spanische Republik aus den Händen Francos zu befreien. Im Frühjahr 1939 nahm ich an einem Treffen der Jungen Kommunisten teil. Ein oder zwei Monate später wurde ich Mitglied und zum Vizepräsident unserer kleinen Abteilung gewählt. Dann, als sich die schrecklichen Ereignisse von 1939 langsam vor uns entfalteten – München, der Niedergang der spanischen Republik und im August der Hitler-Stalin-Pakt – begann ich meine gerade erst erworbenen Überzeugungen zu hinterfragen. (Ich hatte vorher nur wenig gelesen und war sozusagen einfach in dieses Milieu hineingerutscht.) Nachdem ich den unglaublichen Schock darüber, dass der Erzfeind Hitler und der Anführer des Arbeiterparadieses jetzt gemeinsame Sache machten, mit einigen Freunden aus Clinton besprochen hatte, stellte ich beim nächsten Treffen den Antrag, die jüngsten Entwicklungen weder zu befürworten noch abzulehnen, sondern weitere Klärung abzuwarten. Meinem Antrag wurde zugestimmt. Beim nächsten Treffen wurden meine fragenden Kollegen und ich hinausgeworfen. Als der Zweite Weltkrieg ausbrach, war ich also, mit knapp sechzehn, ein Ex-Kommunist.

Als intellektueller Anführer unserer rebellischen Gruppe unternahm ich einige Anstrengungen, um uns eine neue Basis zu schaffen. Letztendlich erklärten wir uns zu einer unabhängigen Arbeitsgemeinschaft und trafen uns regelmäßig, um sozialistische Theorien und aktuelle Ereignisse zu diskutieren. Mein Zuhause war das Zentrum unserer Splittergruppe, die keinerlei Verbindung zu irgendeiner anderen linksgerichteten Gruppe unterhielt. Hier lernte ich meine zukünftige Frau kennen, die Zwillingsschwester eines Klassenkameraden aus Clinton. Er brachte sie eines Tages mit zu einem Treffen, und kurz darauf begann unsere Romanze, die zu einer bereits schon über vierzig Jahre dauernden Ehe, drei Kindern und bisher zwei Enkelkindern geführt hat.

Unser unabhängiger sozialistischer Verein löste sich auf, als seine Mitglieder aufs College und später in den Krieg gingen. Meine Familie hat sich nie darüber ausgelassen, auf welches College ich gehen oder was ich studieren sollte. Sie nahmen wohl an, ich würde das städtische College besuchen, wie die meisten meiner Klassenkameraden. Ich hatte jedoch ein Stipendium vom Columbia College erhalten und war bereit, nebenbei hart zu arbeiten, um mir ein Studium dort leisten zu können. Und so verließ ich im Herbst 1940 die linke Welt der Bronx und betrat die glanzvolle Welt der Intellektuellen von Columbia College, das zu jener Zeit das Zentrum intellektueller Auseinandersetzungen darstellte. Ich hatte vorher nur wenig Marx, Nietzsche und Spengler gelesen. Plötzlich befand ich mich jedoch mitten in der Kultur des Westens von den Griechen bis zu John Dewey, eingetaucht in höhere Mathematik, die Klassiker der französischen Literatur und die politischen Theorien der westlichen Welt. Meine Lehrer waren Lionel Trilling,

Jacques Barzun, Irwin Edman, John Herman Randall und einige der besten und unverständlichsten Mathematiker. Ursprünglich war Mathematik mein Hauptfach, und ein paar Jahre lang musste ich mich gehörig abstrampeln, um mich gegen alle möglichen Wunderkinder behaupten zu können. Aber ich fühlte mich zugleich auch von der Philosophie und der Geschichte angezogen, und in diesen Bereichen fand ich schließlich meinen Schwerpunkt.

In den Jahren 1941–42 belegte ich John Hermann Randalls berühmte Vorlesungsreihe über die Geschichte der Philosophie. Doch trotz solch gediegener Tutoren wie Charles Frankel und Justus Bucher konnte ich mit Plato und Aristoteles nicht viel anfangen. Ich versuchte mich immer noch als freier Sozialist. Als Jack Randall durch die hellenistische Philosophie fegte, gab er uns den Auftrag, Sextus Empiricus' *Pyrrhonische Grundzüge* zu lesen. Ich lieh mir die Loeb-Ausgabe aus der Bibliothek aus, und auf den U-Bahn-Fahrten von Columbia zu unserem Haus in der Bronx und zurück traf ich endlich auf einen philosophischen Autor, den ich verstehen konnte und der mich ansprach. Das gleiche passierte im zweiten Semester, als ich mich damit herumschlug, herauszufinden, worum es wohl bei Descartes, Spinoza, Leibniz, Locke und Berkeley ginge – bis Hume kam.

Rückblickend kann ich sagen, dass ich aufsässig war und den dogmatischen Liberalismus und die anti-religiöse Einstellung meiner Familie gründlich in Frage stellte; ich war auch rebellisch in Bezug auf die kommunistische Weltanschauung, und sobald meine Mentoren an der Columbia versuchten, mir den Glauben an John Deweys Instrumentalismus oder Frederick Woodbridges Naturalismus zu vermitteln, suchte ich nach einer Möglichkeit, zurückzuschlagen. Im zweiten Studienjahr fand ich diese schließlich bei Sextus und Hume.

Um das Ganze noch einmal in den richtigen Kontext zu rücken, meine Liebe zu Sextus und Hume verdrängte mein Interesse an der Mathematik in keiner Weise, und die moderne symbolische Logik wie auch die damaligen Dissidenten der holländischen Intuitionisten fand ich sehr aufregend. Ernest Nagel führte mich ein in die Welt der neuen Logik und der logischen Positivisten, die sich gerade in der amerikanischen Szene bemerkbar machten.

Nach dem 7. Dezember 1941 veränderte sich jedoch meine intellektuelle Entwicklung. Ich erinnere mich, dass ich mich nur wenige Stunden, nachdem Roosevelt verkündet hatte, dass Pearl Harbor bombardiert worden war, mit Julie traf, meiner Freundin und zukünftigen Frau. Wir sprachen darüber, was das für uns als Teenager bedeutete. So wie wir und unsere Altersgenossen es sahen, würde dieser Krieg wohl noch Jahrzehnte andauern. Niemand hatte eine erkennbare Zukunft. Amerikanische Männer würden zum Militär gehen und dann zehn oder zwanzig Jahre fort sein, bevor sich die Probleme lösten. Bis zur Schlacht von Stalingrad gab es keine erkennbaren Zeichen, dass man Hitler besiegen konnte. Und von den gewaltigen Anstrengungen an Kriegsschauplätzen wie Guadalcanal ausgehend, würde es Jahrzehnte dauern, die Japaner zu besiegen. Karrierepläne hingen also völlig in der Luft.

Ich schrieb mich für ein militärisches Programm ein, mit dem man den Collegeabschluss beschleunigen konnte, sofern man ein kriegsrelevantes Thema im Hauptfach studierte. Mein Hauptfach war Mathematik, also kam ich dafür in Frage, und mein aktiver Dienst wurde bis 1943 aufgeschoben. Ich durfte mir außerdem meinen Dienstzweig aussuchen und wählte, wie viele andere auch, den Geheimdienst, um schließlich bei der Feldartillerie zu landen.

Im Januar 1943 verstarb mein Vater ganz plötzlich mit 47 Jahren. Ohne vorher krank gewesen zu sein, hatte er plötzlich einen Herzinfarkt und verstarb am Tag darauf. Sein Tod war ein traumatischer Verlust für die ganze Familie. Mein Vater war ein herzlicher, liebevoller Mensch, das Zentrum unseres Lebens. Intellektuell hatten wir uns auseinandergelebt, da er im Gegensatz zu meiner Mutter die intellektuelle Welt, die ich betrat, immer weniger zu verstehen vermochte. Dennoch hatten wir uns in seinem letzten Jahr, als ich einen Abendkurs an der Columbia belegt hatte, zum Essen in der Stadt getroffen. Als Wahlkampfmanager des demokratischen Anwärters für das Amt des Gouverneurs von Connecticut war er aktiv am politischen Geschehen beteiligt und engagierte sich sehr für die weltlichen Belange der Juden angesichts der Ereignisse im Europa der Nazizeit. Unsere kurzen Treffen machten deutlich, dass wir mehr und mehr auf unterschiedlichen Ebenen lebten. Dennoch war sein Tod ein gewaltiger Schock für mich und ein psychischer Schlag, von dem ich mich in über vierzig Jahren nicht erholt habe.

Dies führte zu einem emotionalen Zusammenbruch, gefolgt von einer kurzen militärischen Dienstzeit, aus der ich, nachdem ich Virginia vor jedweder möglichen Nazi-Invasion gerettet hatte, im Herbst 1943 entlassen wurde.

Ich ging an die Columbia zurück, wo ich abends ein Aufbaustudium absolvierte, und verdiente mein erstes Geld als Assistent für statistische Berechnungen bei einem Versicherungsmakler. Mit zwanzig begann ich, an privaten High Schools zu unterrichten. In einem der seltenen Momente, in dem ich die Möglichkeit gehabt hätte, die Geschicke der Welt zu beeinflussen, versagte ich völlig. Man bot mir an, am *Manhattan Project* mitzuarbeiten. Ich hatte keine Ahnung, worum es dabei ging. Ein Dozent der Physik, der in der Laborausbildung mein Lehrer gewesen war, bot mir eine Stelle an, bei der ich in einer Garage hinter der Columbia den ganzen Tag Differentialgleichungen berechnen sollte. Hätte ich die Stelle angenommen, davon bin ich überzeugt, wüsste man bis heute nicht, ob man eine Atombombe bauen kann oder nicht.

Ich lehnte das Angebot ab, heiratete Juliet, machte meinen Magisterabschluss in Philosophie an der Columbia und begann, Mathematik, Physik und Geschichte zu unterrichten. Wir waren beide der Meinung, dass ich noch woanders weiter studieren sollte. Ein Professor, der im Grundstudium mein Studienberater und außerdem ein alter Freund der Familie war, hatte mir frei ins Gesicht gesagt, dass ich als Jude wohl kaum in Frage käme, einmal Philosophie zu unterrichten. Er sagte, es gäbe nur sehr wenige Juden auf diesem Gebiet und auch die hielte man nicht für geeignet. Ich ignorierte seinen Rat, hatte aber keine Ahnung, wohin ich mich wenden sollte und wer über die wenigen Aufsätze, die ich gelesen hatte, hinaus die berühmten Namen des Fachs waren. Ich bewarb mich an der Brown University, in Cornell, Harvard, Princeton und Yale. Meine Favoriten waren Brown und Harvard. Ich erhielt für die damalige Zeit großzügige Stipendien von Cornell sowie aus Princeton und Yale. An der Brown University konnte man sich nicht entscheiden. Harvard schrieb mir über sechs Monate lang immer wieder, dass sie meine Bewerbung nicht bearbeiten könnten, so lange nicht der Beweis vorläge, dass ich gegen Pocken geimpft sei. Ich schickte ihnen immer wieder Fotokopien meiner medizinischen Unterlagen von der US-Armee. Aus Gründen, die ich heute nicht mehr nachvollziehen kann, entschied ich mich schließlich für Yale (und ein paar Monate nach meiner Ankunft dort erhielt ich die letzte Anfrage aus Harvard bezüglich meiner Pockenschutzimpfung). Schwer zu sagen, was passiert wäre, wenn ich eine andere Universität besucht hätte. Aber dieses eine Jahr in Yale, 1945–46, hat mich entscheidend geprägt.

Es war das erste Mal, dass Juliet und ich außerhalb des stark jüdischen geprägten Milieus von New York lebten. Als wir in New Haven nach einer Unterkunft suchten, merkten wir schnell, dass wir Außenseiter waren und als Mieter für die wenigen Wohnungen kaum in Frage kamen. Wir kamen schließlich im Kellergeschoss eines alten Hauses auf der Trumbull Street unter, bei zwei ältlichen jüdischen Jungfern, Nachfahren von deutschstämmigen Juden aus der Immigrationswelle von der Mitte des 19. Jahrhunderts. Sie freuten sich über jedes Anzeichen, dass Juden es in Yale »schaffen konnten«. Als Juliet eine Stelle bei der Alumni-Vereinigung für ehemalige Yale-Absolventen bekam, waren sie ganz aus dem Häuschen. Es war das erste Mal, dass so etwas Wundervolles geschehen war.

Die Philosophie in Yale befand sich im Umbruch. Die altehrwürdigen Mitglieder waren schon in Rente, und einige der übrigen Lehrkräfte waren noch immer im militärischen Dienst. Charles Stevenson hatte man eine Festanstellung verweigert. Der Logiker, Fred Fitch, war beurlaubt. Brand Blanchard war zwar eingestellt, aber krank. Sein Kollege vom Bryn Mawr College, Paul Weiss, ein Jude von der Lower East Side, sprang für ihn ein. Es gab nicht genug Dozenten, um einen kompletten Magisterstudiengang durchzuführen. Ich studierte bei Weiss, F.S.C. Northrop, Robert Calhoun und Professor Outler von der Theologischen Fakultät. Im zweiten Semester belegte ich zudem Kurse bei Blanchard und Charles Hendel. Im Laufe des Jahres besprach ich meine mathematischen und logischen Interessen oft mit Fred Fitch. Es gab nur vier Teilnehmer im Aufbaustudiengang für Philosophie, da die meisten Männer immer noch beim Militär waren. An der Columbia war ich 1944–45 in einem Seminar der einzige Student gewesen, und in einem anderen war außer mir nur noch ein weiterer, Paul Oskar Kristeller, der entscheidenden Einfluss auf meine spätere Entwicklung haben sollte.

Ich kämpfte gegen Paul Weiss und seine aggressiven metaphysischen Ansichten. Ich war geprägt vom Positivismus und Pragmatismus und voll der Skepsis, also schlug ich gegen alle Ideen, die er präsentierte, zurück. Ich schrieb eine Arbeit über Sextus zum Thema Ethik und geriet in eine wunderbar lehrreiche Auseinandersetzung mit Weiss. Ich kämpfte gegen Northrops wilde Verallgemeinerungen und lernte unter Anleitung von Weiss die Forschungsbibliothek zu nutzen, um dort nach Munition gegen diesen Mentor zu suchen. In Gesprächen mit Fitch entwickelte ich mein Interesse für die finite Mathematik sowie für die holländische intuitionistische Mathematik und Logik. Bei Blanchard lernte ich die Standardtricks, um idealistischer Metaphysik zu widerstehen. Und durch Hendel bekam ich eine neue Sichtweise auf Hume, die ich in Kürze erörtern werde.

Zu dem Zeitpunkt, als ich nach einem Thema für meine Dissertation suchte, interessierte mich am meisten irgendetwas in Richtung Geschichte der finiten oder nicht-rationalen Mathematik und/oder die Möglichkeit einer grundlegenden Infragestellung der Logik. Ich schrieb eine umfangreiche Abhandlung über die Exhaustionsmethode des Eudoxos von Knidos und die Frage, ob diese der Vorläufer der Infinitesimalrechnung sei. Auf fünfzig Seiten argumentierte ich, dass dem nicht so sei, und schickte das Ganze an eine der führenden mathematischen Zeitschriften, wo man den Artikel annahm, vorausgesetzt, ich würde ihn von fünfzig auf fünfundzwanzig Seiten kürzen, was ich aber nie tat. Ich spielte mit dem Gedanken an eine Untersuchung der empirischen und induktiven Mathematik von J.S. Mill und beschäftigte mich mit der Kritik an der formalen Mathematik und Logik von Brouwer, Heyting, Weyl und Borel. Ich schlug Blanchard vor, eine Untersuchung über die pragmatische Mathematik und Logik von F.S.C. Schiller anzufertigen. Er war entsetzt darüber, denn er hatte Schiller in Oxford kennen gelernt und ihm seine ikonoklastische Sichtweise und seine persönlichen Angriffe auf F.H. Bradley nie verzeihen können.

Obwohl ich schließlich meine Dissertation bei Ernest Nagel über die Intuitionisten schrieb, kamen meine Ideen und Argumente aus einem Seminar von Hendel. Seine Betrachtungsweise von Hume war anders als die gängige, aber nicht sonderlich aufregend. Er betonte die naturalistische Lesart von Hume. Ich, wie üblich in

Opposition, schrieb eine Abhandlung über Hume und Sextus Empiricus, in der ich argumentierte, dass Hume in Wirklichkeit ein wiedergeborener antiker Pyrrhonist sei. Hendel wies uns an, den Text sehr sorgfältig zu lesen, und das tat ich auch und fand lauter Anklänge an Sextus. Auf einer Reise nach New York erzählte ich Paul Oskar Kristeller davon, der mir dann in seiner weisen, gelehrten Art erklärte, dass es wahrscheinlich einen guten Grund für die Ähnlichkeiten zwischen Hume und Sextus gäbe. Jemand, oder gar ich, sollte einmal untersuchen, ob Sextus zu Humes Zeiten bekannt war und ob es eine frühere skeptizistische Tradition gab, auf die Hume Bezug nahm. Kristellers Kommentare boten mir eine Aufgabe, an der ich Jahre arbeiten sollte. Die Tradition des Skeptizismus war bisher noch nicht untersucht, die Sextus-Rezeption seit seiner Wiederentdeckung 1562 bis hin zu Hume noch nicht entfaltet und Sextus selbst fast völlig ignoriert, außer von Randall und Kristeller, die ihn in ihren Seminaren erwähnten, aber eher wohl nur der Vollständigkeit halber oder als Beispiel für intellektuelle Torheit. Es gab nur einen Artikel über Sextus in der aktuellen philosophischen Literatur der Zeit, geschrieben von Roderick Chisholm. Aber dieser Teil der Geschichte wird später an seinem chronologischen Platz noch weiter erörtert werden.

Das Philosophische Institut von Yale hatte angedeutet, dass man mir das höchste Stipendium geben würde, damit ich meine Dissertation vollenden könne. Als man mir mitteilte, dass die Verwaltung dies abgelehnt habe, beschloss ich, Yale zu verlassen, meine Dissertation *in absentia* an der Columbia zu schreiben, wo ich ebenfalls bereits alle Voraussetzungen erfüllt hatte, und mir eine Stelle als Dozent zu suchen. 1946–47, als die amerikanischen Soldaten ins bürgerliche Leben zurückkehrten und die *GI-Bill* nutzten, die ihnen freie Bildungsmöglichkeiten und einen Unterhalt zum Leben bot, wurden die Colleges und Universitäten förmlich überschwemmt. Die bis dahin fast völlig leeren Bildungseinrichtungen quollen plötzlich über vor Studenten, aber es gab nicht genügend Dozenten. In blitzschneller Folge wurden mir drei Posten angeboten, und ich nahm eine Stelle an der Universität von Connecticut in Storrs an, zumindest theoretisch in der Nähe von New Haven, Boston und New York. Ich erhielt ein fürstliches Dozenten-Gehalt von 2.600 US-Dollar für fünfzehn Stunden Vorlesungen über Logik und Einführung in die Philosophie, in einer kleinen Abteilung, die aus ein paar protestantischen Pfarrern und mir bestand.

Storrs war zu dieser Zeit völlig abgelegen, ein großer Campus in einem winzigen Dorf. Es gab keine Geschäfte in Storrs. Wir waren acht Meilen von der nächsten Stadt entfernt, und der Bus fuhr nur ein- bis zweimal am Tag. Wir wohnten in hastig zusammengezimmerten Armeebaracken zusammen mit den anderen neuen Dozenten. Kulturell gesehen, waren wir von unserer jüdischen Welt in New York so weit entfernt, wie man nur sein konnte. Ich war das einzige jüdische Mitglied in der Lehrerschaft. Es gab einen Direktor von *Hillel*, einer Stiftung für jüdisches Leben auf dem Campus, der auch Anthropologie lehrte, und einen Dekan, von dem man sich im Flüsterton erzählte, dass er Jude gewesen sei, bevor er protestantisch wurde. Zum ersten Mal waren Juliet und ich Anfeindungen von Seiten eines unserer Nachbarn ausgesetzt. Uns wurde auch bewusst, wie hoch der Grad der Billigung von Antisemitismus unter unseren Freunden in der Lehrerschaft war, die judenfeindliche Bemerkungen machte, »Jude« als Schimpfwort gebrauchte und der Meinung war, jeder wisse ja, dass jüdische Studenten schummelten etc.

Wir hatten zwar keine richtigen jüdischen Wurzeln, aber wir waren Juden. Meine Familie beschäftigte sich zwar mit den weltlichen Aspekten des Judentums und der jiddischen Kultur, aber sie gehörte nirgendwo so richtig dazu. Mein Bruder und ich hatten keine jüdische Ausbildung erhalten, und unsere Eltern hatten auch keine großen Anstrengungen unternommen, uns Jiddisch beizubringen oder uns in diesen Teil ihrer Welt mit einzubeziehen. Sie versuchten sogar, meinen Bruder und mich zu zwingen, an jüdischen Feiertagen in New York zur Schule zu gehen, was sich aber als unmöglich herausstellte, weil sonst niemand dort war. Meine Eltern waren aktiv innerhalb ihrer säkularen jüdischen Welt und wehrten sich heftig gegen die fortbestehenden orthodoxen Ansichten, die vor allem die Welt meiner Großeltern mütterlicherseits beherrschten. Der jährliche rituelle *Seder* mit der Familie meiner Mutter war immer ein Kampf meiner Mutter gegen ihren Vater. Dagegen bestand Juliets Familie aus sozialistischen Juden, und zumindest war und ist die soziale Ethik des Judentums für sie ein zentraler Faktor, genau wie für mich auch. Ihr Großvater väterlicherseits schrieb ein mit dem religiösen Judentum abrechnendes Buch mit dem Titel *Gesunder Menschenverstand und blinder Glaube*, das er in den Vereinigten Staaten zweimal auf eigene Kosten drucken ließ.

So lange ich mich erinnern kann, habe ich mich immer wie ein Außenseiter gefühlt, egal wo ich war. Wegen meiner außergewöhnlichen intellektuellen Interessen passte ich nicht zu den anderen Kindern. Als ich älter wurde, fühlte ich mich mehr und mehr als Außenseiter. Mein ikonoklastischer Widerstand gegen die Ansichten meiner Eltern und Lehrer äußerte sich spürbar im philosophischen Skeptizismus. Meine kurze Karriere als Kommunist machte es mir recht schwer, politischen Bewegungen beizutreten, obwohl ich in den letzten etwa fünfundvierzig Jahren eigentlich immer ein unabhängiger demokratischer Sozialist gewesen bin. Als wir den jüdischen Schoß verließen und in das hinausgingen, was damals die höfliche, weiße, angelsächsisch-protestantische und judenfeindliche Welt war, samt ihrem geistigen Zentrum, die Gemeinschaft amerikanischer Akademiker, unter denen sich vor dem Zweiten Weltkrieg nur wenige jüdische Professoren befanden, fühlte ich mich als Jude wieder in einer Außenseiterrolle. Juliet fiel es leichter, sich in dieser fremden Umgebung zurecht zu finden, und sie hat sich sich immer für Dinge engagiert, die ihr am Herzen lagen. Wir waren beide durch und durch säkularisierte Juden mit so gut wie keiner Ahnung, wie »richtige« Juden zu sein hatten. Bei einer Vorstellung verschiedener Religionen in Storrs lernten wir, wie ein orthodoxer jüdischer Gottesdienst aussah, und Juliet war richtig entsetzt. Ich hatte das Gefühl, dass dies überhaupt nicht meine Welt war, und vertrat zu der Zeit die Ansicht, Teil der von Bertrand Russell repräsentierten angelsächsischen intellektuellen Tradition zu sein. Ich versuchte sogar, Unitarier zu werden, scheiterte aber sehr schnell.

Im Gegensatz zu meinen Eltern und zu meiner Frau war und bin ich in einem ernsthaften Sinn religiös. Als Junge hatte ich das, was William James »religiöse Erlebnisse« genannt hätte. Ich habe aber in keiner Weise darin irgendetwas von dem erkannt, was ich über das Judentum oder das Christentum wusste. In Storrs verfeinerte ich mein skeptizistisches Instrumentarium, indem ich mit meinen protestantischen Pfarrer-Kollegen diskutierte, ohne jedoch explizit eine gegensätzliche Ansicht auszuformulieren.

Ein Jahr später wurde mir eine Assistenzprofessur an der Universität Iowa angeboten, zusammen mit einer beträchtlichen Gehaltserhöhung. Iowa war absolut phantastisch, eine der Top-Ten-Universitäten mit vielen berühmten Dozenten. Ohne die geringste Ahnung vom mittleren Westen brachen wir also auf in die beste, aber auch schlimmste Epoche unseres Lebens. Und während der Jahre in Iowa entwickelte ich auch meine Theorie zur Rolle des Skeptizismus in der modernen Philosophie.

Iowa City war langweilig, flach, purer mittlerer Westen, die Universität ausgenommen. Diese lag mehrere hundert Meilen außerhalb dessen, was man damals Zivilisation genannt hätte. Sie hatte 14.000 Studenten, eine sehr lebhafte Kunsthochschule, eine Schauspielschule und einen Studiengang für kreatives Schreiben, was einige von »unseren Leuten« aus Greenwich Village, wo wir als Frischvermählte gelebt hatten, hierher nach Iowa City brachte. Die Universität war gerade dabei, zusätzliches Lehrpersonal anzuwerben, um dem Ansturm der Kriegsveteranen standhalten zu können. Viele intelligente junge Männer kamen zur gleichen Zeit wie wir, darunter einige unserer heutigen besten Freunde. Viele von denen, die ihre Laufbahn an der Universität von Iowa in den Jahren unmittelbar nach dem Krieg begannen, wurden später zu bedeutenden Fachvertretern in den Natur-, Geistes- und Sozialwissenschaften.

Das Institut für Philosophie war winzig und bestand aus nur vier Mitgliedern. Die älteren, Everett Hall und Gustav Bergmann, lagen hoffnungslos miteinander im Clinch. Bergmann war österreichischer Flüchtling und das jüngste Mitglied des Wiener Kreises. Hall war ehemaliger Pfarrer aus dem mittleren Westen, der sich mit analytischer Philosophie beschäftigte. Aber dies ist nicht der geeignete Ort, um die innerhalb des Fachbereichs herrschenden Spannungen zu erläutern. Zwei Neuankömmlinge betraten die Bühne, Joe Cobitz, ein anderer junger jüdischer Philosoph, der gerade seinen Abschluss in Harvard gemacht hatte, und ich. Bergmann fand mich auf Anhieb sympathisch und den anderen neuen Kollegen unsympathisch, und er beschwerte sich, dass es im Fachbereich zu viele Juden gäbe. Bergmann nahm die Bereiche Logik und Wissenschaftsphilosophie in Beschlag. Hall unterrichtete Wertetheorie. Und meine Arbeit bestand darin, detaillierte

Kurse über die Geschichte der Philosophie von den Griechen bis ins neunzehnte Jahrhundert und darüber hinaus Kurse in Philosophie, Literatur und Religionsphilosophie zu halten. Das war eine wunderbare Gelegenheit, mein Wissen zu erweitern und meine historischen Interessen zu entwickeln. Die Spannungen innerhalb des Fachbereichs waren für mich traumatisch, und da ich nicht willens war, ein Anhänger von Bergmann zu werden, wurde ich wiederum zum Außenseiter, diesmal in der von ihm dominierten Welt. Allerdings hatte dies den Vorteil, dass ich mit hochinteressanten Leuten aus vielen anderen Instituten intellektuellen Austausch pflegte.

Von 1947–1950 tauchte ich in die Geschichte der Philosophie ein und vollendete meine Dissertation. Mit den Geburten unserer ersten beiden Kinder gründeten Juliet und ich eine Familie. Unser Sohn Jeremy wurde im Dezember 1948 geboren und unsere Tochter Margaret im Mai 1950. Während ich meine Dissertation fertigstellte, wurde mir klar, dass mir wichtige Kenntnisse in höherer Mathematik fehlten, ohne die ich das Thema nicht weiter verfolgen konnte. Ich schob das Ganze beiseite und machte mich daran, die Beziehung zwischen dem Skeptizismus Humes und dem des Sextus herauszuarbeiten. Ich begann, die Geschichte der Sextus-Ausgaben ab der Renaissance sowie die Schriften der Skeptiker von Montaigne bis Hume zu erforschen. Zusammen mit Edward H. Madden, zu der Zeit Student im Aufbaustudium, verfasste ich eine Abhandlung, die zeigte, dass das ganze kausale Argument Humes schon bei Sextus Empiricus zu finden war. John Hermann Randall lehnte dies mit aller Entschiedenheit ab, vor allem aufgrund fehlender Beweise für irgendeine historische Verbindung zwischen Sextus und Hume.

Also begann ich, die Lücke zu schließen, und veröffentlichte einige kleinere Artikel zur Frage, wer in der Neuzeit die Schriften des Sextus gelesen hat. Um 1949 herum schrieb ich eine Abhandlung mit dem Titel »Hume's Pyrrhonism and His Critique of Pyrrhonism«, welche die Merkmale von Humes Skeptizismus aufzeigte und darlegte, dass Hume ein in sich »konsistenterer« Pyrrhonist gewesen sein musste, anders als Sextus, der oft dogmatische Behauptungen aufstellte. Und ich deutete Hume als Skeptiker, der gezeigt hatte, dass man aus den Ansätzen, die bis dahin benutzt worden waren, keine brauchbare Philosophie erstellen konnte. Hume, so wie ich ihn darstellte, war weder der Vater des logischen Positivismus noch der Held der modernen empirischen Wissenschaft, sondern ein große Fragender, dessen Fragen noch nicht beantwortet waren.

Es folgte eine Abhandlung über Hume und Kierkegaard, welche die grundsätzliche Ähnlichkeit zwischen den beiden aufzeigte, zumindest was ihre Kritik an der philosophischen Wissenstheorie betraf, und die unterschiedlichen irrationalen Lösungsvorschläge, die jeder von ihnen anbot – Humes Vertrauen, dass die Macht der menschlichen Natur uns davor schütze, wahnsinnig zu werden, und Kierkegaards Glaubenssprung. Dieses Thema habe ich dann in einer frühen Studie, »Theological and Religious Skepticism«, allgemeiner ausgeführt, in der ich zu zeigen versuchte, dass sowohl Fideismus als auch Agnostizismus das Ergebnis derselben skeptizistischen erkenntnistheoretischen Grundhaltung sind. Angeregt durch Kollegen aus den Geisteswissenschaften erkannte ich, dass dies sowohl für Montaigne und Pascal als auch für Hume und Kierkegard gilt. Unser Kierkegaard-Diskussionskreis, u. a. bestehend aus Judah Goldin, Thomas Rosenmeyer, Nicholas Riasanovsky und Robert Turnbull, brachte mich dazu, diesem Thema weiter nachzugehen und es von der Reformation bis hin zur modernen Neo-Orthodoxie wie zum atheistischen Existentialismus zu verfolgen. Darüberhinaus wurde mir die Notwendigkeit bewusst, einzusehen, dass ein Skeptiker in Bezug auf seine skeptizistischen Argumente sowohl gläubig als auch ungläubig sein kann. Durch meine Studien über Kierkegaard fühlte ich mich zu dem Zeitpunkt mehr und mehr Richtung Fideismus gezogen, obwohl mir völlig unklar war, an was ich eigentlich glaubte.

In einigen weiteren Abhandlungen wie »Berkeley and Pyrrhonism« und »David Hume and the Pyrrhonian Controversy«, beide in der damals neuen, von Paul Weiss herausgegebenen Zeitschrift *Review of Metaphysics* veröffentlicht, versuchte ich aufzuzeigen, wie wichtig der Pyrrhonismus zwischen 1700 und 1750 war, wie Berkeley sich abmühte, eine Erwiderung darauf zu finden, und wie Hume sich seinerseits zum Hyper-Pyrrhonisten entwickelte, indem er aufzeigte, dass man den Pyrrhonismus letztlich nur durch den unwiderstehlichen Glaubensdrang eines *animal faith* überwinden kann. Diese zweite Abhandlung, die ich bei einem Treffen der *American Philosophical Association* 1952 in Ann Arbor, Michigan, vortrug, hatte zwei sehr wichtige Folgen. Eine davon war, dass ich von dem vor kurz verstorbenen Julius Weinberg aufgrund meines Versuchs, Hume aus der Tradition der Newton-Empiriker zu lösen, aufs schärfste verurteilt wurde, da ich ihm seine Rolle als heiliger Vorbote des Logischen Positivismus absprach. Meinen Hume konnte man nicht länger als den Hume der britischen und amerikanischen analytischen Philosophen verstehen. (Vor kurzem wurde mein Hume allerdings von Barry Stroud, Terence Penelhum und Robert Fogelin übernommen und weiter expliziert.) Ein Mann im Publikum allerdings, ein europäischer Priester, stand auf und kam mir zu Hilfe. Nach dem Treffen diskutierten der Jesuitenpater Paul Henry, der große Plotin-Experte vom *Institut Catholique* in Paris, und ich über die Frage. Er war, nachdem er schon ein wenig Einblick in die amerikanische Philosophie-Szene erhalten hatte, überrascht, auf einen jungen Amerikaner zu treffen, der sich mit Philosophiegeschichte beschäftigte, unverständliche französische Texte las und deren Themen mit großen Denkern wie Hume in Verbindung brachte. Paul Henry wurde ein enger Freund, einer von denen, die mich immer wieder bei meinen Forschungen ermutigt haben. Er förderte und unterstütze meine Arbeit in Europa, und ich brachte ihn zurück nach Amerika, erst an die Universität von Iowa und dann an die Universität von Kalifornien, San Diego, mit einer Berufung auf Lebenszeit, der erste Priester, der als Professor an einer staatlichen amerikanischen Hochschule arbeitete. Er hatte einen erstaunlichen Einfluss in diesem Land wie auch in Europa und war mir in meiner Karriere eine unschätzbare Hilfe.

Ein letzter Abschnitt dieses frühen Teils meiner Geschichte ist eine erste Ausformulierung dessen, wohin das Ganze führen würde oder was es letztlich darstellen sollte. Ich hatte eine neue Interpretation von Hume und Berkeley geboten. Ich hatte eine große Anzahl von Belegen für die Entdeckung Sextus' im 16. Jahrhundert bis hin zur Zeit Humes und Kierkegaards. Ich hatte hier und da etwas darüber geschrieben. Aber was bewies das alles?

An der Universität Iowa gab es eine Gesellschaft für Geisteswissenschaften, zu der bedeutende Gelehrte eingeladen wurden, um Vorträge zu halten, und auch einige lokale Wissenschaftler gebeten wurden, ihre Forschungen vorzustellen. (Die Gesellschaft für Geisteswissenschaften hatte eine wilde und blutige Vergangenheit hinter sich, in deren Mittelpunkt Auslegungsfehden standen, aber auch eine lange schwelende Fehde mit Bergmann gehörte dazu.) Ich wurde zum Vizepräsident der Gesellschaft gewählt, als der bedeutende Kunsthistoriker William Hecksher Präsident war. Danach, unter Heckshers Ermutigung, aber vor allem derjenigen Judah Goldins, meinem treuesten Leser, der enormen Einfluss auf meine Entwicklung in den Bereichen Kultur und Judentum hatte, stellte ich alles zusammen. Das Ergebnis war ein Vortrag mit dem Titel »The Skeptical Crisis and the Rise of Modern Philosophy«. Hier stand ich nun, noch nicht ganz dreißig, und behauptete, dass die Philosophiehistoriker fast ausnahmslos die Wiederentdeckung des antiken Skeptizismus in ihrer Bedeutung für die Entwicklung der modernen Philosophie ignoriert und die skeptizistische Krise nicht bemerkt hätten, welche die europäische intellektuelle Welt zu verschlingen drohte, und dass genau dies der rote Faden sei, der sich durch die Entwicklung der Philosophie von Descartes zu Hume zog. Diese Entwicklung habe aus einer Reihe von Versuchen bestanden, den Skeptizismus zu überwinden, und schließlich damit geendet, dass Hume die skeptizistischen Krise deutlich verstärkte. Zum Abschluss des Vortrags sagte ich: »Die Philosophie nach Hume wird also entweder innerhalb ihrer *crise pyrrhonienne* verbleiben oder aber einen völlig neuen Weg zur Realitätsgewissheit finden müssen.«[1]

Wenn ich mir den Vortrag jetzt anschaue, bin ich erstaunt über seine Anmaßung, weil ich damit sämtliche Respektspersonen in der Zunft der Philosophiehistoriker in Europa und Amerika herausforderte. Der Vortrag bestand aus siebenunddreißig getippten Seiten und dauerte über eine Stunde. Ich kann mich nicht mehr an die Reaktion des Publikums erinnern, außer dass sie beeindruckt waren. Ich schickte den Vortrag an Paul Weiss und habe kürzlich seine Rückantwort vom 17. April 1952 wiedergefunden, die mit den Worten beginnt: »Ich bin erfreut, Ihren Vortrag erhalten zu haben.

[1] Vgl. Popkin: »The Skeptical Crisis and the Rise of Modern Philosophy«, in: *Review of Metaphysics* 7 (1953/54), S. 132–151, 307–322 und 499–510 [Anm. d. Hg.].

Eine ausgezeichnete und notwendige Studie«, die er so bald wie möglich veröffentlichen würde. Er bat mich, alle Referenzen zu den genannten Personen und Büchern mit Fußnoten zu versehen. Der Vortrag erschien 1953–54 in drei Teilen in der *Review of Metaphysics*, mit über 200 Fußnoten. Wenn ich ihn mir heute anschaue, bin ich von vielen Dingen überrascht – zum einen, wie nah ich meiner endgültigen Theorie an diesem Punkt schon war, und zum anderen, dass mir ein wichtiger Faktor fehlte, nämlich warum es überhaupt eine skeptizistische Krise gegeben hatte. Es erstaunt mich heute noch, dass ich in der Lage war, das ganze Material für die über 200 Fußnoten aufzutreiben, wobei ich meistens in der Universitätsbibliothek von Iowa arbeitete, mit einigen gelegentlichen Ausflügen zur Newberry-Bibliothek in Chicago. Nur allzu oft war ich auf Sekundärliteratur angewiesen, da die Originaltexte in den Vereinigten Staaten nicht greifbar waren. Um meine Studien weiter fortführen zu können, benötigte ich Zugriff auf die europäischen Bibliotheken. Also bewarb ich mich um ein Fulbright-Stipendium und einen finanziellen Zuschuss der Ford Foundation. Der erst kürzlich verstorbene Alexandre Koyré, den ich während des Zweiten Weltkriegs kennen gelernt hatte, als er als Flüchtling in New York lebte, unterstützte meine Sache und war mir eine große Hilfe, als ich nach Paris kam. Mir wurden beide Zuschüsse gewährt, und ich nahm das Fulbright-Stipendium an.

Bisher war ich nur ein einziges Mal außerhalb der Vereinigten Staaten gewesen, um die Niagara-Fälle zu besuchen. Julie war noch nie so weit weg gewesen. Wir hatten damals zwei kleine Kinder, Jeremy, 3½, und Margaret, 2. Der Versuch, unsere wachsende Familie mit meinem mageren Gehalt zu ernähren, hatte uns an den Rand der Armut gebracht. Die Kinder wurden immer wieder krank, und die Arztrechnungen waren erschreckend hoch. Wir sind wahrscheinlich in unserem ganzen Eheleben nie so arm gewesen.

Ich konnte zwar Französisch, hatte es aber nie gesprochen. Julie hatte Kenntnisse in Spanisch und Latein. Unter diesen Voraussetzungen segelten wir auf der alten S.S. Veendam der Holland-Amerika-Linie im September 1952 nach Le Havre. Nach zwei Monaten unglaublicher Schwierigkeiten aufgrund mangelnder Sprachkenntnisse, einer spürbaren Amerikafeindlichkeit und Problemen mit der Unterkunft zogen wir schließlich in die Beletage eines Gebäudes aus dem 17. Jahrhundert in der *Rue de Richelieu*, nur wenige hundert Meter von der Bibliothèque Nationale entfernt. (Ich hoffte, dass dies einst die Wohnung des Skeptikers François La Mothe le Vayer oder die Ninon L'Enclos', der berühmten Kurtisane des siebzehnten Jahrhunderts, gewesen war.) Diese acht Monate in Paris mit einigen Abstechern nach London veränderten meine Forschungen. Ich konnte nunmehr die Originaltexte lesen und die Verdienste der Sekundärautoren besser einschätzen, vor allem die der französischen wie Charbonnel, Busson und Pintard, die die skeptizistische Bewegung als eine Bewegung der Freidenker betrachteten und die naturalistische Tradition in Italien ab Pompanazzi mit der skeptizistischen Tradition verschmolzen hatten. Koyré stellte mich vielen Leuten vor, unter ihnen dem Abbé Robert Lenoble, der an Mersenne, sowie Bernard Rochot, der an Gassendi arbeitete, und Henri Gouhier, den Doyen der Descartes-Forscher. Durch Diskussionen und die Lektüre von Quellen aus dem 16. und 17. Jahrhundert erkannte ich, dass die Skeptiker gewöhnlich auf der religiösen Seite standen. Der Skeptizismus hatte einen bedeutenden Anteil in den religiösen Kämpfen zwischen Katholiken und Reformern. Er diente als geeignetes Mittel in der Verteidigung des Katholizismus wie überhaupt in der Auseinandersetzung gegen die neuen Dogmatiker, die Calvinisten. Und die Calvinisten konzipierten ihrerseits einen skeptizistischen Gegenangriff. Gerade Koyré, der heute dafür kritisiert wird, dass er den Hintergrund bestimmter Ideenentwicklungen ignoriert habe, drängte mich, den religiösen Hintergrund intensiver zu erforschen. So entdeckte ich langsam, aber sicher den Grund der skeptizistischen Krise. Schließlich, wieder zurück in den Vereinigten Staaten, las ich in der Rara-Abteilung in Berkeley die Erasmus-Luther-Debatte und in der Starr King Library *De arte dubitandi* von Castellio. Ich erkannte jetzt, dass Luthers und Calvins Infragestellung der religiösen Wissensansprüche der Katholiken die klassische skeptizistische Frage des Kriteriums aufwarf. Die Wiederentdeckung des Sextus lieferte intellektuelle Munition dafür, beider Seiten Kriterium zu zerstören. Die erste vollständige lateinische Übersetzung des Sextus galt als *die* Antwort auf den Calvinismus. Montaigne übernahm den neuentfachten Skeptizismus und übertrug ihn sowohl auf die Philosophie als auch auf die Naturwissenschaften. Und Montaigne bot eine neue Lösung an, ob er daran glaubte oder nicht – den Fideismus.

Ich kehrte aus Frankreich als internationaler Wissenschaftler zurück. 1956 ging ich erneut nach Paris, 1957–58 nach Holland, und von da an war ich genau so sehr oder so wenig in Europa zuhause wie in den Vereinigten Staaten. 1956 traf ich Dr. Louise Thijssen-Schoute, die mich in Kontakt mit Paul Dibon und Elisabeth Labrousse brachte. Daraus resultierten die *International Archives of the History of Ideas*, die eine ständige Verbindung zu Wissenschaftlern in Frankreich, den Niederlanden und England eröffneten.

Wieder in Amerika kehrte ich 1954 nach Iowa City zurück und schrieb dort mein Werk *The History of Scepticism*. Ich diskutierte es durch, Stück für Stück, mit einer Gruppe hochintelligenter Studenten und junger Kollegen, vor allem mit Harry Bracken, Theodore Waldmann, Richard A. Watson und Philip Cummins. Watson und Cummins tippten den größten Teil meiner Notizen auf der Maschine. Mein Büro war, und ist immer noch, ein totales Durcheinander. Ich habe richtiggehend Angst davor, Dinge abzulegen, weil ich nicht sicher bin, sie dann noch mal wiederzufinden. Aber wie W.C. Fields und Harry Wolfson habe ich ein erstaunliches Gedächtnis dafür, wo ich welches Stück Papier hingelegt habe. Meine destruktive Arbeitsweise ist glücklicherweise immer durch diese Fähigkeit ausgeglichen worden, auch wenn sich jetzt erste Alterserscheinungen zeigen. Ich arbeitete in einem totalen Chaos, aber auch in ständigem Austausch mit Studenten und Kollegen. Schließlich entstand ein Manuskript von der Länge eines Buches. Ich zeigte es meinen Mentoren, John Hermann Randall und Paul Oskar Kristeller, die es umgehend als ersten Band einer neuen Reihe von Monographien des *Journal of the History of Ideas* bei der Princeton University Press veröffentlichen wollten. Princeton gab das Manuskript an einen analytischen Philosophen weiter, der ihnen schrieb, dass dies keine Philosophie sei. Mit einem Mal sah ich mich gefangen in einem Streit zwischen denen, die philosophische Quellen nur als Munition in aktuellen Debatten gelten lassen, und denen, die erkennen, wie wichtig es ist, die Entwicklung einer Idee zu verstehen. Die Kritik aus Princeton und die starre Unnachgiebigkeit ihres Herausgebers, Herbert Bailey, führte zu ernsthaften Verstimmungen mit Randall, Kristeller und Philip P. Weiner als dem Herausgeber des *Journal of the History of Ideas* und schließlich zur Aufhebung der geplanten Reihe. Die Geschichte der Philosophie wurde von der analytischen Philosophie nach und nach aus den Universitätslehrplänen, den Programmen der American Philosophical Association wie auch aus den Fachzeitschriften vertrieben. Mein Fall machte mir klar, wie wichtig es war, so etwas wie die *International Archives* oder das *Journal of the History of Philosophy* zu haben.

Ich halte es für wichtig, dass andere Wissenschaftler wissen, dass zwei »namhafte« amerikanische Universitätsverlage mein Manuskript abgelehnt haben. In diesem wie in vielen anderen Fällen fand ich amerikanische Universitätsverlage auf unglaubliche Weise verantwortungslos. Viele Bücher, die heute Standardwerke sind, sind häufig ohne große Lektüre einfach abgelehnt worden, nur weil der Reihenherausgeber sie nicht verstanden hat. Manuskripte wurden oftmals wahllos an zwei x-beliebige Gutachter geschickt. Hat einer von ihnen einen negativen Eindruck oder äußert auch nur leichte Kritik, wird das Werk schon abgelehnt, ohne dass man sich fragt, ob der Gutachter überhaupt die notwendige Kompetenz besitzt.

Bevor ich noch mehr Dampf ablasse, kann ich berichten, dass die Philosophieprofessoren Cornelia De Vogel und Karl Kuypers während meines Jahres als Fulbright-Stipendiat an der Universität Utrecht 1957–58 im Gegensatz dazu hocherfreut waren, mein Manuskript als ersten Band ihrer Reihe zur Geschichte der Philosophie zu veröffentlichen. Er ist nun erweitert und überarbeitet in der fünften Auflage und wird im Moment von der University of California Press verlegt. In der Einführung zum Werk entwarf ich ein weiteres Programm: einen ersten Band, der sich mit der Geschichte des Skeptizismus von Erasmus bis Descartes beschäftigt, gefolgt von weiteren Bänden, die den Rest des 17. und das 18. Jahrhundert abdecken würden, schließlich, so schrieb ich, »wenn es die Zeit zulässt, hoffe ich, den skeptizistischen Pfad von Hume bis hin zu Kant und zur Rückverwandlung des Skeptizismus zum Fideismus bei Hamann, Kierkegaard und Lamennais zu verfolgen«. Manches davon habe ich in Artikeln wie etwa »The High Road to Pyrrhonism«, in der Einleitung zu meiner Übersetzung von Bayles *Dictionnaire* und in anderen Aufsätzen ausgeführt. Aber der zweite Band ist nie erschienen. Ich habe Material bis Spinoza gesammelt und bin gerade dabei, mehrere Kapitel über Pascal und Henry More zu erstellen. Verschiedene meiner Schüler haben teilweise die Lücken gefüllt, Henry Van Leeuwen und Robert Carroll unter anderen.

1958 nahm mein intellektuelles Leben eine neue Wendung. Psychisch war ich in Aufruhr angesichts der Belastungen und Anfechtungen, die das Arbeiten in einem wahren Irrenhaus, zu dem das Institut für Philosophie nach Everett Halls Weggang geworden war, mit sich brachte. Ich hatte einen Nervenzusammenbruch. Ich begann zu trinken, was zuhause zu drastischen Szenen führte. Als die Dinge einen kritischen Punkt erreicht hatten, hatte ich plötzlich eine überwältigende religiöse Erfahrung. Kurz danach fand meine Frau eine Exemplar von Grayzels *History of the Jews*.

Ich hatte begonnen, der Frage nachzugehen – und dies lässt sich bereits in einigen Bemerkungen in Aufsätzen aus dieser Zeit ablesen –, warum ausgerechnet vier frühe Skeptiker, Montaigne, sein Cousin Francisco Sanches, der Jesuit Juan Maldonado und Pedro Valencia, alle mit spanischem Hintergrund und alle von Juden abstammend, die man gezwungen hatte, zum Christentum zu konvertieren, es waren, die den Skeptizismus im späten 16. Jahrhundert zu einem aktuellen Anliegen machten. Von Grayzel über Cecil Roth zu weiteren gelehrten Werken begann ich in die Welt der Marranos einzutauchen und spürte, wie ich buchstäblich Wurzeln schlug, die mich mit dieser Tradition heimlicher Juden verbanden, mit unfreiwilligen Konvertierten, die in einer ihnen völlig fremden, sie ständig bedrohenden Welt funktionieren mussten. Ich fand die Konzeption des Marrano, der nach außen hin an die ihn umgebende Kultur angepasst war, aber innerlich den wahren Glauben bewahrte, äußerst verlockend. Als ich erfuhr, dass auch Santa Teresa, San Juan de la Cruz und einige der frühen jesuitischen Mystiker alle aus unfreiwillig konvertierten Familien kamen, verspürte ich den unwiderstehlichen Drang, diese Welt näher zu erforschen. Gerade der Mystizismus der Santa Teresa und des San Juan de la Cruz schienen dem am nächsten zu kommen, was auch ich erlebt hatte.

Das erste Ergebnis war, dass ich zum ersten Mal in meinem Leben jüdisch wurde. Die Marrano-Erfahrung schien mir zu zeigen, dass man gerade durch Festhalten am eigenen Glauben und durch Nicht-Anpassung Gott nah sein konnte. Im Geist wurde ich also jüdisch, ohne aber ein Interesse zu entwickeln, Hebräisch zu lernen oder Regeln und Vorschriften einzuhalten, die ich bisher nie beachtet hatte. Ich machte einen symbolischen Kompromiss – ich übernahm die Praktiken der Marranos. Ich aß nicht von mir aus Schweinefleisch, und ich begann, die jüdischen Feiertage zu beachten. So etwas betrifft auch die Familie, also gingen die Kinder zur jüdischen Sonntagsschule und lernten mehr über das Judentum, als Julie oder ich jemals gewusst hatten. Das Interesse am Jüdischen dominierte von nun an meine intellektuellen Belange.

Während ich in Marrano-Literatur schwelgte und überall heimliche Juden entdeckte, wurde ich vom Fall des Christoph Kolumbus gefesselt. Seit 1492 wurde immer wieder die Frage gestellt, ob Kolumbus ein heimlicher Jude gewesen sei. (Tatsächlich erinnerten Julie und ich uns noch an einen alten Kinderreim aus der Bronx, der folgendermaßen ging: »*In 1492 Columbus was a Jew, and sailed the ocean blue*«.) Über diese Frage ist seit den Zeiten von Kolumbus bis hin zu den Schriften des 20. Jahrhunderts von Cecil Roth und Salvador Madriaga, die sie bejahten, und Samuel Eliot Morrison, der sie vehement verneinte, gestritten worden. Wenn man Briefe von Kolumbus liest, fallen einem die vielen jüdischen Themen und Ideen auf. Ich war fixiert darauf, herauszufinden, was man über Kolumbus wusste, und hatte heftigen Streit mit Kollegen darüber, ob seine inneren oder äußeren Ansichten irgendetwas mit der Geschichte der Philosophie oder besser mit der Geschichte des Skeptizismus zu tun hatten.

Ich weiß nicht, ob sich das mit der Zeit gegeben hätte. Wie auch immer, eine zufällige Begegnung mit Norman Cohn, dem Autor von *The Pursuit of the Millenium*, der für einen Vortrag nach Iowa City gekommen war, brachte mich dazu, den jüdischen Messianismus und den christlichen Millenarismus als Grundlage für das Verständnis der modernen europäischen Geistesgeschichte zu erforschen. Cohn und ich besprachen Themen aus seinem Buch und wandten uns sodann Spanien und dem Wahnsinn der Millenaristen zu, aus dem die Marranos entstanden waren: dem von Saint Vincent Ferrar angeführten Versuch, die Juden allesamt so zu konvertieren, dass sich grundlegend der Lauf der Welt verändern würde. Als wir über Kolumbus sprachen, sagte mir Cohn, dass er schlagartig das Geheimnis um ihn und seine Reise begriffen habe, als er sich einmal im Altarraum der Franziskaner in Palos aufgehalten habe, wo auch Kolumbus am Vorabend seines Aufbruchs gewesen sei. In Cohns Darstellung erschien mir Kolumbus wie der Elias der Marranos.

Daraus entstanden wilde und hektische Bemühungen, Kolumbus und die Welt der Marranos besser zu verstehen. Bis zum heutigen Tag scheine ich der einzige zu sein, der herausgefunden hat, dass Kolumbus etwas mit Don Isaac Arbanel zu tun gehabt haben muss, dem geistigen Vater des modernen jüdischen Messianismus und leiblichen Vater von Leone Hebreo. Kolumbus und Arbanel waren beide am portugiesischen Hof, mussten zur gleichen Zeit fliehen und wechselten zum spanischen Hof. Dann, 1492, an dem Tag, als die nichtkonvertierten spanischen Juden des Landes verwiesen wurden, segelte Kolumbus nach Westen und Arbanel nach Osten, um Schatzmeister des Königreichs von Neapel zu werden.

Ein anderer Kollege in Iowa, Frederick Bargebuhr, hatte seit Jahren daran gearbeitet, zu beweisen, dass die Alhambra ursprünglich ein jüdisches Monument gewesen sei, von jüdischen Architekten nach einem jüdischen Modell gebaut. (Heute erzählen Reiseführer Bargebuhrs Theorie den Touristen, und seine Ansicht ist weitestgehend akzeptiert.) Bahrgebuhr sagte mir, wenn ich in der in die Alhambra gebauten christlichen Kirche stünde und den Ort sähe, wo Ferdinand und Isabella zu ein und demselben Zeitpunkt das Ende des maurischen Königreichs von Granada zur Kenntnis nahmen, den Erlass für die Vertreibung der Juden unterzeichneten und den Reisebefehl des Kolumbus ausfertigten, würde ich verstehen, dass alle diese Ereignisse zusammenhingen. Das eine Mal, als ich in der Alhambra stand und sah, wo all dies geschehen war, hatte ich das Gefühl, dass das spanische Konzept von 1492 als einem *annus mirabilis* eine grundlegende mystische Bedeutung hat.

Ich langweilte alle mit endlosen Details darüber, wer in Spanien, Portugal und als Flüchtling im Rest der Welt alles Jude war. Ich war der Auffassung, dass sich mir ein weiterer Zugang zum Verständnis der modernen Geistesgeschichte auftun würde, wenn ich begreifen könnte, was es bedeutete, Marrano zu sein. Aber mir fehlte der Hintergrund in spanischer und portugiesischer Geschichte, und ich konnte kein Hebräisch lesen. Während ich eine riesige Menge an Informationen ansammelte, suchte ich nach einem Weg, das ganze Material zu bewältigen und einen Beitrag nicht nur zur Geschichte der Philosophie, sondern vor allem auch zum Judentum zu leisten.

1960 gingen wir an die Claremont Colleges in Kalifornien. Herbert Schneider, einer meiner ehemaligen Lehrer, holte mich in der Hoffnung, dort ein Zentrum für die Geschichte der Philosophie aufzubauen. Philip Merlan war auch da. Paul Schrecker kam hinzu, nachdem er aus der Universität Pennsylvania ausgeschieden war. Eric Weill aus Lille war dort. Wie mir damalige Studenten erzählten, war dies ein unglaublich reicher Fundus für sie. Ich half, das *Journal of the History of Philosophy*, an dessen Konzeption Schneider gearbeitet hatte, auf den Weg zu bringen, und ich wurde der Herausgeber. Die *International Archives* wurden gestartet.

1961 nahm meine jüdische Periode eine dramatische Wendung. Die *Claremont Philosophical Society* bat mich, einen Vortrag zu halten. Ich sprach über Kolumbus und die Rolle, welche die spanische Inquisition beim Aufstieg der modernen Philosophie gespielt hatte, indem sie im Marrano deren Schöpfer kreierte. Ich legte neue, und wie ich finde, unwiderlegbare Beweise vor, dass Kolumbus Jude war und im Kampf für das Überleben des Judentums gestorben ist. Dieser Vortrag ist bislang noch nicht veröffentlicht worden. Ich hielt ihn nochmal an der Universität von North Carolina, wo man wohl ziemlich erstaunt darüber war, dass ich dieses Thema als zur Philosophie gehörig betrachtete. Ich werde das Ganze eventuell 1992 veröffentlichen. In diesem Vortrag findet sich das relevante Material zusammengestellt, und es wird die durchaus bedenkenswerte Hypothese entwickelt, dass zu dem Zeitpunkt, als Spanien durch die Inquisition ins Mittelalter zurückgeworfen wurde, gerade die Opfer nach neuen Ausdrucksmöglichkeiten suchten, welche ab der Renaissance sodann die Wege zu mannigfaltigem, neuem Gedankengut bereiteten. (Ich komme später wieder hierauf zurück, wenn ich die noch eindrücklichere Version vorstelle, die ich 1965 im Renaissance-Zentrum in Tours vorgetragen habe.)

Während ich nach mehr Material suchte, entdeckte ich, dass es in den Bibliotheken in ganz Europa Manuskripte mit faszinierenden Titeln auf Spanisch und Portugiesisch gab, die von Marranos verfasst waren, welche im 17. Jahrhundert in Amsterdam zum Judentum zurückkonvertiert waren. Ich beantragte ein Stipendium, um in Paris, Amsterdam und Toulouse (wo Montaignes Cousin, Francisco Sanches, gelehrt hatte) nach Material zu suchen. Die Alexander Kohut Foundation for Jewish Studies bewilligte mir ein Stipendium, so weit ich weiß auf Basis der nachdrücklichen Empfehlung von Judah Goldin und Harry Wolfson, die das Ganze nicht für ein total sinnloses Unterfangen hielten. Ich verließ Julie, die mit unserem dritten Kind im siebten Monat schwanger war, und reiste nach Toulouse. In den Stadt- und Universitätsarchiven fand sich reichlich Material, das zeigte, dass spanische und portugiesische Flüchtlinge hier einiges in Bewegung gesetzt hatten. Aber es bräuchte eine größere Geduld als die meine, um a) in Toulouse zu bleiben und b) das ganze Material über Spanier und Portugiesen zu sichten. (J.P. Larousse tut dies gerade für eine kleine Stadt südlich von Toulouse, die noch alle ihre alten Aufzeichnungen besitzt. Er hat einen sehr großen Prozentsatz ihrer Einwohner als aus irgendeiner spanischen oder portugiesischen Stadt stammende Marranos identifiziert.) In Paris musste ich mir eingestehen, dass mir die paläographischen Kenntnisse fehlten, um Dokumente der spanischen Inquisition lesen zu können. In Amsterdam fand ich sodann meinen nächsten Auftrag.

Ich suchte die großartige Judaika-Bibliothek, die Biblioteca Rosenthaliana, auf, um zu erkunden, was für Material zu bedeutenden spanischen und portugiesischen Juden aus dem Amsterdam des 17. Jahrhunderts dort vorhanden ist. Ich forderte ein Manuskript von Orobio de Castro an, der erst Professor in Toulouse und dann Arzt in Amsterdam gewesen war, und eine Antwort auf Spinoza verfasst hatte. Als ich meine Bestellung aufgab, kam ein junger Mann, der eine Jarmulke trug, auf mich zu und sagte leise: »In der Synagoge gibt es eine bessere Kopie.« Ich dankte ihm für diese Information. Bei meiner nächsten Bestellung sagte er dasselbe. Als ich ein Manuskript von Saul Levi Morteira anforderte, dem Oberrabbiner zu Spinozas Zeiten, sagte der junge Mann: »Kommen Sie mal mit.«

Wir gingen zu Fuß von der Universitätsbibliothek durch die Innenstadt von Amsterdam quer durch den Rotlichtbezirk zum früheren jüdischen Viertel in ein Büro, das in einem Nebengebäude im Hof vor der Synagoge untergebracht war. Dort wurde mir Dr. L. Fuks vorgestellt, der auf dem Boden zwischen Stapeln von Manuskripten und Zetteln saß. Er war gerade dabei, die Sammlung von Ets Haim, dem Priesterseminar der sephardischen Gemeinde, wiederherzustellen und neu zu ordnen. Er war ein polnischer Jude, ein bedeutender Gelehrter für Jiddisch des Mittelalters, der von der holländischen Regierung beauftragt war, diese einst bedeutende Sammlung, die von den Nazis geplündert und verstreut worden war, wiederherzurichten. Die Sammlung war zuvor noch nie der Öffentlichkeit zugänglich gewesen. Aber jetzt, wo die holländische Regierung sie als nationales Kulturgut bewahrte, war das Ganze in gewissem Sinne eine öffentliche Bibliothek geworden. Tatsächlich war sie sonntags von 9–11 für Besucher geöffnet, und ein paar amerikanische Touristen sahen sich die ausgestellten Kostbarkeiten an – das Manuskript mit dem Bannspruch (*herem*) gegen Spinoza, das älteste bekannte Manuskript von Maimonides und ein von Sabbatai Zevi eigenhändig geschriebener Brief an die jüdische Gemeinde von Amsterdam, der den Beginn des messianischen Zeitalters verkündete.

Dr. Fuks gab mir sein Verzeichnis, und ich entdeckte, dass es viele spanische, portugiesische und französische Artikel enthielt, meist von Autoren, von denen ich noch nie etwas gehört hatte. Er sagte, ich könne hier an jedem Tag außer dem Sabbat arbeiten, in genau dem Raum, in welchem Spinoza exkommuniziert worden war, und sein Assistent, der junge Mann mit der Jarmulke, würde alles besorgen, was ich zu sehen wünschte.

Einige Wochen lang war ich wie im Rausch, als ich die Kurse fand, die zu Spinozas Zeiten in Ethik, Logik etc. abgehalten wurden, als ich die Schriften von Orobio, Morteira, Montalto und Isaac ben Troki wider den christlichen Glauben entdeckte und erkannte, dass diese gegen das Christentum gerichteten Schriften viele spanische, scholastische und auch französische protestantische Quellen heranzogen, aber ziemlich wenig jüdisches Material verwendeten. Einige der Manuskripte waren sogar bebildert (!). Einige hatten Abbildungen von Orobio! In den französischen Werken bemerkte ich, als ich durch die Seiten von irgendeiner Schrift von Isaac de Pinto blätterte, von dem ich bis dahin noch nie etwas gehört hatte, dass dieser beschrieb, was bei einem Abendessen bei David Hume gesagt worden war!

Die jüdischen Intellektuellen von Amsterdam waren offensichtlich nicht in einem Ghetto eingeschlossen gewesen, wo sie den

Talmud studierten. Sie waren ausgebildete europäische Philosophen, Wissenschaftler und Theologen, die das Judentum vor dem Hintergrund der Ideen des 17. und 18. Jahrhunderts verteidigten. Ich fand heraus, dass Philip van Limborch in einer in Gegenwart von John Locke abgehaltenen Debatte zum Thema Wahrheit des Christentums von Orobio herausgefordert worden war. De Pinto stritt mit Voltaire. Es war eine völlig neue Welt, *un courant juif* in der Geistesgeschichte des 17. Jahrhunderts, wie mein Freund Paul Dibon sagte, als ich ihm das Material zeigte. (Dibon und ich wurden einmal freitags aus der Synagoge gejagt, weil keiner von uns einen Hut aufhatte. Dibons Tochter durfte aber in dem Bereich für Frauen auf dem Balkon bleiben.)

Während ich von dieser Goldmine an unveröffentlichten Judaika (in der manchmal auch der Pyrrhonismus diskutiert wurde, zusammen mit anderen europäischen Themen) wie verzaubert war, besuchte mich Judah Goldin. Er warf einen einzigen Blick darauf, sah, dass keines der Manuskripte, die ich durchsah, auf Hebräisch geschrieben war, und tat die ganze Sammlung als aus einer jüdischen Perspektive unwichtig ab. Da ich zwar kein Hebräisch, wohl aber diese Dokumente lesen konnte, eröffnete sich mir hier ein Bereich der jüdischen Geistesgeschichte, den ich untersuchen konnte. Und ich konnte sehen, dass er mit ebenso wichtigen Personen wie Themen von der Renaissance bis zur Aufklärung verbunden war.

Ich fuhr nach Paris zurück und erzählte Henri Gouhier von dieser unglaublichen Sammlung. Er sagte mir, es gäbe jemanden in Paris, der über Spinoza und Orobio geschrieben habe, und brachte mich in Kontakt mit Israel Revah. Revah hatte ein Buch veröffentlicht, *Spinoza et Juan de Prado*, das auf aus Paris stammenden Manuskripten beruhte. Revah hatte bisher ganz allein am Thema portugiesischer intellektueller Juden gearbeitet, das den meisten Ideengeschichtlern des 17. Jahrhunderts völlig unbekannt war. Während des Krieges war er als Flüchtling in Lissabon der erste Gelehrte gewesen, der ins Magazin der portugiesischen Nationalbibliothek eingedrungen war und die Kisten über Kisten mit Fällen der portugiesischen Inquisition untersucht hatte. Er war hocherfreut, jemanden gefunden zu haben, der seine Interessen teilte, und wir wurden sehr gute Freunde. Unverzüglich eilte er nach Amsterdam, um sich die dortige Sammlung anzusehen. In unseren Gesprächen fand ich heraus, dass es durchaus eine kleine Gruppe Gelehrter gab, die sich mit den Marrano-Intellektuellen beschäftigten, aber dass sie auf schwer vorstellbare Art untereinander zerstritten waren. Ich war darum bemüht, ein harmonisches Verhältnis mit allen Beteiligten herzustellen, was sich als schwierig erwies und es auch immer noch ist.

Schnell fand ich einige Themen, die ich weiterentwickeln wollte. Ich ging der Frage nach, wer Isaac de Pinto war, und fand heraus, dass er einer der ersten kapitalistischen Volkswirtschaftler war und in engem Kontakt zu Hume stand, obwohl er eine vernichtende Kritik über Humes Wirtschaftslehre geschrieben hatte. Ich verfasste zwei Artikel zu Hume und De Pinto und fand währenddessen fünf unbekannte Briefe von Hume. Ich schrieb außerdem etwas über das Judentum während der Aufklärung, wobei es teilweise um De Pintos Antwort auf Voltaire ging. Ich fand ebenfalls heraus, dass De Pinto ein führender Gegner der amerikanischen Revolution war, entschloss mich aber dafür, mich mit dieser Seite der Geschichte erst im Alter zu beschäftigen.

Isaac la Peyrère wurde zu einer zentralen Figur für mich. Ich kannte ihn bisher als jemand, der die französischen Skeptiker selbst gekannt hatte, über die ich schrieb. 1960 hatte ich mir bei meinem ersten Besuch in der Clark Library sein Werk *Praeadamitae* (engl.: *Men before Adam*) angesehen und kurz vermerkt, dass es dort Verbindungen zum Skeptizismus gab. Jetzt, eingetaucht in die Welt der Marranos, begann ich zu vermuten, dass La Peyrère ein Marrano war und dass seine schockierende These, die Bibel sei nicht die Geschichte der gesamten Menschheit, sondern es habe bereits Menschen vor Adam gegeben, ein, wie er sagte, »theologisches System« sei, um etwas über die Rolle der Juden in der modernen Welt aussagen zu können. La Peyrère hatte auch *Du Rappel des Juifs* geschrieben. Außerdem er war zu der Zeit in Amsterdam gewesen, in der Spinoza zum Ketzer wurde, und Spinoza besaß sein Buch über Menschen vor Adam.

La Peyrère und seine Welt wurde zu meinem Anliegen für das nächste Jahrzehnt, als ich seine unveröffentlichten Werke aufspürte, den Beweis fand, dass er Marrano war, seine Kontakte zu Königin Christina und Menasse ben Israel aufdeckte, und so weiter. Auf der Suche nach Material jagte ich durch Europa, war in Kopenhagen, den Niederlanden, Paris, Chantilly (wo sich seine Manuskripte befinden) und England.

Während ich mich auf dieses neue Forschungsfeld stürzte, führte mich eine unerwartete Entwicklung zu der Erkenntnis, dass La Peyrères Bibelkritik und sein Marrano-Messianismus eine entscheidende Phase in der Geschichte des Skeptizismus gewesen sein musste.

1961 erhielt ich von Imre Lakatos einen Sonderdruck seiner ersten Abhandlung über die Möglichkeit eines Skeptizismus in der Mathematik. Ich las sie eines Abends in der Badewanne und staunte über seine Brillanz. Ich hatte keine Ahnung, wer Lakatos war, aber ich schrieb ihm nach London, dass ich im Sommer auf einer Reise dort vorbeikommen würde. Er drängte mich, ihn zu besuchen, mit ihm zu essen, sobald ich einträfe. Ich weiß noch, wie ich ein Taxi nach Hempstead nahm und auf einen ungarischen Flüchtling traf, der in nur einem Zimmer lebte, ohne Möbel, aber voll mit Büchern, und mir Essen aus Dosen vorsetzte.

Er wollte mit mir über Skeptizismus diskutieren, und ich war voll von meinen judaistischen Entdeckungen. Er lud seine Freunde ein, mich kennen zu lernen, und ich fand mich in der Welt der Anhänger von Popper wieder. Ich hatte Popper 1953 einmal getroffen, aber mich nie damit beschäftigt, worüber er schrieb. Aber von Lakatos, W.W. Bartley III, John Watkins und anderen lernte ich bald, dass Popper seinen Skeptizismus überwunden hatte. Ich hatte die Bühne dafür bereitet, indem ich beschrieben hatte, wie die Philosophie ab der Renaissance in einer skeptizistischen Krise versunken war. Auf dieser Bühne erklärte sich Poppers Triumph. Obwohl ich instinktiv Zweifel hegte, dass die skeptizistische Krise damit überwunden sei, akzeptierten mich die Popperianer und luden mich zu ihren Festen ein. Lakatos, Bartley und Watkins wurden gute Freunde. Ein Teil meiner Verbindung zu ihnen betraf die Rechtfertigung meiner Ergebnisse zu La Peyrère im Rahmen meiner Skeptizismusstudien. Dies fand seinen Höhepunkt in einem Vortrag, den ich 1965 am Bedford College zum Thema »Scepticism and Biblical Criticism« hielt. Der berühmte Historiker Arnaldo Momigliano schrieb einen Kommentar zu meinem Vortrag und wies darauf hin, dass Vico versucht habe, auf La Peyrères Kritik zu antworten. Ich fand heraus, dass alle möglichen Denker des 17.

Jahrhunderts dies auch versucht hatten und dass La Peyrères Kritik an der Bibel eine ganz andere skeptizistische Krise hinsichtlich der Stellung des Menschen in der Welt ausgelöst hatte (und zudem, wie ich bald erkennen musste, unglücklicherweise einen der meistgenutzten Rechtfertigungsgründe für den neuzeitlichen Rassismus bereitgestellt hatte). Den Vorlauf wie auch die Konsequenzen von La Peyrères Arbeit zu verfolgen und zu verstehen, wie er Bibelkritik und Messianismus zusammenfügt, hat mich in den letzten fünfundzwanzig Jahren durchweg immer wieder beschäftigt. Gestern erst – mein Buch über ihn ist gerade im Druck[2] – fand ich einen weiteren wichtigen Hinweis auf seine Rolle für das Denken des 17. Jahrhunderts – also wird wohl ein weiterer Artikel über ihn geschrieben werden müssen. Das Studium von La Peyrère führte zu Untersuchungen über die Geschichte des Rassismus, die Geschichte der Emanzipation der Juden in Frankreich und über die Rolle, die La Peyrères Ideen in Napoleons Welt und in Napoleons Juden-Politik spielten usw.

Im wahren Leben wurde im September 1961 unser drittes Kind Susan geboren. Während unsere beiden älteren Kinder unabhängig wurden, freuten wir uns daran, wieder ein kleines Kind zu haben. Als ich mir zu meiner Übersetzung von ausgewählten Teilen von Bayles *Dictionnaire* Notizen machte, krabbelte die kleine Susie über die Bände von Folianten, während ich arbeitete.

Mir wurden andere Stellen angeboten, aber ich merkte, dass mein Hauptanliegen war, ausreichend unabhängig zu sein, um meine Interessen in der Philosophiegeschichte und in jüdischer Geistesgeschichte weiter vorantreiben zu können. Ich hatte kein Interesse daran, in der Verwaltung aufzusteigen, weil ich mir sicher war, dass mir das Temperament für eine solche Arbeit fehlte, da ich meine eigene Arbeit zu unregelmäßigen Zeiten erledigte und manchmal die halbe Nacht lang an etwas schrieb. 1963 wurde mir die Gelegenheit geboten, ein vollkommen neues, anspruchsvolles Institut für Philosophie an der University of California, San Diego, ins Leben zu rufen, die zu einer Volluniversität ausgebaut

[2] Popkin: Isaac La Peyrère (1596–1676): His Life, Work, and Influence (Leiden 1987) [Anm. d. Hg.].

werden und auf 30.000 Studenten anwachsen sollte. Finanzielle Mittel schienen unbegrenzt, und die Wissenschaftler, die dort Lehrkräfte waren, wollten ein neuartiges, aufregendes Institut für Philosophie. Mir wurde klar, dass dies wahrscheinlich meine einzige Chance sein würde, meine Vorstellungen davon, wie ein Institut für Philosophie aussehen sollte, in die Tat umzusetzen. Ich wollte ein Institut mit unterschiedlichen Interessen und Perspektiven schaffen, mit starker Betonung der Philosophiegeschichte. Ich wollte, dass Studenten die Möglichkeit bekommen sollten, eine so große Bandbreite an philosophischen Fragen zu studieren wie nur möglich. Mir wurde klar, dass ich dazu Leute aussuchen musste, die kreative Gelehrte, mitreißende Dozenten und zudem fähig und willens waren, andersartige Sichtweisen zu tolerieren. Zu viele der führenden Wissenschaftler waren auf eine Schule für die Ausbildung eigener Jünger aus. Ich, in meiner ikonoklastischen Art, wollte das genaue Gegenteil. Avrum Stroll, mein Mitarbeiter beim Verfassen von Lehrbüchern, war der erste, der sich zu mir gesellte. Wir hatten ziemlich gegensätzliche Ansichten zur Philosophie, denn er war ein analytischer Philosoph *par excellence*. Wir haben immer sehr gut zusammengearbeitet, weil wir ständig versuchten, uns gegenseitig unsere Sichtweisen zu erklären, so dass der jeweils andere es verstehen konnte, vor allem aber auch, weil keiner von uns beiden dogmatisch war, was seine Sichtweise der Philosophie betraf. Der nächste, der sich uns anschloss, war Jason Saunders, womit wir eine stabile Basis in griechischer Philosophie hatten. In den nächsten Jahren kamen Paul Henry, Herbert Marcuse, Stanley Moore und eine Gruppe aufgeweckter, aktiver junger Philosophen sowie viele Gäste hinzu.

Die ersten Jahre der UC-SD waren wild und chaotisch, da eine ganze Universität neu geschaffen werden musste. Die University of California hat einen außerordentlich komplizierten Verwaltungsapparat aus Beamten und Lehrkräften. Alle von uns saßen in einer ganzen Anzahl von Komitees, weil es in den ersten Jahren nicht genügend Dozenten gab. Jede Ernennung musste von einem *ad-hoc*-Komitee überprüft werden, das sie an andere Komitees weiterleitete. Es gab auch Komitees, die sich aus Mitgliedern verschiedenster Fachbereiche der Universität zusammensetzten. Wir flogen ständig zu irgendwelchen landesweiten Komitee-Zusammenkünften. Es dauerte nicht lange, bis es in den einzelnen Fachbereichen zu Konflikten kam, die weitere Besprechungen nach sich zogen.

Es war hektisch, aber auch sehr aufbauend, zu sehen, wie ein Traum Wirklichkeit wurde. Das Glücksgefühl hätte vielleicht noch ein wenig länger angehalten, wenn es nicht die Krise in den Sechzigern gegeben hätte – die Studentenunruhen und die Vietnam-Antikriegsbewegung. San Diego ist eine sehr konservative Gegend. Viele der Wissenschaftler waren an militärischen Forschungsprojekten beteiligt, die von der Regierung finanziert wurden, und manche waren Regierungsberater. Den ersten Zeichen von Aufruhr auf dem Campus begegnete man mit lauten Schreien der Entrüstung von Seiten der Gemeinde und der Kollegen. Die Lehrkräfte aus den Geisteswissenschaften waren überwiegend für die Antikriegsbewegung, während die Naturwissenschaftler mit einigen wenigen Ausnahmen dagegen waren. Jede Aktivität führte zu einer neuen Krise. Das Institut für Philosophie lud Senator Ernest Gruening aus Alaska ein, über seine Kriegsopposition zu sprechen. Es folgte ein wildes Hin und Her von Notizen, Anordnungen etc. Auf Vorschlag des Dekans organisierte das Institut für Philosophie ein Symposium zum Marxismus, und plötzlich war die Hölle los. Als dann Herbert Marcuse an die Universität kam und Sprecher für die neue Linke wurde, waren wir ständig im Grabenkrieg. Außerdem hatten wir Angela Davis als Absolventin und Lehrbeauftragte bei uns.

Die restlichen Lehrkräfte außerhalb der Geisteswissenschaften und auch die örtliche Bevölkerung waren gegen uns. Unser lokaler Abgeordneter brachte einen Gesetzesvorschlag ins kalifornische Parlament ein mit dem Ziel, den Vorsitzenden des Fachbereichs Literatur und mich zu feuern. Beim ersten Mal bekam er zwei Stimmen, später sieben.

Der universitäre Bürgerkrieg, der vom Campus in Berkeley zu uns herüberschwappte, führte zu jeder Menge Streiks, Demonstrationen und Versammlungen. Als auch ich zum ersten und einzigen Mal in meinem Leben streikte, war mir gar nicht klar, was man bei einem »Streik« eigentlich machte. Ging man ins Büro? Blieb man zuhause? Ich beschloss schließlich, als äußeres Zeichen, dass mein Zustand sich geändert hatte, mich nicht mehr zu rasieren, bis die Welt ein wenig besser würde. Seit diesem Streik, der eine Protestreaktion auf Ronald Reagans Tränengasangriff auf Berkeley war, trage ich also einen Bart.

In der ganzen Aufregung, den Enttäuschungen und den ständigen Konflikten war die Bildung der La Jolla Jewish Community ein positiver Aspekt. Im September 1963, als wir zu Jom Kippur fasteten – eine weitere Geste meiner Solidarität mit den Marranos –, sprachen wir mit einigen unserer jüdischen Nachbarn. Im Lehrkörper der UC-SD gab es im Gegensatz zu anderen Hochschulen, an denen ich vorher unterrichtet hatte, eine große Anzahl jüdischer Mitglieder, von denen fast alle den jüdischen Riten gleichgültig oder ablehnend gegenüberstanden. Wir sprachen über die Möglichkeit, eine Art von Arbeitsgemeinschaft zu bilden, und bald schon trafen wir uns, um über jüdische Geschichte und Literatur zu diskutieren. Im Frühjahr 1964 beschlossen wir, den Pessach Seder gemeinschaftlich zu begehen. Julie schlug vor, eine Anzeige in der Zeitung *La Jolla Light* zu schalten, die Interessierte bat, sich zu melden, und wir organisierten die Benutzung des La Jolla-Gemeindezentrums.

La Jolla war berühmt-berüchtigt dafür, dass es dort keine jüdischen Bewohner gab. Die Universität und das Salk Institute mussten mit harten Bandagen gegen den dort grassierenden Antisemitismus kämpfen und nachdrücklich darauf bestehen, dass etwa Häuser auch an Juden verkauft wurden. Angeblich gab es vor der Gründung der Universität keine jüdischen Bewohner in der Stadt, außer ein paar Wissenschaftlern, die am Scripps Institute of Oceanography arbeiteten.

Auf unsere Anzeige hin kamen fast neunzig Leute zum Seder, hauptsächlich solche, die in La Jolla lebten. Daraufhin wurde die La Jolla Jewish Community gegründet, und ich wurde ihr erster Präsident. Trotz meines fehlenden Wissens über jüdische Bräuche – andere kannten sich da besser aus – riefen wir ein selbstgemachtes Judentum ins Leben. Wir trafen uns zuhause, starteten mit einer hebräischen Schule und veranstalteten eine Bar Mitzvah. Besuche an der Universität von Leuten wie Isaac Bashevis Singer, I.F. Stone und Yehoshua Bar-Hillel gaben uns enormen Auftrieb.

Die jüdische Gemeinschaft stand geschlossen hinter mir, als ich ein Programm für Judaistik an der UC-SD einrichten wollte – dies war eine Angelegenheit, die in den nächsten neun Jahren von einem

Komitee zum anderen wanderte und immer wieder neu besprochen wurde. Wir begannen, Seminare zur jüdischen Geschichte abzuhalten. Die folgende Geschichte zeigt, wie die Welt von damals aussah: Als ein späterer Präsident der La Jolla Jewish Community Geld aufbrachte, um es der Universität für eine jährliche Maimonides-Vorlesung über ein Thema der jüdischen Geistesgeschichte zur Verfügung zu stellen, ging ich mit ihm zum Kanzler, der sich auf die angebotene Geldspende hin nur zu seinem Assistenten umdrehte und sagte: »Gegen so etwas muss es doch irgendeine Vorschrift geben.« Die Spende wurde abgelehnt. Jahre später, als ich schon lang weggegangen war, bedurfte es enormer Anstrengungen, die Universität dazu zu bewegen, ihren ersten Stiftungslehrstuhl einzurichten, der von der jüdischen Gemeinde von San Diego als Lehrstuhl für Judaistik gespendet worden war. Einige Fakultätsmitglieder waren vehement dagegen, die Spende anzunehmen.

Neben dem ganzen akademischen Aufruhr, meinen Aktivitäten in der Antikriegsbewegung, meinen enormen Pflichten als Vorsitzender eines schnell wachsenden Instituts, meiner Arbeit als Gelehrter, meiner Rolle als Herausgeber des neuen *Journal of the History of Philosophy* und meiner Rolle als Präsident der La Jolla Jewish Community, sollte ich bald zusätzliche Forschungen und Aktivitäten in Angriff nehmen, die für das nächste Jahrzehnt mehr als die Hälfte meiner Zeit beanspruchen würden. Am 22. November 1963 saß ich in meinem Büro, wühlte mich durch Berge von bürokratischem Papierkram und bereitete mich auf eine Reihe von *ad-hoc*-Sitzungen des Ernennungskomitees vor, die in den nächsten Tagen stattfinden sollten. Plötzlich sagte mir jemand, dass der Präsident erschossen worden sei. Obwohl ich kein Bewunderer Kennedys war und dem, wofür er eintrat, ziemlich feindlich gegenüberstand, war ich doch schockiert und wie betäubt. Ich machte das Büro zu und ging nach Hause, um die Nachrichten zu verfolgen. Wir saßen den ganzen Tag und die ganze Nacht vor dem Fernseher und lasen sämtliche Zeitungen. Meine Mutter, die dramatische Ereignisse stets eifrig verfolgte, stand in ständigem telefonischen Kontakt zu uns. Zuerst war ich nur wenig interessiert an der verwirrenden Vielzahl von Details und den Hinweisen auf verschwörerische Aktivitäten. Aber nach dem Mord an Lee Harvey Oswald beschäftigte ich mich damit, mehr Informationen zu sammeln. Ein paar Monate später, als ich gerade einen Artikel von Bertrand Russell über einige ungelöste Fragen bei der Kennedy-Ermordung las und einen weiteren von Leo Savage, der andeutete, es habe eine Verschwörung gegeben, an der sowohl Oswald als auch jemand, der sich für ihn ausgab, beteiligt gewesen seien, erwachte mein Interesse an den bekannten Fakten. Genauso war es mir schon früher einmal beim Fall Alger Hiss gegangen, und von 1953–55 hatte ich alle möglichen Informationen angesammelt und Hiss interviewt, als er aus dem Gefängnis entlassen wurde. Ich habe anscheinend die unheimliche Fähigkeit, alle Fakten zu sammeln, darüber nachzudenken und mögliche Erklärungen zu formulieren, während ich gleichzeitig alle meine anderen Aktivitäten weiter ausübe. Der letzte Anwalt von Hiss war ein guter Freund von mir, Trauzeuge bei unserer Hochzeit. Ich diskutierte und debattierte die Entwicklungen allesamt mit jedem, der Interesse zeigte.

Dasselbe passierte dann nach dem Attentat auf Kennedy. Es war ein so gigantisches Puzzle und ein so kompliziertes Unterfangen, eine schlüssige Erklärung für die bekannten Tatsachen zu liefern, dass meine Überzeugung immer stärker wurde, dass die These vom verrückten Einzeltäter, derzufolge Oswald die schreckliche Tat alleine begangen haben soll, vollkommen unsinnig war. Im Frühjahr 1964 fuhr ich sogar nach Dallas, sah mir den Tatort an und kletterte die grasbewachsene Kuppe hinauf, um mir die Stelle anzusehen, von wo aus meiner Meinung nach die Schüsse abgefeuert worden sein konnten.

Als der Untersuchungsbericht der Warren-Kommission veröffentlicht wurde, fiel mir auf, dass er auf die von Russell und Sauvage gestellten Fragen überhaupt keine Antwort gab. Ich fing an, die Ungereimtheiten des Falles, so wie er von Regierungsseite präsentiert wurde, zu skizzieren und nach alternativen Erklärungen zu suchen. Nach der Veröffentlichung der Zeugenaussagen und Beweismittel in sechsundzwanzig Bänden nahm ich mir alle Bände aus der Universitätsbibliothek mit nach Hause und las sie ganz durch, bis in die frühen Morgenstunden hinein. Ich prüfte selbst die unleserlichsten Dokumente und verglich sie mit den Behauptungen der Warren-Kommission. Mir wurde klar, dass die neuen Beweise die These vom Einzeltäter nicht unterstützten und eher auf eine Verschwörung hindeuteten. Die Warren-Kommission verwarf all jene Aussagen von Zeugen, die Oswald an Orten gesehen haben wollten, wo er unmöglich hatte sein können. Die Art ebenso wie die Vielzahl der Aussagen, die auf eine zweite Oswald-Figur hindeuteten, brachte mich sodann zu der Ansicht, dass möglicherweise hierin eine Erklärung für die Geschehnisse zu suchen war.

Ich entwickelte also meine These vom Zweiten Oswald und machte mich damit zur Nervensäge oder Lachnummer auf jeder Party, bei der ich meine Beweise zum Besten gab und die offizielle Version widerlegte. Ich erklärte meinen Standpunkt jedem Philosophen, der zu uns zu Besuch kam, und das waren eine ganze Menge. Einer von ihnen, ich glaube, es war David Pears aus Oxford, fuhr weiter nach New York und erzählte Robert Silvers, dem Herausgeber der *New York Review of Books*, dass da ein Typ in La Jolla sei, der den Fall gelöst habe. Meine Frau war inzwischen total genervt von meiner Fixierung auf das Thema und meinen ständigen Diskussionen darüber. Als Bob Silvers eines Morgens anrief, war ihr sofort klar, was los war. Silvers bat mich, die ersten Bücher zu rezensieren, die sich kritisch über die Warren-Kommission äußerten, und meine eigene Theorie darzulegen. Julie war begeistert. Jetzt würde ich endlich den Mund halten und meine Theorie zu Papier bringen müssen.

Ich arbeitete wie verrückt und sammelte meine Argumente, schrieb sie nieder, überlegte Alternativen und Einwände. An irgendeinem Punkt war ich drauf und dran, der Theorie der Warren-Kommission Glauben zu schenken. Aber ich stieß auf Lücken in der Beweiskette, untersuchte, wo and wann die beiden Oswalds gesehen worden waren, und entwarf ein schlüssiges Gegenszenario. Mein Artikel wurde immer länger. Als ich die erste Version einsandte, redigierte Bob Silvers ihn noch am Telefon und bat mich, verschiedene Teile weiter zu entwickeln. Als der Aufsatz dann endlich fertig war, war er der längste, den die *New York Review of Books* bis dahin je gedruckt hatte.

Wir waren gerade in New York, als er gedruckt wurde, und dort las ich auch Korrektur. Es musste also eine Ausgabe der sechsundzwanzigbändigen Sammlung von Zeugenaussagen und Beweismitteln der Warren-Kommission gefunden werden, und wie es der Zufall wollte, hatte Elizabeth Hardwick, eine mitwirkende

Redakteurin des *New York Review*, eine. Die letzten Daten wurden nun überprüft. Nachdem alle Vorarbeiten für die Veröffentlichung abgeschlossen waren, fand jemand heraus, dass es ein zum Privatgebrauch gedrucktes Stichwortverzeichnis gab, aber zu diesem Zeitpunkt kannte ich den größten Teil der Unterlagen sowieso schon auswendig und hatte Routine im planmäßigen Durchstöbern der sechsundzwanzig Bände nach Fakten. Zum Glück hatte ich ein computerähnliches Gedächtnis, das sich bei bestimmten Stichwörtern sofort daran erinnerte, welche Unterlagen in diesem Zusammenhang existierten und wo genau sie sich in den sechsundzwanzig Bänden befanden.

Der Tag der Veröffentlichung kam näher, und ich fing an, mir über die Reaktion meiner Kollegen Sorgen zu machen. Würden sie womöglich denken, dass da ein berühmter Philosophiehistoriker der Zeit der Renaissance bis zur Aufklärung überschnappte und sich mit einem Mal als Skandaljournalist betätigte statt als Gelehrter? Würde ich womöglich von einem Schwung neuer Beweise vernichtet werden?

Ein paar Tage lang konnten wir uns im schriftstellerischen Glanz der New Yorker Radikalenschickeria vergnügen, wo sich die Kultur-Avantgarde darum riss, uns zum Essen einzuladen. Jason Epstein, dessen Frau Barbara Mitherausgeberin des *New York Review* war, wollte einen Band mit philosphischen Schriften im Taschenbuchformat veröffentlichen. Ich besuchte ihn in seinem Büro in Random House und erzählte ihm, woran ich gerade arbeitete: an Isaac La Peyrère, dem Aufkommen der Bibelkritik und Spinoza. Er wollte ein populärwissenschaftliches Buch über Spinoza. Daraufhin trennten wir uns.

Der »Zweite Oswald« erschien und sorgte für viel Aufregung. Die *New York Times* schrieb eine sehr positive Bewertung, und überall wurde der Text diskutiert. Der *New York Review* bekam viel Leserpost. Julie und ich wollten mit unserer fünfjährigen Tochter Susan zu einem Studienurlaub nach Europa aufbrechen. Der *New York Review* und Avon Books entschlossen sich, den »Zweiten Oswald« als Taschenbuch herauszubringen, allerdings um die entsprechenden Anhänge mit den Zeugenaussagen und Beweismitteln aus den sechsundzwanzig Bänden erweitert, auf die sich meine Kritik gründete.

Im August 1966 kamen wir nach London, wo gerade die Fußballweltmeisterschaft ausgetragen wurde. Es war verdammt schwierig, eine Unterkunft zu finden, selbst auf niedrigstem – und ich meine wirklich niedrigstem – Bed-and-Breakfast-Niveau. Ich begab mich zum British Museum, um zu forschen und um Kopien der Unterlagen für die Anhänge zu anzufertigen. Das British Museum hatte zwar eine Ausgabe der sechsundzwanzig Bände, doch wurde mir höflich mitgeteilt, dass Oberst Soundso genau die Bände *entliehen* hatte, die ich brauchte. Möglicherweise habe die Rhodes Foundation in Oxford ebenfalls eine Ausgabe, und eventuell existiere noch eine weitere irgendwo in England. Wir fuhren nach Oxford und wohnten bei John und Marina Vaizey. Sue hatte sich mit deren Kindern angefreundet, als die Vaizeys in Kalifornien lebten. Auf dem Dachboden der Vaizeys begann ich mit der Arbeit am Buch *Second Oswald* und sandte die Unterlagen an Bob Silvers in New York. Dann fuhren wir nach London zurück, und in einem indiskutablen Bed-and-Breakfast voller Fußballfans wurde dann das Buch über den öffentlichen Fernsprecher in der Lobby redigiert. Silvers rief fast jede halbe Stunde an und hatte Fragen zu klären. Jedes Mal, wenn er anrief, musste ich über die ganzen Fußballfans im Aufenthaltsraum hinwegsteigen, die sich dort um den Fernseher scharten, um mit ihm dann darüber zu diskutieren, wo die Kugeln in Kennedys Körper eingedrungen waren und wie viel die Kugel Nr. 339 wog und warum meiner Meinung nach kein Blut oder Gewebe daran haftete.

Dann verließen wir London und reisten nach Paris. Als wir dort ankamen, waren überall Plakate an den Zeitungsständen, die meinen Artikel ankündigten. Der *Nouvel Observateur* hatte die Rechte gekauft und ihn ins Französische übersetzt. Wir richteten uns in einem Apartment in Montparnasse häuslich ein, wo wir jeden Morgen einen Packen Post als Sonderzustellung bekamen. Die reguläre Post wurde dann in Säcken angeliefert. Nach dem Frühstück und nachdem ich mich um die wichtigste Tagespost gekümmert hatte, begab ich mich für gewöhnlich in die Bibliothèque Nationale. Dort versenkte ich mich dann ins 17. Jahrhundert und sammelte Material zum Skeptizismus und zu Isaac La Peyrère. Wenn ich zum Essen heimkehrte, hatte Julie bereits den Postsack beziehungsweise die Postsäcke aussortiert, so dass ich mir nur noch die Sendungen ansehen musste, die als Anhalts- oder Diskussionspunkte interessant schienen. Ein Gefängnisinsasse in Texas schrieb mir, ich bräuchte nur seinen Fall zu untersuchen, dann würde ich alles herausfinden. Da war ich nun also plötzlich ein Detektiv! Die Verfolgung dieser Spur führte dazu, dass ich ein Jahrzehnt lang der Möglichkeit nachging, der Autor des Briefs könne den Schlüssel zu dem Geheimnis haben. (Ich traf ihn dann endlich im Juni 1975).

Der *Second Oswald* machte 1966 zu einem aufregenden Jahr. Ich gab Fernsehinterviews in Frankreich, Holland und England. Mein Buch erschien auf griechisch, spanisch, portugiesisch, ungarisch, russisch und bulgarisch.

Im November machten wir unsere erste und einzige Reise nach Osteuropa und kamen als erstes nach Polen. Dort traf ich Izydora Dambska, die große Dame des polnischen Liberalismus. Sie hatte eine kleine Geschichte des Skeptizismus auf polnisch geschrieben und war damals so gut wie der einzige andere Mensch auf der Welt, der auf diesem Gebiet forschte. Von Leszek Kolakowski, den ich 1958 in der Mennonitenbibliothek in Amsterdam kennen gelernt hatte, als er an seinem Buch *Chrétiens sans Église* arbeitete, hatte ich eine Einladung bekommen, an der Warschauer Universität einen Vortrag zu halten. Kurz bevor wir ins Flugzeug von Amsterdam nach Warschau stiegen, hatten wir im *International Herald Tribune* gelesen, dass Kolakowski einen Vortrag zum zehnten Jahrestag des Gomulka-Regimes gehalten und darin gesagt hatte, dass die Dinge zwar gut stünden, jedoch besser sein könnten. Dann hatte ihn ein Student gefragt, ob in Polen zur Zeit denn Demokratie herrsche. Der Artikel berichtete weiterhin, dass Kolakowski die Frage beantwortete, der Student exmatrikuliert wurde und Kolakowski seinen Posten in der Kommunistischen Partei verlor. Als wir in Warschau ankamen, telefonierten wir mit ihm. Ich erklärte ihm, dass ich auf keinen Fall wolle, dass er noch mehr Ärger bekäme. Ich sei ja kein Marxist. Mein Vortrag, den ich halten wolle, handele von Skeptizismus und Bibelkritik im 17. Jahrhundert und enthalte keinerlei Marxistische Anklänge. Es sei mir ein Leichtes, meine Unterlagen in die Aktentasche zu packen und das ganze zu vergessen. Aber er versicherte mir, dass er keinerlei Probleme erwarte, da Kommunisten sowieso nie zu diesen philosophischen Treffen kämen. Als ich dann meinen Vortrag hielt, stellte ich mit Erstaunen fest, dass die Zuhörer meine Arbeiten gelesen hatten und dass sie alle Wissenschaftler auf dem einen oder anderen Gebiet der Ideengeschichte des 17. und 18. Jahrhunderts waren. Wir führten eine sehr lebhafte Diskussion.

In Krakau erfuhren wir von Madame Dambska und ihren Freunden, dass es eine starke und sehr überzeugte katholische Opposition zum kommunistischen Regime gab. Wir wurden in volle Kirchen geführt, in denen die Menschen angeregt diskutierten. Die Leute, mit denen wir uns unterhielten, sprachen sich alle offen und nachdrücklich gegen die Regierung und die Ideen, wofür sie stand, aus. Die Warschauer Philosophen waren allesamt ehemalige Kommunisten, die ahnten, dass es eine bessere Lehre als den Marxismus geben müsse. Sie durchforsteten frühere philosophische Schriften und fanden bei Pascal, Rousseau, Hume und anderen wichtige Anhaltspunkte.

Wir verließen das trostlose Polen von 1966 und reisten weiter nach Prag. Man hatte uns mit ein paar Telefonnummern von Leuten versorgt, die wir anrufen sollten, und in ihnen trafen wir wieder die gleiche Art von Menschen an, die vollkommen in Opposition zu der Welt standen, in der sie lebten. Und in Budapest danach war es wiederum dasselbe. So machten wir unsere ersten Erfahrungen, wie sich das Leben im Totalitarismus abspielt, und erfuhren, wie Intellektuelle in einer solchen Umgebung überleben. Von da an half ich viele Jahre lang mit, Leute mit in den Westen zu bringen.

Aus dem kalten und grauen Budapest ging es dann nach Athen, wo wir um Mitternacht ankamen. Es war das Athen vor der Militärdiktatur, und nach drei Wochen Osteuropa hätten wir am liebsten die Erde geküsst. Von unserem Hotelzimmer aus sahen wir den Parthenon hell erleuchtet in all seiner Pracht. Am nächsten Tag bekamen wir Zugang zu den Quellen der klassischen Philosophie und damit unsere ersten Einblicke in die Welt der Griechen.

Von Athen ging es weiter nach Istanbul. Das Ziel der Reise aber war eigentlich Israel. Yehoshua Bar-Hillel hatte mich eingeladen, an der Hebräischen Universität Vorlesungen zu halten. Auf seine Anfrage hin, wie wir denn hinkommen würden, hatten wir ursprünglich geplant, mit dem Auto durch Osteuropa nach Bulgarien und in die Türkei zu fahren, und von dort aus weiter. Daraufhin hatte Bar-Hillel geantwortet, dass er ein paar Vorlesungen an der Universität Istanbul organisieren könne, falls wir dort durchreisten. Aber ein Blick auf die Karten hatte uns klargemacht, wie schlecht die Straßen waren, und so gaben wir die Idee mit dem Fahren auf. Trotzdem wollten wir unbedingt einen Aufenthalt in Istanbul einlegen. Das sollte sich zu einer der verrücktesten Erfahrungen unseres Lebens entwickeln.

Wir wohnten im Park Hotel mit Blick auf den Bosporus, dem Schauplatz vieler Spionageromane und -filme. Am zweiten Tag gingen wir vom Taksim-Platz aus zu unserem Hotel, als jemand von einer Wohnung aus dem Fenster rief: »Popkin! Ich komm' runter«. Einige Augenblicke später erschien ein ehemaliger amerikanischer Student aus Iowa, der sagte, er habe von einem anderen früheren Lehrer vor ein paar Monaten erfahren, dass ich hier vorbeikommen würde. Er sagte, er habe nach mir Ausschau gehalten. Er und seine Frau organisierten dann unseren Aufenthalt. So stellte er mich dem amerikanischen Kulturattaché vor, der ganz verblüfft war, dass ich zu einer Vorlesung an der Universität Istanbul eingeladen worden war, ohne dass er sein Okay dazu gegeben hatte. Wir schilderten ihm, wie Bar-Hillel das über seinen Freund Goldstein an der Universität Ankara organisiert hatte, aber der amerikanische Staatsbeamte konnte es trotzdem einfach nicht glauben. Überhaupt wurden wir mit einem Mal von den amerikanischen Staatsvertretern ganz in Beschlag genommen. Sie fuhren mich vom Hotel zu den Vorlesungen, sie besuchten meine Vorlesungen (wo ich jeweils einen Satz auf englisch vortrug und eine wunderschöne Zirkassierin einen auf türkisch). Dann fuhren sie mich zum Hotel zurück. Sie luden uns sogar ein. Das war das einzige Mal auf meinen internationalen Reisen, dass die amerikanischen Behörden sich mehr um mich kümmerten als gerade mal nötig. Später stellte sich heraus, dass der Hauptgrund für die ganze Aufmerksamkeit darin lag, die türkische Presse davon abzuhalten, mich zum Kennedy-Attentat zu interviewen.

Eine sehr lehrreiche Episode war zudem, als die philosophische Abteilung der Universität Istanbul mich zum Mittagessen einlud. Innerhalb weniger Minuten hatten wir konversationell alle Gemeinsamkeiten erschöpft, bis mir die brillante Idee kam, zu fragen, ob einer der Herren wohl über Sabbatai Zevi, den falschen jüdischen Messias von Izmir, geforscht habe. Es folgte absolute Stille. Einer sah auf seine Uhr und sagte, er müsse jetzt gehen. Ein anderer folgte (obwohl wir noch nicht gegessen hatten), und innerhalb weniger Minuten saß ich ganz alleine und total verblüfft im Restaurant. Ich nahm ein Taxi zurück ins Hotel und erzählte Julie die ganze Geschichte. Ein wenig später rief einer der Tischgenossen an und sagte, er und seine Frau würden uns gerne mit dem Auto ein wenig spazieren fahren. Sie kamen in einem Mercedes an, und wir fuhren los in Richtung Schwarzes Meer. Der Professor sagte, es sei jammerschade, dass ich diese Frage gestellt habe. Warum?, fragte ich zurück. Ob ich denn nicht wisse, dass der Rektor »einer von denen« sei, den Donmeh, den geheimen Anhängern von Sabbatai Zevi, die auf seine Rückkehr als jüdischen Messias warteten. Das Paar erzählte uns dann, dass jeder wisse, wer zu den Anhängern gehöre, dass dies aber nie zur Sprache gebracht werde, und ganz besonders dann nicht, wenn einer von ihnen anwesend sei. Es gäbe da eine Geste, das Wenden der Hand – als Zeichen dafür, dass sich einer gewendet habe –, die statt des Worts »Donmeh« verwendet werde. Und dann wurde mir noch das größte Geheimnis offenbart, nämlich dass Kemal Atatürk einer von ihnen gewesen sein soll, und dass er deshalb den Islam in der Türkei zerstört habe.

Mit diesem wundersamen Beispiel, wie die Ideen des 17. Jahrhunderts in der modernen Welt lebendig und aktiv sein konnten, flogen wir weiter nach Israel. Dort trafen wir meine Tante, die jüngere Schwester meiner Mutter, die seit den frühen dreißiger Jahren dort lebte und Nachrichtenredakteurin der Frauenseite bei der *Jerusalem Post* war. Auf der Fahrt vom Jerusalemer Flughafen in die Stadt, wo sie eine Wohnung für uns angemietet hatte, sprudelte sie über mit zionistischer Propaganda. Bald darauf trafen wir ihren Mann Sascha, einen russischen Juden, der seit seinen Teenagerjahren in Palästina wohnte und seither nur einmal das Land verlassen hatte, als er mit der Britischen Achten Armee bis nach Kairo gekommen war. Er war vehement anti-amerikanisch, antiintellektuell und ein hundertfünfzigprozentiger Patriot.

Unser akademischer Gastgeber Yehoshua Bar-Hillel brachte mich schnell in Kontakt mit israelischen Philosophen und mit Gershom Scholem, dem ich ein paar Mal in Amerika begegnet war, ebenso wie mit den führenden Historikern. Während wir uns noch gegenseitig beschnupperten und ich mich mit Anflügen von Zionismus auseinandersetzte, stellte Bar-Hillel mich dem Rektor der Hebräischen Universität Jacob Katz vor, um herauszufinden, ob ich mich dazu bewegen ließe, eindeutig Position zu beziehen. Nachdem Katz und ich eine Stunde lang konferiert hatten, sagte dieser zu mir: »Professor Popkin, ich glaube nicht, dass Israel Skeptizismus braucht. Was Israel braucht, ist Stoizismus.« Als ich Jacob Katz 1985 in der National Library wiedertraf und ihn an unser Gespräch erinnerte, gab er zu, dass er falsch gelegen hatte – sie brauchten den Skeptizismus sehr wohl.

Von diesem Zeitpunkt an wurden Israel und seine Krisen ein Teil unserer Welt. Ich tendierte mehr zu Bar-Hillels Anti-Zionismus, doch fühlte ich mich auch zu intensiveren Kontakten mit Israel hingezogen, was schließlich dazu führte, dass ich fünf Jahre lang, von 1980–1985, eine Teilzeitprofessur an der Universität von Tel Aviv innehatte.

Als ich in die Vereinigten Staaten zurückkehrte, verbrachte ich die nächsten Jahre mit einer Mischung aus Gastprofessuren, intensiven Recherchen zum Kennedy-Attentat wie später zum Watergate-Skandal, zunehmenden Auseinandersetzungen mit der Verwaltung der Universität von Kalifornien in San Diego (UC-SD), Forschungen auf den Gebieten der jüdischen Geschichte, des Skeptizismus, der Entwicklung des Rassismus und vielem anderem mehr. Ich flog in alle Himmelsrichtungen und hielt Vorlesungen über das Kennedy-Attentat sowie über wissenschaftliche Themen. Aus mir wurde so etwas wie ein Teilzeitdetektiv, wobei ich es schwieriger, gefährlicher und verwirrender fand, mit aktuellen Geschehnissen umzugehen als mit Universitätsarchiven. Die Suche nach weiteren Informationen im Zusammenhang mit den Morden an den beiden Kennedys und an Martin Luther King führte zu ziemlich wilden Ausflügen und zu Bekanntschaften mit einem reichlich wirren Haufen von Skandaljägern, Reportern und Amateurdetektiven, dem Staatsanwalt von New Orleans und einem Philosophiestudenten in seiner Entourage, der sich schließlich gegen ihn wandte, nachdem wir beide die Beweislage eine Nacht lang detailliert durchgesprochen hatten. Wann immer alles vollkommen schlüssig schien, überkam mich mein Skeptizismus, und ich sah mich nach möglichen anderen Erklärungen um. Zum großen Teil war es dieser Skeptizismus, der mich davor bewahrte, vorschnelle Schlüsse zu ziehen, und ich legte mich erst fest, wenn ich über sichere Beweismittel verfügte.

Während ich mich so als Detektiv betätigte, entwickelte ich mich aber auch auf akademisch-wissenschaftlichem Gebiet weiter. Nach einer Vorlesung über das Kennedy-Attentat an der Washington University traf ich auf Steven Schwarzschild, der dort seit kurzem Judaistik lehrte. Nach einem kurzen Gespräch lud er mich ein, an einem der ersten Symposien zum Holocaust teilzunehmen, an dem Elie Wiesel, Emil Fackenheim, George Steiner und ich vortragen sollten. Das Gros der Wissenschaftler schien der Meinung, dass entweder das Thema so schrecklich sei, dass man darüber nicht sprechen könne, oder dass es dazu einer fortgeschrittenen Metaphysik bedürfe. Meine These war, dass das Judentum schon einmal 1492 durch die Vertreibung aus Spanien zerstört worden sei, hundert Jahre später jedoch damit umgehen konnte, und dass dies als Teil der jüdischen Geschichte anzusehen sei wie auch als Teil der Geschichte der Vorsehung. Damals gingen meine Ansichten im Widerspruch der führenden jüdischen Denker und Autoren, die mit mir auf dem Podium saßen, unter. Heute jedoch, zwanzig Jahre später, scheint mir meine Perspektive als die sinnvollere langsam Kontur zu gewinnen.

Um diese Zeit herum wurde ich nach Frankreich ins Renaissance-Zentrum in Tours eingeladen, wo ich zwei Vorträge hielt, einen über Skeptizismus und Wissenschaft im 17. Jahrhundert und einen über die Bedeutung der spanischen Inquisition für die Ausprägung neuzeitlichen Denkens. Im letzteren versuchte ich, meinen bisherigen Forschungen zu den Marranos ein Grundgerüst zu geben und zu zeigen, dass sie sich eigene Theorien zurechtgelegt hatten, um einigermaßen sinnvoll mit ihrer Situation umzugehen – Theorien, die vom Mystizismus über den Rationalismus bis hin zum Skeptizismus reichten. Teil meiner These war, dass die neuen Einsichten im Frankreich der Renaissance gerade von Intellektuellen ermöglicht worden waren, die von der iberischen Halbinsel geflohen waren, oft Abkömmlinge von Opfern der Inquisition, von denen viele in Frankreich aufgewachsen waren und sich dort hatten entfalten können. Unter anderem führte ich Montaigne ins Feld, ebenso wie dessen Cousin Francisco Sanches, Jean Bodin, Etienne La Boétie, Miguel Servetus, Michel de l'Hôpital und Michel Nostradamus. Da mir sehr wohl bewusst war, wie fremdenfeindlich die Franzosen in Bezug auf ihre Nationalhelden sind und wie tief der Antisemitismus dort immer noch verankert ist, besprach ich meinen Vortrag unter anderem mit Jacques Roger, der ihn auch übersetzte und vortrug, damit sichergestellt war, dass meine These beim Publikum klar ankam, ohne meiner eigenartigen französischen Aussprache zum Opfer zu fallen. Er las ihn also vor. Niemand hatte mich jedoch gewarnt, dass Pierre Mesnard, der ehemalige Erziehungsminister des Vichy-Regimes, die Diskussionsleitung hatte. Nachdem Roger den Vortrag verlesen hatte, übernahm Mesnard das Mikrophon und sprach etwa eine Stunde lang über verschiedene Aspekte meines Materials. Er stellte es jedoch nicht in Frage und endete mit den Worten: »Nach dem, was Professor Popkin erläutert hat, müssen wir jetzt davon ausgehen, dass sich die französische Renaissance aus dem Spanien von 1492 heraus entwickelt hat und nicht aus dem Konstantinopel von 1453«. Die Veröffentlichung des Materials wurde jahrelang verzögert. Ich habe den Vortrag nie ausgearbeitet, und in der mündlichen Form hat er kein weiteres Aufsehen erregt. Zusammen mit meiner Antrittsrede an der UC-SD über Philosophie und Judaismus und eventuell noch den Schriften zu Kolumbus will ich ihn aber überarbeiten und zu einem Sammelband zur modernen jüdischen Geistesgeschichte zusammenstellen.

Meine neu gewonnenen Ansichten über die Rolle der Marranos in der Entwicklung neuzeitlichen Denkens trug ich noch in einem ganz anderen Umfeld vor. Harry Bracken und Rabbi David Hartman, ein überaus liberaler orthodoxer Rabbi, der gerade an der McGill-Universität seinen Doktor in Philosophie machte, organisierten ein privates Treffen orthodoxer, konservativer, reformierter und – mit mir – säkularisierter Juden in einem Refugium in den Laurentischen Bergen, um eine Reihe von Themen der jüdischen Geistesgeschichte zu diskutieren. Das ganze wurde vom mittlerweile verstorbenen Meyer Segals gesponsert. Schwarzfeld war da, ebenso wie Fackenheim und eine Menge anderer kluger Köpfe.

Ziemlich schnell wurde mir klar, dass ich eine Minderheit von einer Person darstellte (vielleicht zwei, wenn man Harry Bracken in diesem Zusammenhang mitzählt). Ich war völlig verblüfft über den Ernst, mit dem der Einfluss des Talmud und der Statuten der Halacha, der jüdischen Gesetzgebung, diskutiert wurde. Ich hinterfragte alles, machte einen ziemlichen Wirbel und hatte einen Riesenspaß an der Sache. In den Diskussionen damals und später mit David Hartman machte ich deutlich, dass der Judaismus für mich wichtig sei, und dass meine Bemühung um die verstreuten Juden, die die moderne Welt entscheidend mitgeprägt hatten, dies ausreichend demonstriere. Andererseits stand es für mich außer Frage, das jüdische Gesetz je als etwas anderes anzusehen als einen unnötigen Anachronismus. In einer besonders heißen Diskussionen erklärte mir Hartman, dass aufgrund der Tatsache, dass ich gläubig sei, ich mich nicht nach der Halacha richten müsse, er als Nichtgläubiger jedoch diese Regeln benötige. Fortan rauchte ich während der ganzen Zusammenkunft, auch am Sabbat, drückte mich vor den Gebetsstunden und stritt mit allen.

Ich will an diesem Punkt kurz abschweifen und über eine wissenschaftliche Studie berichten, die nichts mit dem Obenstehenden zu tun hat, die jedoch aufzeigt, wie Teile meiner Arbeit sich weiterentwickelt haben. In den frühen sechziger Jahren rezensierte ich ein Buch von George Boas und wies in aller Bescheidenheit darauf hin, dass es höchste Zeit sei, damit aufzuhören, Locke, Berkeley und Hume als untrennbare Dreieinigkeit zu sehen, und sehr zweifelhaft, ob Hume Berkeley überhaupt jemals gelesen hatte. Das rief eine Flut empörter Antworten führender Hume-Experten hervor, einschließlich Ernest Mossners. Es wurde aber kein Beweis erbracht, der meinen Vorschlag widerlegt hätte. Ich dagegen legte alle meine Belege in einem Artikel mit dem Titel »Did Hume Ever Read Berkeley?« offen, in dem ich aufzeigte, dass sich die drei Referenzen Humes auf Berkeley erklären ließen, ohne dass dieser jemals die Schriften des Bischofs gelesen haben musste. Meine Absicht war, den Lesern nahe zu bringen, dass Hume nicht der logische, philosophische Erbe Lockes und Berkeleys war, sondern dass sich seine Thesen mindestens ebensogut aus der Tradition des französischen Skeptizismus, namentlich von Bayle und Huet, ableiten ließen und dass er seinerzeit als Nachfolger Bayles angesehen wurde. Berkeleys Nachfolger wurde er erst viel später.

In Istanbul hielt ich einen Vortrag über Bayle und Hume, der in der Türkischen Zeitschrift für Philosophie veröffentlicht wurde. In diesem Vortrag ging ich sogar noch weiter und behauptete, dass Hume ausgiebig Anleihen bei Bayle genommen habe, weit mehr als bisher angenommen, und dass die Ausarbeitung einiger seiner wichtigsten Theorien auf den Gedanken Bayles beruhe, dessen Foliobände er mit nach Frankreich genommen habe, wo er sein *Traktat über die menschliche Natur* verfasste.

Zu der Zeit bekam ich immer noch Post von Leuten, die ohne solide Beweislage behaupteten, dass Hume Berkeley gelesen habe. Aber ich konnte feststellen, dass Wissenschaftler vorsichtiger wurden, wenn sie die üblichen Äußerungen über Hume und Berkeley machten und zumindest eine Fußnote hinzufügten, dass die Beziehung zwischen den beiden Philosophen von Popkin in Frage gestellt worden war. Eines Tages blätterte ich in meinem Büro in La Jolla in einem Exemplar der polnischen Zeitschrift für Philosophie, die wir im Austausch für das *Journal of the History of Philosophy* erhielten, nur um zu sehen, über welche Themen man dort schrieb. Mitten im Wust polnischer Texte befanden sich einige unveröffentlichte Briefe von David Hume! Sie gehörten zu einer Materialsammlung über die Aufklärung, die eine polnische Adlige Ende des 18. Jahrhunderts in England erstanden hatte. Die Briefe hatte sie von Humes Neffen bekommen. In einem davon, dem ersten, von dem wir jetzt wissen, dass ihn Hume nach Vollendung seines *Traktats* geschrieben hatte, erklärte er einem Freund, dass er, wenn er seine – Humes – Arbeiten verstehen wolle, Descartes, Malebranche, Bayle und Berkeley lesen solle.

Rein zufällig war ich über diese Briefe gestolpert, die zu der Zeit noch allen englischen, schottischen und amerikanischen Hume-Forschern unbekannt waren. Was sollte ich tun? Ich konnte mauern und behaupten, dass Humes Rat an seinen Freund, Berkeley zu lesen, kein Beweis dafür war, dass Hume selbst ihn gelesen hatte. Doch das wäre schäbig gewesen. Also schrieb ich einen Aufsatz mit dem Titel »So, Hume Did Read Berkeley« und veröffentlichte ihn, noch bevor meinen Gegnern die neue Beweislage bekannt war. Ich gab darin der englischsprachigen Leserschaft die Existenz der Briefe in Krakau bekannt, wies jedoch darauf hin, dass nun die sachliche Lage geklärt sei und die Interpretation des Werks auf diese Weise klarer werde. Humes Thesen bezögen sich in der

Tat ebenso sehr auf die französische Tradition und Rezeption des Skeptizismus wie auf den sogenannten britischen Empirismus. (Ich vertrete nun die Ansicht, dass der britische Empirismus sich ableitet von Locke, über die französische Übersetzung Lockes zu Voltaire, Condillac und zur französischen Aufklärung führte, und dann als wichtige Lehre wieder nach England zurückkehrte.)

Eine Nebenbemerkung hatte eine interessante wissenschaftliche Kontroverse ausgelöst. Schließlich war ich zufällig über Beweismittel gestolpert, mit der die Kontroverse abgeschlossen werden konnte, wobei ich in der Zwischenzeit allerdings die Zunft dazu gezwungen hatte, das historische Schema zu überdenken. Viel ist geschrieben worden, seit ich in Abrede gestellt hatte, dass es die heilige Dreieinigkeit Locke, Berkeley und Hume gebe, und einige interessante Arbeiten sind über vorher unklare Stellen in Humes Texten veröffentlicht worden, wie zum Beispiel zu seiner Diskussion von Raum und Zeit, in denen klar wurde, dass sie sich auf Ansichten Berkeleys beziehen.

Die Hume-Berkeley-Diskussion ließ einige Vorstellungen hinsichtlich der Rolle der skeptischen Tradition in der Aufklärung deutlicher werden. Beim ersten internationalen Aufklärungskongress, der 1963 in Genf stattfand, hielt ich einen Vortrag zum Skeptizismus in der Aufklärung, und später einen an der McMaster-Universität zum Skeptizismus im 18. Jahrhundert. In diesen Vorträgen vertrat ich die Auffassung, dass Hume der einzige Skeptiker dieser Zeitperiode war, dass die *philosophes* Dogmatiker waren und sich Hume deshalb mit ihnen überwarf, und dass erst nach Kant neue, echte Skeptiker in Erscheinung traten. Mein Freund Giorgio Tonelli begann zu der Zeit mit der Arbeit an einer Reihe von Schriften über verschiedene Repräsentanten der französischen Aufklärung wie Diderot, D'Alembert, Maupertuis und andere, in denen er aufzeigte, dass diese echte Skeptiker waren. Seinen Abhandlungen folgten Keith Bakers Arbeiten zu Condorcet und Ezequiel de Olasos zu Rousseau, die allesamt zeigten, dass der Kern des Zeitalters der Vernunft die Schwäche der Vernunft ist, wie auch die Notwendigkeit, dies zu akzeptieren, und dass sich daraus eine Mathematik entwickelte, die letztlich in eine mathematische Sozialwissenschaft mündete. Diese Weiterverfolgung der ursprünglichen Ideen hat in der französischen Tradition eine bislang unvermutete Art des

Skeptizismus zutage treten lassen. Olaso und ich sind im Moment dabei, die wichtigsten Schriften von Tonelli wie von uns beiden in einer Sammlung zu diesem Thema zu veröffentlichen.[3]

Auch andere Forschungsergebnisse ergaben jetzt einen neuen Sinn. Die Geschichte von La Peyrères Ideen führte mich dazu, das Aufkommen eines säkularen Rassismus und Messianismus zu untersuchen. Die neu gegründete American Society for Eighteenth Century Studies bat mich, eine Sektion zur Ideengeschichte zu organisieren. Zusammen mit der nicht unterzukriegenden Leonora C. Rosenfield, bildeten Harry Bracken, David Norton, Giorgio Tonelli und ich eine Forschergruppe zur Untersuchung eines neuen Themenkomplexes: Rassismus im 18. Jahrhundert. Das führte ein Jahr später zu einer Podiumsdiskussion zum Thema und zu einigen Aufsätzen aus diesem Kreis. Diese Aktivitäten passten hervorragend mit Leonoras Anliegen zusammen, das Interesse an Condorcets Schriften wieder zu entfachen; dies stand bei späteren Zusammenkünften der Gesellschaft im Zentrum und führte zu einigen Artikeln über Condorcet. Auch war es der Beginn der *Condorcet Studies*, von denen bis heute zwei Bände fertig gestellt wurden, während ein dritter in Bearbeitung ist.

Es gibt eine Art des modernen Rassismus, den ich als die dunkle Seite von La Peyrères Prä-Adamismus ansah. Meiner Meinung nach hat der moderne Antisemitismus seinen Ursprung in der von der spanischen Inquisition propagierten biologischen Definition des Juden und den darauffolgenden Bemühungen in der Aufklärung, weltliche Gründe für den Antisemitismus zu finden.

Wie üblich führte eins zum andern. Als ich die Gegenseite betrachtete, die Bemühungen zur Judenemanzipation im 18. Jahrhundert, fing ich an, die Schriften des Abbé Henri Gregoire zu untersuchen, der sich damals federführend dafür einsetzte, den Juden das französische Bürgerrecht zu gewähren. Ich fand heraus, dass Gregoire ein jansenistischer Millenarist war, der La Peyrère für seine eigenen Zwecke nutzte. Gregoire war auch einer der großen Befürworter der Gleichberechtigung von Schwarzen, ebenfalls aufgrund seiner millenaristischen Vision.

[3] Popkin, Ezequiel de Olaso und Giorgio Tonelli (Hgg.): Scepticism in the Enlightenment (Dordrecht 1997) [Anm. d. Hg.].

Nachdem ich Gregoire in meiner Rassismusdiskussion ins Spiel gebracht hatte, erhielt ich eine Nachricht von Ruth Necheles, die ein Buch über Gregoire geschrieben hatte. Sie teilte mir mit, dass sich in der Bibliothèque de Port-Royal einige Handschriften über La Peyrère in den Gregoire-Unterlagen befänden. Als ich mir Exemplare davon kommen ließ, fiel mir auf, dass zwei Pariser Zeitschriften im August 1806 die Wiederentdeckung von La Peyrères millenaristischem Werk *Du Rappel des Juifs* ankündigten. Dies geschah zur selben Zeit, als Napoleon eine Zusammenkunft mit dem Rat jüdischer Notabeln einberief, bei der es um eine Revision der die Juden betreffenden Gesetze ging. In *Du Rappel des Juifs* hatte La Peyrère die Meinung vertreten, dass der französische König mit dem Messias die Welt regieren würde. Mein Sohn Jeremy, der gerade französische Geschichte studierte und die Zeitschriften jener Zeit untersuchte, sagte mir, dass so etwas nur gedruckt werden konnte, wenn die Regierung es wollte. Also musste dies Napoleons Judenpolitik beeinflusst haben, wie auch sein Selbstbild generell von der Peyrèrschen Weltsicht geprägt schien. Im Frühjahr 1973 hielt ich einen Vortrag über »La Peyrère, the Abbé Gregoire and the Jewish Question« bei einer Konferenz der American Society for Eighteenth Century Studies. Während ich dort war, hörte ich, dass James McCord, einer der Watergate-Einbrecher, sich bereit erklärt hatte auszusagen, und dass sein Anwalt Bernard Fensterwald war. Bud Fensterwald war der Wortführer des Kommitees zur Untersuchung von Attentaten und hatte viele Attentatsforscher zusammengebracht. Wir standen in engem Kontakt, und ich nahm an, dass er sich nur deshalb für McCord engagierte, weil er der Meinung war, dass dies zu Informationen über den Kennedy-Mord führen würde. Ich rief ihn an und verabredete mit ihm, dass ich das 18. Jahrhundert verlassen und nach Washington fahren würde, um mit ihm und McCord zu sprechen. Von da an nahmen mich die Watergate-Untersuchungen völlig in Anspruch, ich schrieb einige Artikel darüber und hielt von Mai 1973 an Reden, die auf eine Amtsanklage Nixons drängten.

Während all dieser Aktivitäten verfiel ich mehr und mehr dem Alkohol. Als Julie und ich heirateten, hatte keiner von uns beiden getrunken. Aber je weiter wir es in der akademischen Welt brachten, desto mehr begannen wir uns als Außenseiter zu fühlen, wenn wir nicht mittranken. Und so tranken wir mit, zunächst ein bisschen, im Lauf der Zeit mehr und mehr. An der UC-SD wurde bei den Partys ziemlich viel getrunken. 1971 erhielt ich die Ehrendoktorwürde von der City University, New York. Dort trank ich mit dem Vorsitzenden auf dem Campus oder in der Bar des Garduiertenzentrums. Zu der Zeit war ich schon ein regelrechter Alkoholiker; ich trank beim Schreiben so lange, bis ich nicht mehr wusste, was ich tat. Das konnte bis zu acht Stunden dauern, ich schluckte wie ein Specht. Ich war dabei, mit meinen täglichen Alkoholexzessen unsere Familie zu zerstören. Als wir Ende 1971 von New York nach La Jolla zurückkehrten, besuchte uns mein Sohn und war bestürzt über meinen Alkoholkonsum. Am 30. Juni 1972 schwor ich mir, mit dem Trinken aufzuhören, und habe seither keinen Tropfen mehr angerührt.

Eine der Nebenwirkungen dieses Entschlusses war ein enormer Energieschub. Eine andere war eine manisch-depressive Störung. Zu dieser Zeit unterrichtete ich an der Washington University von St. Louis, während ich gleichzeitig in La Jolla lebte. Jede Woche flog ich hin und her und hetzte durch meine sämtlichen Aktivitäten als Herausgeber des *Journal of the History of Philosophy*, Forscher, Autor, Watergate-Ermittler und Dozent. Nach all dem Ärger mit der UC-SD entschloss ich mich, eine Stelle als Professor für Philosophie und Judaistik an der Washington University anzunehmen. Jetzt musste ich mich nicht mehr dafür einsetzen, dass das Fach Judaistik unterrichtet wurde, jetzt konnte ich es unterrichten. Also entwurzelte ich meine Familie – von den Kindern war nur noch Susan zu Hause – und zog vom idyllischen La Jolla in das deprimierende St. Louis, das damals wirtschaftlich an einem Tiefpunkt war. Es war ein großer Schock für uns alle drei. Ich gab Kurse in Philosophiegeschichte, über die Marranos, über den Messianismus und den Millenarismus, über die Geschichte der Rassismustheorien, über Verschwörungstheorien in der Geschichte und sogar einen über Watergate.

Im Mai 1974 reiste ich nach London, Paris und Amsterdam. In Paris bekam ich einen Koller und kaufte in zwei Wochen Bücher für ungefähr zehntausend Dollar, während ich gleichzeitig die Bibliothèque de Port-Royal erkundete. In Amsterdam besuchte ich die Bibliothek der Synagoge und schloss Bekanntschaft mit dem neuen

Bibliothekar Yosef Kaplan. Wir wurden enge Freunde. Er arbeitete über Orobio de Castro und unterrichtete an der Hebräischen Universität in Israel. Seit dieser Zeit arbeiten wir zusammen.

Als ich nach St. Louis zurückkam, musste ich feststellen, dass ich unser ganzes Erspartes ausgegeben hatte, während Julie Gebrauchtmöbel kaufte, um unsere neue Wohnung in St. Louis einzurichten. Das war ein erster Eindruck davon, was manisches Verhalten anrichten kann. Es hat Monate gedauert, unsere Schulden abzuzahlen. (Heute sind die Bücher natürlich viel mehr wert, als ich damals für sie bezahlt habe.) Zum Glück retteten uns Einkünfte aus Schriften über das Kennedy-Attentat und Watergate und Julies Verdienst als Lehrerin.

Um 1974 herum war ich zu der Auffassung gelangt, dass der christliche Millenarismus und der jüdische Messianismus die wichtigsten kreativen Auslöser der Ideen des 17. Jahrhunderts waren. Die Rolle von La Peyrère sowie seine Verbindung zu Menasse ben Israel und Spinoza ließen mich eine Synthese dieser Entwicklungen angehen. Mit Hilfe von James Force, damals Postgraduierter, und meinem Kollegen Richard Watson unterbreitete ich der National Science Foundation (NSF) meine These, dass sich die moderne Welt aus den Entwicklungen des jüdischen Messianismus ab 1492 und des christlichen Millenarismus erklären ließ. Auf einer Reise nach Washington zu Nachforschungen über Watergate suchte ich Vertreter der NSF auf, die mir auch Unterstützung zusagten. Ich wurde eingeladen, im Herbst 1975 eine Vorlesung an der Clark-Bibliothek zu halten, und wählte als Thema »Jewish Messianism and Christian Millenarism«. Immer mehr kreisten meine Vorstellungen zu diesem Thema um La Peyrère und den jüdischen beziehungsweise den Marrano-Messianismus wie um die Rolle des Menasse ben Israel im christlichen Millenarismus in Holland und England.

Anfang 1975 steckte ich enorm viel Zeit und Energie in die Untersuchung des Kennedy-Mords und Watergates. Ich hatte ein bis dato wenig bekanntes Dokument gelesen – die geheime Anhörung des militärischen Geheimdienstausschusses vor dem Repäsentantenhaus –, das erst kurz zuvor freigegeben worden war. Es bestätigte einen von Senator Howard Baker in seinem Minderheitsvotum zum Watergate-Kommitee-Report formulierten Verdacht, dass Robert Bennett, der Direktor der Mullen Company, für die E. Howard Hunt gearbeitet hatte, sowohl eng mit dem CIA kooperierte als auch an der Aufdeckung des Watergate-Skandals arbeitete. Das war die einzige Aussage Bennetts neben dem beeideten Protokoll, das Bernard Fensterwald zu Beginn des Watergate Skandals aufgenommen hatte.

Auf der Basis der Informationen, die Woodward und Bernstein in ihrem Buch *All the Presidents Men* veröffentlicht hatten, und den früheren Informationen der *New York Times* und der *Washington Post* über Watergate, formulierte ich die These, dass Bennett »Deep Throat« war, die Quelle von Woodwards Informationen, und dass er mit Wissen und Zustimmung seiner Vorgesetzten vorgegangen war.

Mit Barry Glassner zusammen, damals ein Postgraduierter in der Soziologie, schrieb ich drei Artikel, die dies aus Bennetts Zeugenaussage und anderen Materialien ableiteten. Die größte Nachrichtenagentur der USA erstand die Rechte und schrieb in tagelangen Telefongesprächen die Story um, mithilfe eines erstklassigen Journalisten in New York und Glassners, der bei mir zu Hause war und die Fakten mit mir abstimmte. Alle erwarteten die absolute Sensation. Etliche Leute bekamen davon Wind und riefen an. Die *New York Times* und ein Fernsehstudio aus Los Angeles erkundigten sich nach Informationen. Die Agentur versprach sich einen Riesenknüller. Aber am Tag, als die Geschichte rausging, lehnte sie eine große Zeitung nach der anderen ab. Nur eine Zeitung druckte sie, die *Las Vegas Sun*, deren Herausgeber Bennett auf etwa hundert Millionen Dollar verklagte. Als ich den Herausgeber der *St. Louis Post-Dispatch* anrief, den ich persönlich kannte, sagte er mir rundheraus, dass sich niemand mehr für die CIA oder Watergate interessiere. Die Story wurde nur in einer mutigen unabhängigen, von Charles Klotzer herausgegebenen Zeitschrift in St. Louis veröffentlicht.

Glassner und ich waren verblüfft. Der Artikel endete mit dem Hinweis, dass eine längere Version davon in der *New York Review of Books* erscheinen würde. Deren Herausgeber, Bob Silvers, schickte mir eine Kopie des Telegramms, das er von Bennett erhalten hatte, in dem dieser ihm drohte, ihn auf eine Million Dollar Schadensersatz zu verklagen. Auf diese Weise lernten wir etwas über die Grenzen der freien Presse. Die *New York Review of Books* war bereit, trotzdem zu veröffentlichen, ich aber aus folgenden Gründen nicht.

Ich verfiel gerade wieder in einen manischen Zustand. Eines Morgens im Mai 1975 ging ich in mein Büro, um etwas zu durchzusehen, als es mir plötzlich kam, dass die vor kurzem freigegebenen Papiere der Warren-Kommission im Nationalarchiv möglicherweise die Geschichte eines texanischen Gefängnisinsassen unterstützten, der mir damals geschrieben hatte, als mein Buch erschienen war. Während ich das noch untersuchte, stolperte ich über einen Brief eines philippinischstämmigen Journalisten von 1970, in dem dieser mir mitteilte, er habe den *Second Oswald* gelesen und besäße wichtige Informationen. Eine Telefonnummer in Calgary hatte er gleich mitgeschickt.

Wenige Tage später fuhr ich nach Washington, um Unterlagen im Nationalarchiv durchzusehen, und rief den Journalisten an, der glücklicherweise noch unter derselben Nummer zu erreichen war. In meinem manischen Zustand führte dies zu einem unglaublichen Ausbruch an Aktivitäten in Washington, New York, Vancouver, British Columbia und Los Angeles. Ich traf Senator Howard Baker zu einem Gespräch unter vier Augen und besprach mit ihm die Bennett-Angelegenheit; ich übergab mein Material dem Assistenten des Staatsanwalts, ich beriet mich lange am Telefon mit Dick Gregory, flog nach Chicago, um mich mit ein paar Zeitungsleuten zu treffen, traf Gregory am O'Hare-Flughafen zu einer Besprechung, flog nach Vancouver, um dort meinen philippinischen Kontaktmann zu treffen, der sensationelles Material über einen amerikanischen Staatsbürger hatte, welcher 1967 wegen versuchten Mordes an Ferdinand Marcos in Manila verhaftet worden war und dabei unter Hypnose gestanden hatte, an der Ermordung Kennedys beteiligt gewesen zu sein. Er gab Details an, die 1967 in den Zeitungen von Manila gedruckt und sogar in der *New York Times* und der *New Orleans Times-Picayune* wieder aufgegriffen worden waren. Er nannte die Namen seiner Ausbilder und gab ihre Adressen und Telefonnummern an. Und Leute mit diesen Namen und Telefonnummern waren noch immer unter diesen Adressen anzutreffen.

Ohne mich um weitere Einzelheiten zu kümmern, wurde ich nun zum Berserker und war davon überzeugt, das Kennedy-

Attentat aufgeklärt zu haben. In aller Eile bestellte meine Literaturagentin Cyrilly Abels Reporter von Zeitungen, Zeitschriften und Fernsehgesellschaften zu uns nach Hause nach La Jolla, wohin wir für den Sommer zurückgekehrt waren. Ich ließ mir zwei Telefone einrichten, heuerte zwei Assistenten an und ließ zwei weitere Personen, die mir bei der Recherche behilflich waren, bei uns im Haus wohnen. Meine Familie litt enorm, während ich in der ganzen Welt herumtelefonierte, Telegramme an Regierungsvertreter sandte oder mich zwischen drei und vier Uhr Morgens mit Dick Gregory beriet. Zum Essen oder Schlafen fand ich keine Zeit. Schließlich schaffte es Julie mit einem Trick, dass ich mich im Krankenhaus untersuchen ließ, da ich offensichtlich einem Nervenzusammenbruch nahe war. Ich bekam Lithiumkarbonat zur Beruhigung, und die Manie legte sich. Eine Woche später fuhr ich zu einer Konferenz der American Society for Eighteenth Century Studies in Yale, zugedröhnt mit Lithiumkarbonat und so funktionsfähig wie ein Zombie.

In den folgenden Jahren schränkten sich meine Aktivitäten aufgrund der Einnahme von Lithiumkarbonat und sehr, sehr langen depressiven Phasen ziemlich ein. Wir probierten ein Medikament nach dem andern aus, oft mit qualvollen Folgen. Als 1981 die Nebenwirkungen von Lithiumkarbonat meine Funktionsfähigkeit vollkommen beeinträchtigten, ich kaum mehr schreiben konnte, weil meine Hände so zitterten, ich ständig stolperte und mich oft nicht mehr daran erinnern konnte, was ich eigentlich unterrichtete (obwohl ich mein eigenes Lehrbuch verwendete und abends vor dem Zubettgehen den Stoff noch mal durchlas, genauso wie morgens beim Frühstück), zog ich in Erwägung, mich aus medizinischen Gründen in den Ruhestand versetzen zu lassen. Dann lehnte ich mich gegen die Ärzte auf und nahm vorsätzlich kein Lithiumkarbonat mehr ein, obwohl ich gewarnt worden war, dass ich wieder in meine Manie verfallen würde. Das ist aber bis heute noch nicht passiert, doch habe ich manchmal Ausbrüche von hypomanischem Verhalten, während deren ich Schriften in ein, zwei oder drei Tagen verfassen kann. Ich glaube, ich schreibe sie ein paar Tage lang in meinem Kopf, wo sich die Ideen so nach und nach unbewusst konkretisieren. Dann kommt alles zusammen, eine große Ansammlung von Daten ordnet sich plötzlich. Wenn ich mich dann zum Schreiben hinsetze, habe ich schon einen geordneten Vortrag im Kopf, der mir nur noch einfach aus der Feder fließt, so wie jetzt gerade.

Diese Geschichte könnte ausgebaut werden mit Details über die vielen, vielen Zeitungen und Zeitschriften, die Leute zu mir herfliegen ließen oder mich hierhin und dorthin, um dem Filipino die Story abzukaufen und die Rechte telefonisch zu erwerben, nur um sie wenig später wieder fallen zu lassen. So ging das bis 1977. In der Geschichte gab es auch Verbindung zur CIA und nach Israel, was vielleicht erklärt, was dann geschah. So gut wie jede Story über das Kennedy-Attentat, so fantastisch oder spekulativ sie auch war, ist veröffentlicht worden, nur diese, die mit so vielen Dokumenten unterlegt ist und sich plausibel in die bekannten Fakten fügt, wurde von den besten, den mittelmäßigsten wie auch den schlechtesten Verlegern einhellig abgelehnt. Noch eine Lektion, wie eine freie Presse funktioniert. Die Geschichte könnte noch weiter ausgebaut werden mit Berichten über meine suizidalen Depressionsanfälle und den Einweisungen ins Krankenhaus. Hinsichtlich meiner intellektuellen Weiterentwicklung scheinen es mir allerdings zwei Aspekte wert, festgehalten zu werden: zum einen, die Art und Weise, wie sich mit einem Mal eine völlig neue Fragestellung ergab, und zum zweiten, wie die alles verzehrende Konzentration auf Selbstmord mich zu einem neuen Verständnis über mein Dasein in der Welt führte.

Was das erste Thema betrifft, so schien mir der beste Weg, der Morbidität suizidaler Selbstgespräche und depressiver Rückzüge ins Bett zu entkommen, darin zu liegen, mich auf intellektuelle Routinearbeit zu konzentrieren – Enzyklopädie-Artikel, einleitende Zusammenfassungen etc. Aber 1977, zum dreihundertsten Jahrestag von Spinozas Tod, wurde ich gebeten, über ihn etwas zu schreiben sowie an Symposien des Seminars für Jüdische Theologie und des Hebrew Union College teilzunehmen. Ich verfasste Vorträge über Spinoza und La Peyrère, die ich später als zwei zusätzliche Kapitel meiner *History of Sceptizism* hinzufügte. Für den Vortrag am Seminar für Jüdische Theologie arbeitete ich eine »neue« Idee aus – nämlich, warum Spinoza keine zeitgenössischen Propheten angegriffen und sie nicht einmal erwähnt hatte. Oder genauer: wenn er zeigen wollte, wie lächerlich es ist, an Prophezeiung zu glauben, warum hat er dann nie die Anhänger des Sabbatai

Zevi angegriffen? Aus der Zeit, als Nachrichten von Sabbatai Zevi England erreichten, gibt es einen Brief von Henry Oldenburg von der Royal Society of England, in dem Spinoza gefragt wird, ob es denn wahr sei, dass der König der Juden angekommen sei. Oldenburg schrieb, wenn es denn wahr sei, dann sei das von außerordentlicher Wichtigkeit für alle. Danach heißt es allerdings, dass es keinen Beweis gebe, dass Spinoza diesen Brief je beantwortet habe.

Also stellte ich die Frage: warum hat Spinoza diese Angelegenheit nicht ausgeführt und dabei gezeigt, dass die damaligen Juden in Amsterdam, von denen fast alle glaubten, Sabbatai Zevi sei der Messias, nichts als ein Haufen Narren waren? Warum hat Spinoza nie Menasse ben Israel erwähnt und dessen Voraussagung von 1654–55, dass der Messias bald erscheinen werde? Als ich den Vortrag hielt, war Fritz Rothchild der Respondent und meinte, dies sei eine richtige Sherlock-Holmes-Geschichte vom Typ: warum hat der Hund nicht gebellt? Ich wusste die Antwort nicht, ich konnte nur die Frage stellen. In Oldenburgs Korrespondenz, die erst Mitte der sechziger Jahre veröffentlicht wurde, fand ich den Nachweis, dass ein gewisser Peter Serrarius Oldenburgs Frage mit einem überzeugten »Ja« beantwortet und ihn wie auch Robert Boyle mit einer wahren Flut an Nachrichten über Sabbatai Zevi überschwemmt hatte. In den Anmerkungen wurde Serrarius fälschlicherweise als Spinozas Sekretär oder Agent bezeichnet.

Anderswo stolperte ich über das Zitat aus einem Brief, in dem der Quäker William Ames schrieb, dass er einen Juden in Amsterdam getroffen habe, der von den übrigen Juden ausgestoßen worden sei. Quäker-Historiker dachten oder hofften, dass es sich hierbei um Spinoza handele. Das Datum des Briefs fixierte das Treffen auf wenige Monate nach Spinozas Exkommunikation, und die Ansichten, die der Jude von sich gab, waren die Spinozas. Bald vertrat ich die Ansicht, dass Spinoza der einzige Ausgestoßene war, der diese Bedingungen erfüllte. Aussagen anderer Amsterdamer Quäker jener Zeit zufolge soll der ausgestoßene Jude dann damit beauftragt worden sein, ein Quäker-Pamphlet von Margaret Fell zu übersetzen, das darauf abzielte, Juden zu konvertieren.

Ich hielt also einen Vortrag über Spinoza und die Quäker, in dem ich Verbindungen andeutete, ohne jedoch konkrete Fakten zu haben. Ich fing an, nach Informationen über Serrarius zu suchen, einem Freund Menasse ben Israels. Er war Chiliast und viel älter als Spinoza. Bekannt mit dem schottischen Millenaristen John Dury, mit Oldenburg und mit Comenius, war er Spinozas Kontakt zur englischen Welt. Obwohl er nur einmal in Spinozas verbleibender Korrespondenz erwähnt wird, wird er oft bei Oldenburg als die Person zitiert, die Spinozas Post versandte und entgegennahm. Er war auch mit Adam Boreel bekannt, dem Führer der progressiven holländischen Freikirchler, die Spinoza nach seiner Exkommunikation bei sich aufnahmen. Es war Serrarius, der Spinoza mit William Ames bekannt machte. (Ames lebte zu dieser Zeit bei Serrarius.) Serrarius war der Anführer der christlichen Anhänger beziehungsweise Sympathisanten von Sabbatai Zevi; er sandte Berichte über die Bewegung nach England und Frankreich und veröffentlichte Pamphlete über ihren Fortschritt. Er setzte Oldenburg auseinander, wie es möglich sei, Sabbatai Zevi weiterhin zu akzeptieren, selbst nachdem dieser zum Islam konvertiert war. Gottes Wege sind eben unergründlich.

So tat sich also eine ganz neue Welt auf, die es zu erforschen galt – die eines rationalistischen, naturalistischen Spinoza, der von der Synagoge exkommuniziert worden und in den Einflussbereich millenaristischer Quäker geraten war, die die Juden zu konvertieren suchten. Serrarius lernte Spinoza gleich nach dessen Exkommunikation kennen und war offensichtlich die folgenden zehn Jahre lang in Spinozas Angelegenheiten verwickelt. Ich sah also Spinoza jetzt im Zentrum der Millenaristen. Ein führender Spinoza-Forscher hat einmal gesagt, dass Spinoza kein Freund von Serrarius gewesen sein könne, da dieser sich jenseits der pathologischen Grenzen der Rationalität befunden habe; er sei nur ein verrückter Millenarist gewesen. Trotzdem war dieser offensichtlich Spinozas Freund und Meister, eng befreundet mit Spinozas Quäkerfreunden und mit Boreel, dem Anführer der Gruppe, bei der Spinoza in Amsterdam und Rijnsburg wohnte. Die Quäker, Boreel und Serrarius waren alle zusammen Millenaristen. Die beiden letzteren standen in Beziehung mit Menasse und waren mit Spinozas englischen Freunden Boyle und Oldenburg befreundet, die ebenfalls Millenaristen waren.

Ich ging diesen Spuren nach und traf Ernestine van der Wall, die gerade eine Dissertation über Serrarius in Leiden anfertigt, ebenso wie ihren Mentor Jan van den Berg. Mit diesen beiden zusammen erforschte ich das Umfeld von Spinoza und den Millenaristen. Durch den Austausch mit ihnen, mit David Katz, der sich bei den englischen Millenaristen gut auskennt, und mit Yosef Kaplan, der weiß, was in der jüdischen Gemeinde damals vorging, ergaben sich heiße Spuren wie von Zauberhand. In rascher Folge fand ich den Verkaufskatalog von Serraius' Büchern und Manuskripten, einen Bericht über ein Treffen zwischen Serrarius und einem Rabbi aus Jerusalem sowie ein Pamphlet von John Dury, in dem er den Amsterdam-Besuch des Rabbi Nathan Shapira aus Jerusalem im Jahre 1657 beschreibt, dem Lehrer des Nathan von Gaza und Elias der Sabbatai-Zevi-Bewegung, und seine Gespräche mit Serrarius. Die Ansichten des Rabbi Shapira über das Christentum ähneln denen Spinozas. Dann fand ich zwei Exemplare der 1658 veröffentlichten hebräischen Übersetzung des Pamphlets der Quäker-Anführerin Margaret Fell sowie etliche Schriften über das Pamphlet und seinen Übersetzer. Eine Reihe von Schriften, die ich verfasste, siedelten Spinoza nun mitten unter den konvertierenden Millenaristen an.

Schließlich fand ich Boreels umfangreiches Manuskript, das Serrarius für Robert Boyle hatte kopieren lassen und welches Boreels Antwort auf die These von den drei *Imposteurs* enthält, wonach Moses, Jesus und Mohammed Religionen lediglich für politische Zwecke erfunden hätten. Spinoza behandelte offensichtlich denselben Themenkomplex in seinem *Tractatus*.

So gelangte ich allmählich von einer Frage zu einer neuen Interpretation Spinozas. Zufällig fiel mir in der Clark-Bibliothek etwas in die Hände, das mich davon überzeugte, dass Spinoza wohl auch den Prinzen von Condé getroffen hatte und enge Beziehungen mit Freigeistern in dessen Entourage pflegte. Zudem verkehrte er mit einem Dr. Henri Morelli, einem ägyptischen Juden, der schließlich Arzt des ungläubigen Charles Saint-Evremond, der Kurtisane Ninon de l'Enclos und der Gräfin von Sandwich, der Tochter des atheistischen Grafen Rochester wurde.

Eine Reihe weiterer solcher Funde hat dazu geführt, dass man Spinoza jetzt eher als einen rebellischen Schüler der Synagoge sieht, der in die konfessionslose Welt der millenaristischen Freidenker und Quäker eingetaucht ist und dann zum Verfechter einer rationalisierten Version von deren vergeistigtem Christentum, vielleicht sogar des jüdischen Christentums des Rabbi Shapira, wurde, bevor er in die ungläubige Welt der Anhänger des Prinzen von Condé geriet. Man muss ahnen, wo sich Hinweise verstecken, und sie dann auch erkennen können. Wie Paul Schrecker immer sagte: »Man muss wissen, was möglich sein kann, um herauszufinden, was tatsächlich ist.«

Ein Aspekt meines Lebens heute, der sicherlich eng verknüpft ist mit meinem gesundheitlichen Zustand manischer Depression, ist der, dass ich ständig unterwegs sein muss. In den letzten zehn bis zwölf Jahren hatte ich viele, zum Teil sehr ernste Anfälle suizidaler Depression. Zeitweise hat mich dieser Zustand fast gelähmt, und er hätte leicht dazu führen können, dass ich mich vor Jahren schon in den Ruhestand zurückgezogen hätte. Während dieser Zeiten gab ich alle Aktivitäten auf, um mir oder Julie eine lange Litanei vorzubeten, warum das Leben nicht lebenswert sei. Auf dieses Thema war ich dann fixiert. Einmal wies mich Julie darauf hin, dass ich immer wieder genau das Gleiche sagte, mit genau denselben Worten. Als ich mich einmal in London aufhielt und an einem Konzept für das Buch über La Peyrère arbeitete, hatte ich einen akuten Anfall. Ich fing an, meine Gedanken ganz genau aufzuschreiben. Als ich dann später wieder eine depressive Phase durchlief, sah ich mir an, was ich damals aufgeschrieben hatte, und konnte feststellen, dass Julie absolut Recht hatte. Das Wissen, dass sich diese Leier wiederholte wie eine Schallplatte oder ein Computerprogramm und nur einige Zeit andauen würde, machte das Ganze etwas erträglicher. Irgendwie wurde es zum Symbol für die Sache selbst, die somit weniger bedrohlich wirkte. So war es mir möglich, an den kritischen Tagen einfach zurückzuschalten und nur das Nötigste zu tun, so lange bis die Schallplatte sich totgelaufen hatte. Das Resultat ist dann, dass für diese Phasen jeweils zwei oder drei Tage im Monat verloren gehen, das Problem sich aber selten weiter auswächst. Meist enden die Phasen mit einem neuen Ausbruch hypomanischer Aktivität und mit neuen Reisen.

Die neuen Reisen führten fast immer zu Bekanntschaften mit anderen Wissenschaftlern, oft auch mit neuen, mit denen ich vorher noch keinen Kontakt gehabt hatte. Diese waren oft im Besitz von Einzelinformationen, die sich wie Puzzlestücke in Projekte einfügten, an denen ich arbeitete. Bei diesem Zusammenfügen von Informationen und der Suche danach, wo sich weitere Details möglicherweise verstecken konnten, die bis jetzt übersehen worden waren, hatte ich enormes Glück im Auffinden neuen Materials.

Letztes Jahr fand ich ein riesiges Archiv mit Briefen von John Dury, die einen laufenden Kommentar zu den Vorkommnissen in verschiedenen Teilen Europas abgeben. So auch von Amsterdam in den Jahren zwischen 1630 und 1675. Ich hoffe, noch mehr von dieser Korrespondenz zu finden, wenn ich im nächsten Sommer weitere Spuren verfolge. Und ich hoffe auch, die von Spinoza verfertigten Portraits zu finden, die Colerus besaß, als er seine Spinoza-Biographie schrieb. Wenn man weiß, was da sein sollte, und ungefähr voraussagen kann, wo es sein könnte, dann kann man oft neue Funde machen.

Vor ein paar Jahren suchte ich nach der von Adam Boreel und Rabbi Judah Leon Templo besorgten Ausgabe der *Mischna* von 1646. Sie wird in vielen Briefen von christlichen Millenaristen der Zeit erwähnt, ebenso wie die Tatsache, dass Exemplare davon nach London, Paris und Danzig geschickt wurden. Sie ist jedoch nirgendwo verzeichnet. Eines Tages jedoch begab ich mich in die Bibliotheca Rosenthaliana in Amsterdam und fragte meinen Freund Adrien Offenberg, ob er jemals eine Kopie der *Mischna* von 1646 gesehen habe. Er zog sie einfach aus dem Regal. Im Katalog erschien sie als herausgegeben von Menasse ben Israel. Ein Brief von Dury erklärt, wie die Boreel-Templo-*Mischna* zur Menasse-*Mischna* wurde (der Herausgeber sollte einen für Juden annehmbaren Namen haben). Bald darauf fand ich den entsprechenden Vertrag mit Menasse, und so kam Ordnung auch in diese Geschichte, die ja ein Licht auf die jüdisch-christlichen Beziehungen jener Zeit wirft.

Einige andere Entwicklungen in meiner Forschungsarbeit zusammen mit dem oben Erzählten bilden das Gerüst meiner Arbeit heute. Seit jener Vorlesung in der Clark-Bibliothek 1975 habe ich über den christlichen Zionismus geforscht, die christlichen Theorien zur Neubildung eines jüdischen Staats in Palästina. La Peyrère war in der Neuzeit einer der ersten, die sich dafür einsetzten, neben vielen englischen Millenaristen vom Zeitalter des Puritanismus bis heute, aber auch katholische Millenaristen wie der Jesuit Antonio de Vieira in der Mitte des 17. und Immanuel Lacunza Ende des 18. Jahrhunderts. Ich begann zu begreifen, dass der Zionismus ein Anliegen der Christen war, lang bevor die Juden sich dafür interessierten, und dass es zum Teil der Unterstützung der Christen bedurft hatte, um diese Idee bei den Juden erfolgreich werden zu lassen. In Israel fand ich, dass sich das seltsame Überhandnehmen amerikanischer und europäischer Fundamentalisten heutzutage aus historischer Sicht heraus sehr gut erklären lässt, wie auch die entstehende und gefährliche Allianz der amerikanischen Fundamentalisten mit den konservativ-religiösen jüdischen Zionisten, die sich gleichermaßen auf Armageddon und das messianische Königreich vorbereiten.

1981–82 wurde mir die Clark-Professur an der Universität von Kalifornien in Los Angeles (UCLA) angeboten, eine Gastprofessur mit der Aufgabe, eine Vorlesungsreihe zu einem bestimmten Themenkomplex zu organisieren. Verschiedene Wissenschaftler sollten dann die Vorlesungen in der William-Andrews-Clark-Bibliothek halten. Ich wählte das Thema: Millenarismus und Messianismus in der englischen Geschichte, Literatur und Philosophie, 1650–1800. Christopher Hill, Margaret Jacob, Amos Funkenstein und andere präsentierten interessante Vorlesungen über verschiedene Aspekte des Themas. Zwischen den Vorlesungen las ich eine Unmenge von Material über millenaristische Theologie aus der hervorragend ausgestatteten Sammlung der Clark-Bibliothek. Andere Wissenschaftler, die auf ähnlichen Gebieten forschten, insbesondere James Force, Richard Kroll und John Rogers, diskutierten das Thema mit mir in lebhaften Sitzungen in der Cafeteria. Wir debattierten unterschiedliche Interpretationsansätze, gaben uns gegenseitig Hinweise und liehen uns Bücher.

Eines Tages, als ich aus dem Osten zurückflog, las ich das Buch eines Freundes, Sascha Talmor aus Israel, über einen nicht sehr bekannten englischen Skeptiker des 17. Jahrhunderts, Joseph Glanvill. Ich hatte schon mehrere Artikel über Glanvill geschrieben, zwei davon über Glanvill als Vorläufer David Humes. Dr. Talmor bewies, dass Glanvill kein Vorläufer Humes sei, da er an ein ganz anderes Universum glaubte, nämlich an ein Universum der geistigen Kräfte. Er war ein Anhänger des Cambridger Platonismus Henry Mores, und sein Skeptizismus begriff sich im Rahmen von

Mores Philosophie. Als ich an die Clark-Bibliothek zurückkam, las ich More und fand heraus, dass er eine skeptische Krise durchlebt hatte, als er 1630 in Cambridge studierte. Er postulierte einen radikalen Skeptizismus, um gegen den Cartesianischen Rationalismus anzukämpfen und seinen Millenarismus zu »rechtfertigen«.

More war Schüler Joseph Medes, eines äußerst wichtigen Millenaristen. Ich hatte einmal gelesen, dass Mede Pyrrhonist gewesen sei. Im Vorwort einer Ausgabe von Medes Schriften, die ich mir gekauft hatte, las ich, dass Mede Pyrrhonist geworden sei, als er 1601 nach Cambridge kam. In einer anderen, vollständigeren Ausgabe seiner Schriften, die ich in der Sammlung der Clark-Bibliothek fand, schrieb Mede, dass er, als er 1601 nach Cambridge gekommen sei, dort die Schriften des Sextus Empiricus gelesen habe. Mede stürzte in eine tiefe skeptische Krise. Um einen Ausweg daraus zu finden, beschloss er, alles zu studieren, worin man in Cambridge damals unterrichtet werden konnte. Er fand schließlich eine Lösung in den Prophezeiungen im Buch Daniel und in der Offenbarung. Mede schrieb ein Buch, *Clavis Apocalyptica*, immer noch ein Klassiker der Interpretation der in den beiden prophetischen Büchern verwendeten Sinnbilder, in dem er ein Schema präsentierte, mit dem man errechnen konnte, wann das Millennium eintreten würde. Er kam ohne großes Aufsehen zu dem Schluss, dass dies Mitte des 17. Jahrhunderts sein würde. Einige Leute schrieben ihm Briefe, dass sie mehr darüber wissen wollten, und so wurden Medes Ideen einer Gruppe bekannt, die Charles Webster »die geistige Brüderschaft« nannte und die sich unter anderem aus Samuel Hartlib, Jan Amos Comenius, John Dury und Wiliam Twisse zusammensetzte. Mede war auch der Lehrer von Henry More, John Milton und Isaac Barrow, neben vielen anderen. Diesem Hinweis folgend fand ich heraus, dass Dury Medes Buch über die Überwindung des Skeptizismus persönlich an Descartes weiterreichte, als jener die *Abhandlung über die Methode* schrieb. Comenius verwendete sie in seiner Theorie der Pansophie. Damit begann etwas, was ich als die dritte Kraft in der Philosophie des 17. Jahrhunderts bezeichnet habe, nämlich die Überwindung des Skeptizismus bei den Gelehrten durch biblische Prophezeiungen und Bibelwissen. Die Vertreter der dritten Kraft spielten bei der Entwicklung der Wissenschaften in Westeuropa, in allen möglichen Reformbewegungen, die sich auf das Millennium vorbereiteten, einschließlich der Versuche, Juden dadurch zu konvertieren, dass man gemeinsame intellektuelle Erkenntnisse erforschte, eine sehr wichtige Rolle. Dury, Adam Boreel und die Anhänger von Jacob Böhme waren einflussreiche Vertreter dieser Bewegung der dritten Kraft.

Die Bewegung war als Antwort auf den Skeptizismus entstanden. In ihr sammelten sich die radikalsten wissenschaftstheoretischen Ansichten zu einem Skeptizismus gegen den Cartesianismus, und sie förderte die junge Wissenschaft als einen Weg zum Verständnis des göttlichen Plans in der Natur und in der Geschichte. Lady Anne Conway, Robert Boyle, Henry Oldenburg, Ralph Cudworth und viele andere passten in dieses Schema ebenso wie Sir Isaac Newton, der Schüler Barrows, Cudworths und Mores. Newtons millenaristische Theologie, die so unverständlich erscheint, wenn man sie aus der Perspektive der Physikgeschichte angeht, lässt sich einleuchtend erklären als eine auf der Basis von Medes und Mores Ansichten ausgeführte Gedankenentwicklung. Wir wissen, dass Newton und More jahrelang an einem Kommentar zu Daniel und zur Offenbarung arbeiteten, sich dann aber aufgrund eines Disputs über die Interpretation der darin verwendeten Sinnbilder zerstritten haben.

Jim Force und Richard Kroll können bezeugen, dass ich wie Archimedes »Heureka« ausrief, als mir bewusst wurde, wie das alles zusammenpasste. Ein neues Kapitel in der Geschichte des Skeptizismus brachte hier die Bibelinterpreten, die Millenaristen, die Philosemiten und eine Reihe von neuen Wissenschaftlern zusammen, mit Newton an der Spitze. Ich schrieb mir alles auf und hielt darüber Vorlesungen an der sehr analytisch ausgerichteten philosophischen Abteilung der UCLA sowie später an der Clark-Bibliothek. Noch ein paar Monate später hielt ich darüber eine Vorlesung in Israel als Teil von Yehuda Elkanas Israel-Kolloquium über Ideengeschichte.

Es war mir vage bewusst gewesen, dass es in Jerusalem eine riesige Sammlung an Manuskripten von Newton gab, aber ich hatte sie noch nie eingesehen. Als ich mit Elkana von Tel Aviv nach Jerusalem fuhr, fragte ich ihn, ob ein Interesse daran bestünde, diese Schriften Newtons, die sich hauptsächlich mit Theologie befassten, zu veröffentlichen. Elkana war von der Idee begeistert. Wieder zurück in den Vereinigten Staaten fragte ich Richard S. Westfall, den Newton-Biographen, der vor Jahren schon mit mir in Iowa zusammen gearbeitet hatte, ob er daran Interesse habe. Also bildeten er und ich zusammen mit Betty Jo Dobbs, der Expertin für Newtons Alchemie, ein Herausgebergremium für die Durchführung dieses Projekts, das einmal ein gutes Dutzend Bände umfassen wird. Wir sind immer noch im Stadium der Vorbereitung.[4] Ich habe einiges an Zeit aufgewendet, um Newtons Schriften in Jerusalem durchzusehen, und habe in der Zwischenzeit einiges über Newton und die Ursprünge des Fundamentalismus, Newton und Maimonides sowie Newton und die Bibel verfasst.

Trotz all dieser Forschungsausflüge in neue Gebiete arbeitete ich weiterhin an meinem Zentralthema, dem Skeptizismus in der Philosophie der Moderne, und schrieb über verschiedene Aspekte des Skeptizismus ab der Renaissance bis zum 20. Jahrhundert. Während dieser Zeit stand ich stets in engem Kontakt mit Charles Schmitt, einem Schüler Kristellers, der *ein* oder eher *der* führende Fachmann auf dem Gebiet des Skeptizismus in der Renaissance wurde. Er ging nach England, zunächst an die Universität Leeds und dann ans Warburg-Institut. Wir trafen uns jedes Mal, wenn ich mich in England aufhielt. Am Warburg-Institut glich ich meine Notizen mit ihm, Frances Yates und D.P. Walker ab.

Charles, dessen erste Bücher in den *International Archives* erschienen waren, hielt mich hinsichtlich der verschiedenen Forschungsaktivitäten auf dem Gebiet der Geschichte des Skeptizismus in Europa auf dem Laufenden und brachte mich mit vielen jungen Wissenschaftlern zusammen, von denen einige zu guten Freunden und Mitarbeitern bei verschiedenen Projekten wurden.

Charles und ich waren der Meinung, dass nun ausreichend neues Material und neue Ideen gesammelt worden waren, um ein Symposium über das Thema abzuhalten. Die Herzog-August-Bibliothek in Wolfenbüttel, in der Charles und ich kurz zusammen gearbeitet hatten, war so freundlich, sich als Gastgeber für dieses Ereignis zur Verfügung zu stellen. Im Februar 1984 trafen wir uns in Wolfenbüttel und diskutierten mit Wissenschaftlern aus ganz

[4] Vgl. zum »Newton Project« inzwischen: http://www.newtonproject.sussex.ac.uk/prism.php?id=1 [Anm. d. Hg.].

Europa, Nord- und Südamerika über neue Perspektiven in der Geschichte des Skeptizismus. Die Resultate werden demnächst veröffentlicht.[5]

Charles und ich hatten beide zunehmend ein Interesse dafür entwickelt, wie sich der moderne Skeptizismus zu einem Skeptizismus hinsichtlich der jüdisch-christlichen Tradition wandelte. Wir hatten beide den Eindruck gewonnen, dass die früheren Ansichten zu diesem Thema, die den Renaissance-Skeptizismus mit dem so genannten lateinischen Averroismus verknüpften, nicht richtig waren. Der Skeptizismus der Renaissance war noch nicht gegen Religion gerichtet, doch als das Zeitalter der Aufklärung anbrach, hatte sich die skeptische Tradition dahingehend entwickelt. Wir hatten geplant, diese Ideen in weiteren Symposien zu verfolgen, doch dann verstarb Charles Schmitt plötzlich tragischerweise im April 1986. An der Konferenz zu seinem Gedenken, die in ein paar Wochen am Warburg-Institut stattfindet, werde ich über den Skeptizismus in der Moderne und über unsere unvollendete Arbeit referieren.

Es gibt zwei Dinge, die mich ganz besonders interessieren – zum ersten, warum der Skeptizismus von Montaigne bis Camus seinen Verfechtern und deren Schülern so existenzbedrohend erschien, wohingegen der antike Skeptizismus eine so lockere, entspannte Betrachtungsweise war, eine Therapie zur Herstellung der Ataraxie, der Unerschütterlichkeit des Gemüts, und nicht angsteinjagender Befürchtungen. Als ich dies während der Wolfenbütteler Konferenz Myles Burnyeat gegenüber ansprach, erwiderte er nur, es sei mein Job, das herauszufinden, und nicht seiner.

Die zweite Sache ist, herauszufinden, wann genau der moderne anti-religiöse Skeptizismus entstanden ist. Ich habe das 17. Jahrhundert danach durchforscht, wann und wie die These, dass Moses, Jesus und Mohammed drei Betrüger gewesen seien, aufgekommen ist. Die Arbeit mit dem Titel *Les Trois Imposteurs* erscheint in Hunderten von Manuskripten, die mir durch die Hände gegangen sind. Ich glaube, ich habe den ältesten Text in der Wolfenbütteler Sammlung gefunden, aber nicht den allerersten. Das Schicksal, oder Gottes unergründliche Weisheit, haben mich daran gehin-

[5] Popkin und Charles Schmitt (Hgg.): Scepticism from the Renaissance to the Enlightenment (Wiesbaden 1987) [Anm. d. Hg.].

dert, mich weiter in dieses Thema zu vertiefen. 1982 versandte ich eine große Anzahl meiner gesammelten Notizen über den Abgleich verschiedener Manuskripte aus Holland, Frankreich und England mit der Post, und als ich von einer Gastprofessur an der Emory University zurückkehrte, war das Paket irgendwo in der United States Mail verloren gegangen. Nachdem ich eine Menge neuer Daten und weiterer Manuskripte mit einer ganz anderen Geschichte aufgestöbert und zusammengestellt hatte, da wurden mir 1985 meine Notizen (mit einer ganzen Menge anderen Materials, das sich in anderthalb Jahren Recherche angesammelt hatte) aus unserem Auto in Paris gestohlen. Irgendein Einbrecher ist vielleicht gerade dabei, die Papiere zu entziffern, aber viel wahrscheinlicher ist, dass sie als wertlos weggeworfen wurden. Ich habe zwar noch weit mehr Material gesammelt, aber jetzt neige ich eher dazu, den ganzen Problemkomplex an Silvia Berti in Mailand und an Pierre Moreau und seine Mitarbeiter in Paris zu übergeben.

Heute sehe ich den Fokus meiner Arbeit darin, ein Bild des religiösen Hintergrunds für die Philosophie der Moderne zu entwerfen. Dazu kann ich alle meine Forschungsergebnisse über die Geschichte des Skeptizismus, die jüdische Geistesgeschichte, den christlichen Millenarismus, die jüdisch-christlichen Beziehungen und den christlichen Zionismus heranziehen. In der letzten Ausgabe des *Journal of the History of Philosophy* (Januar 1987) habe ich versucht, dies in dem Artikel »The Religious Background of 17th Century Philosophy« darzulegen. Darauf aufbauend, werde ich auch noch einen Beitrag für die *Cambridge History of 17th Century Philosophy* verfassen.

Ein früherer Schüler, John Clendenning, zitierte mich in seinem Buch *The Life and Thought of Josiah Royce* und behauptete, ich hätte vor ungefähr dreißig Jahren zu ihm gesagt, dass die Probleme der Welt nicht wirklich politische, wirtschaftliche oder soziale Ursachen hätten, sondern religiöse. Um die Welt zu ändern, müsse man die Herzen der Menschen ändern. Ich kann mich zwar nicht mehr an diese Konversation erinnern, die an einem heißen Sommertag in Iowa City stattgefunden haben soll, aber die Sentenz scheint mir so ziemlich die einzig plausible kausale Erklärung geistesgeschichtlicher Entwicklungen zu sein, und auch der einzig sinnvolle Weg, die Welt zu verbessern. Alles, was ich auf intellektuellem Gebiet geschrieben und getan habe, ist nichts anderes als die Entfaltung dieser Ansicht und läuft auf diese Überzeugung hinaus.

Interessante Ausgangsfragen führten also zu ganz unterschiedlichen Antworten. Eine Kombination aus mühsamer Analyse alter Bücher und Manuskripte, viel Glück und intelligenter Schlussfolgerung hat eine Fülle unterschiedlichster Verbindungen zu Tage gebracht. Meine eigenen Interessengebiete – der Skeptizismus und die jüdische Geschichte – haben natürlich meine Forschungen beeinflusst. Was mich aber immer noch erstaunt, ist, dass sich durch unkontrolliertes Recherchieren zu verschiedenen Aspekten dieser Themen neue, umfassende Strukturen herausschälen. Was sich daraus ergibt, ist nicht ein Sammelsurium von Forschungsergebnissen, sondern eine folgerichtige Geschichte des Skeptizismus, der jüdischen Geistesgeschichte und der jüdisch-christlichen Beziehungen. Diese Themenkomplexe sind miteinander verknüpft und wichtig für das Verständnis, wie unsere heutige Gedankenwelt entstanden ist und welche Spannungen sie enthält. Ich hoffe, dass uns dieses Wissen zu Überlegungen zwingt, was wir angesichts dessen tun könnten und sollten.

Jahrzehntelang haben mich aufdringliche und taktlose Dozenten an philosophischen Instituten gefragt, ob ich denn überhaupt Philosophie betreibe. Ich habe keine Ahnung, und es ist mir, ehrlich gesagt, auch egal. Die Antwort hängt offensichtlich davon ab, wie man »Philosophie« definiert. Ich bin der festen Überzeugung, dass das, was ich in den letzten vierzig Jahren getan habe, für jeden interessant ist oder zumindest sein sollte, der sich darum bemüht, das zu verstehen, was Jack Randall »die Entstehung des modernen Denkens« genannt hat, also dieses unvollendete Produkt, diese geistige Welt, in der wir uns bewegen. Ob diese Anstrengungen mehr in das Fach Philosophie fallen oder einem anderen Fach zugehören, kann ich nicht sagen. Vor vielen Jahren habe ich mir überlegt, ob ich das Angebot einer Professur für Ideengeschichte an der Brandeis-Universität annehmen soll. Zu jener Zeit sagte Kristeller einmal zu mir, dass wir Philosophiehistoriker unsere Posten in den philosophischen Instituten nicht räumen sollten, bis wir von den so genannten »echten« Philosophen rausgeworfen würden. Ob er Recht hatte oder nicht, kann ich nicht sagen, aber was er und ich und

Charles Schmitt getan haben und Kristeller und ich immer noch tun, das findet an verschiedenen Stellen an den Universitäten statt und scheint für eine weit größere Zuhörerschaft wichtig zu sein als nur für uns. Heute habe ich mich aus der Washington University zurückgezogen und wurde dort Professor Emeritus. Ich lebe in Los Angeles und bin hier außerordentlicher Professor für Philosophie und außerordentlicher Professor für Geschichte, was vielleicht eine ganz gute Lösung ist, meine Forschungen weiter zu betreiben, ohne mir überlegen zu müssen, in welches Fach sie eigentlich gehören.

In seiner Vorrede zur ersten Ausgabe der *Kritik der reinen Vernunft* beschwerte sich Immanuel Kant, dass die Philosophie anarchische Züge entwickle aufgrund der Streitigkeiten zwischen den verschiedenen geistigen Richtungen: »… und die *Skeptiker*, eine Art Nomaden, die allen beständigen Anbau des Bodens verabscheuen, zertrennten von Zeit zu Zeit die bürgerliche Vereinigung. Da ihrer aber zum Glück nur wenige waren …«. Die Skeptiker als Nomaden, die keine Heimat kennen, sind eben so, wie es früher die Juden waren, sie ziehen genau so durch die ganze Welt, wie es die nicht konfessionsgebundenen, nicht-zionistischen Juden heute noch tun. Die intellektuellen Nomaden (obwohl ihrer nur wenige) wie ich finden ihr Zuhause nur in den weit gefassten humanistischen Werten von Sokrates, Montaigne, Spinoza, Tolstoi, Orwell und Victor Serge u. a. Das kann einen schon zum ewigen Außenseiter machen, zu jemandem, der die Fehler und Schwächen und Gefahren der ›Insider‹ sieht.

Die Skeptiker und die nicht konfessionsgebundenen Juden waren schon immer scharfe Kritiker aller Dogmen und Glaubenssysteme, die deren Verteidiger zu immer größeren geistigen Anstrengungen zwingen, bis deren Konstrukte schließlich in sich zusammenfallen. Gleichzeitig jedoch glaube ich, dass die Skeptiker eine kreative Kraft waren, die neue Türen und Ausblicke auf das eröffnet haben, was Hume »neue Gedankenschauplätze« nannte. Sie haben die Menschen aus selbsterschaffenen geistigen Gefängnissen befreit und sie in die Lage versetzt, die Aufklärung überall da zu suchen, wo es nur möglich ist. Und sie haben es erzwungen, dass diese Aufklärung getestet wird, damit sich der Aufgeklärte seiner Ideen würdig erweist.

Was mich betrifft, so fühle ich mich wahrscheinlich ständig als Außenseiter und Ausgestoßener, immer und jederzeit bereit, geistige Idole zu zertrümmern. Ein geistiger Anarchist würde die Ansicht vertreten, dass sich erst dann zeigt, wer das gemeinsame menschliche Band fühlt, wenn die intellektuellen Ketten aufgebrochen werden und unsere gefärbte Brille weggenommen ist. Theorien sähe man wie Mythen, ohne eine dem Menschen übergeordnete Dimension. Nur die transzendente Erfahrung des Religiösen oder des Ästhetischen ginge darüber hinaus. Aber jede Interpretation versetzt uns zurück in Platos Höhle, in der man nur Schattenbilder der Realität zu sehen bekommt.

Ich habe als Ikonoklast angefangen, die Ansichten meiner Eltern, meiner Lehrer und meiner Kollegen anzugreifen. In jeder Anschauung, die mir präsentiert wurde, habe ich den Wurm gesucht. Als ich klüger wurde, als ich zu lehren begann, sah ich es als notwendig an, jede philosophische Bewegung erst einmal zu verstehen, damit ich und meine Studenten sie begreifen konnten. Meine Studenten haben mir gesagt, dass ich jede Denkweise außerordentlich klar und fair präsentieren konnte, von der Vorsokratischen Philosophie bis hin zu modernen Betrachtungen. Sie seien sich nie sicher gewesen, ob ich eine dieser Anschauungen teilte oder billigte. Ich hatte immer das Gefühl, dass ich mich nur dann mit einer Anschauung auseinandersetzen konnte, wenn ich in der Lage war, sie mir selbst und anderen begreiflich zu machen und aus ihrem jeweiligen Kontext heraus zu erklären. (Daher die Notwendigkeit, jede Anschauung vor ihrem historischen Hintergrund zu sehen.) Erst wenn ich diesen Punkt erreicht hatte, untersuchte ich alle Aspekte mit skeptischen Fragen so lange, bis der Glaube an oder die Zuversicht in die Anschauung unterminiert wurde. Bei meinen Vorlesungen und in den Lehrbüchern, die ich geschrieben habe, habe ich immer versucht, jede Anschauung fair zu präsentieren. Wie eines meiner Vorbilder, Pierre Bayle, ist es auch mir ein Bedürfnis, jede dogmatische Anschauung in der intelligentesten und glaubhaftesten Form darzustellen, bevor ich sie mit Skepsis angreife.

Bei jeder Anschauung, die ich in der Lehre behandelt habe, stellte sich die interessante Herausforderung, sie zunächst zu verstehen und sie erst dann zu kritisieren. Manchmal ist mir das nicht gelungen, so zum Beispiel, als ich aufgefordert wurde, Jacques Derridas erste Vorlesung in den Vereinigten Staaten 1967 zu kommentieren. Es war mir nicht möglich, seinen Standpunkt so zu konstruieren, dass ich mir selbst darüber im klaren war, was er eigentlich sagte. Ich fürchte, dass mir das Wissen über den historischen Kontext fehlt, aus dem heraus der Dekonstruktivismus entstanden ist, wie auch ein Gefühl dafür, warum solch eine Anschauung glaubhaft sein kann.

Fast immer bei Ansichten, auch bei jenen, für die ich wenig oder gar keine Sympathien empfinde, kommt es mir seltsam vor, dass offensichtlich intelligente, vernünftige Leute an sie glauben. Ich versuche zu verstehen, wie das in einem bestimmten historischen Kontext möglich sein kann. Es ist mir immer als ein Zeichen von Arroganz aufgestoßen, wenn meine philosophischen Kollegen behaupten, dass die Glaubenssysteme der meisten Europäer als Philosophie nicht ernst genommen werden können oder dass die Glaubenssysteme der Chinesen oder der Inder bedeutungslos oder unklar seien. Wir sollten stets von der Tatsache ausgehen, dass wir alle, überall auf der Welt, mit der Frage konfrontiert sind, warum wir hier sind und was wir mit unserem Leben anfangen sollen. Jeder beginnt innerhalb einer kontextuellen Struktur, in der die Antworten zu diesen Fragen zum Teil schon vorgegeben sind. Die Annahme einer kontextuellen Struktur, die sich von unserer unterscheidet, ist so verbreitet, dass wir dieses Phänomen ernst nehmen müssen und die Dinge nicht einfach aus unserer Sicht heraus beurteilen sollten. Daher ist der Versuch so wichtig, zum Außenseiter zu werden und Kontexte innerhalb ihres eigenen Umfelds zu betrachten. Arne Naess hat mir einmal erzählt, er versuche immer, sich an verschiedenen Tagen in verschiedene gedankliche Kontexte zu versetzen und darin zu leben. Das ist auch eine Art, damit umzugehen. Meine Art ist es, eine schlüssige Version eines jeden gedanklichen Kontexts zu erstellen, bevor ich mit meiner Kritik ansetze. Das kann sich als schwierig erweisen, wie zum Beispiel im Fall Derridas, wo mir der Hintergrund fehlte. Ich bin mir ziemlich sicher, wenn ich die Zeit und Energie aufwenden würde, die europäische Philosophie aus der Zeit nach dem Zweiten Weltkrieg zu studieren, dann könnte ich mir Derridas Anschauungen verständlich machen, jedenfalls insoweit, als ich dann entscheiden könnte, ob sie eine neue Version des Skeptizismus darstellen oder dem kritischen Skeptizismus gegenüber offen sind.

Einige Dinge, mit denen ich mich ein wenig beschäftigt habe, habe ich bis jetzt noch nicht in den Griff bekommen. Die geistige Akzeptanz des talmudischen Judaismus ist mir so fremd, dass es mir bis heute noch nicht gelungen ist, eine mir verständliche Version davon zu entwerfen, die es mir erlaubt, zu sehen, was viele meiner engen Freunde und Mitarbeiter tatsächlich glauben. Ich wurde mit starken Vorurteilen gegen die jüdische Orthodoxie erzogen und stehe ihr psychisch immer noch feindselig gegenüber, wie es mir bei katholischen oder schiitischen Riten fremd ist. Ich bin absolut erstaunt darüber, dass intelligente Leute die Bibelkritik von La Peyrère, Spinoza oder Richard Simon nicht akzeptieren können, und sehe den Talmud und die Bibel als Versuche der Menschen an, ihre Welt zu verstehen. Gespräche mit Steven Schwarzschild, David Hartmann und vielen, vielen anderen verblüffen mich immer wieder total. Wenn ich die dogmatischen Einschränkungen sehe, mit der die Orthodoxie das Leben in Israel einengt, dann würde ich am liebsten eine Kirche des Begnadeten Benediktus (Spinoza) gründen, die heut und immerdar für die heilige Trennung von Staat und Kirche eintritt, ebenso wie dafür, dass man einen andern so behandeln soll, wie man selbst behandelt werden will. Auf den Katholizismus oder den schiitischen Islam reagiere ich nicht so, weil ich historisch verstehe, wie sich ihre Ansichten und Praktiken entwickelt haben. Sie stellen keine aktuellen Optionen in meinem Leben dar, also kann ich sie als Außenseiter betrachten.

Um versuchsweise zu einem Schluss zu kommen – mein intellektuelles Leben geht ja noch weiter: die letzten fast fünfzig Jahre waren ein fortdauerndes Abenteuer, mir durch skeptisches Fragen und die Erforschung der Philosophie- wie der Religionsgeschichte selbst auf die Spur zu kommen. Dieser Weg hat zu vielen Schriften, Vorlesungen, Diskussionen, Freundschaften, gemeinsamen Forschungen, Zeitschriften, Konferenzen, Büchern und vielem mehr geführt. Ich glaube, ich habe viele andere angeregt, ihre Forschungen zu betreiben, und habe ihnen dabei geholfen, so gut ich konnte.

Charles Schmitt schrieb einmal, dass ich ein »berühmter Universalgelehrter« sei, und Ezequiel de Olaso hat mich »den unermüdlichen Popkin« genannt. Ein wenig von beidem wird wohl richtig sein. Die unermüdlichen Untersuchungen und das Sammeln von allen möglichen Informationen hat zu keinem Endresultat geführt, aber die Bemühungen waren sowohl spannend als auch lohnend, zumindest für mich, aber ich hoffe auch für meine Familie, meine Studenten, meine Freunde und Feinde.

In einigen Tagen geht es wieder nach Europa, um neue Detektivarbeit zu verschiedenen Aspekten der Geistesgeschichte zu leisten. Ich suche nach weiteren Informationen über Spinoza, über die Millenaristen und über religiöse Skeptiker. Ich hoffe, eine solide Basis für einen Blick auf die Dinge zu gewinnen, der einige der von mir gewonnenen Erkenntnisse zu integrieren vermag. Vielleicht trägt etwas davon dazu bei, die Welt ein wenig besser zu machen. Und wenn es soweit ist, dann schneide ich mir vielleicht sogar den Bart ab.

II.

Als die Washington University in St. Louis ein von der Mellon Foundation finanziell unterstütztes Programm ins Leben rief, mit dem man Professoren den vorzeitigen Ruhestand schmackhaft machen wollte, konnte ich meinen Antrag gar nicht schnell genug stellen. Mir war sofort klar, dass ich dank dieses Programms sehr viel mehr Zeit zum Forschen, Reisen und Schreiben haben würde. So war ich gleich der zweite Antragsteller. Da wir uns auf die Zusage des Rektors verließen, machten Julie und ich uns gleich Gedanken darüber, wo wir für die nächsten Jahre unser Zuhause einrichten wollten. Mir gefiel der Gedanke an London, Amsterdam oder Paris. Ich wollte an einen Ort, von dem aus ich sowohl Zugang zu den Beständen großer Bibliotheken haben als auch leicht hin- und herreisen konnte. Julie wollte irgendwohin, wo es keinen Winter gab. Wir kamen zu dem Ergebnis, dass Los Angeles für uns beide die Ideallösung wäre. Dort konnte ich die Bibliotheken der UCLA nutzen, die Clark, die Huntington, die USC, um nur einige zu nennen, und für spezielles Forschungsmaterial konnte ich nach Europa reisen. Wir hatten bereits 1984 einen Sommer in Pacific Palisades verbracht und fanden nun hier eine Eigentumswohnung, die genau unseren Vorstellungen entsprach. Alle möglichen Läden und sonstigen Einrichtungen waren bequem zu Fuß erreichbar, und da es eine Busverbindung zur UCLA gab, brauchten wir auch keinen Zweitwagen. Im Spätsommer 1985 zogen wir dort ein. Nur noch ein Semester an der Washington University und mein Pensionärsdasein konnte beginnen. Also kehrten wir für ein letztes Semester nach St. Louis zurück und ließen uns danach hier nieder. (In dieser Wohnung leben wir nun schon länger als irgendwo sonst während unserer gesamten Ehezeit.)

Bevor ich den vorzeitigen Ruhestand antreten konnte, kam es zu einigen kurzen Turbulenzen. Der neue Dekan sah im Frühpensionierungsprogramm in erster Linie eine gute Gelegenheit, sogenannten »überflüssigen Ballast« innerhalb der Fakultät in den Ruhestand zu verabschieden. Als jedoch mein Pensionsantrag auf seinem Schreibtisch landete, stieß dieser auf seinen entschiedenen Widerstand. Ich gehörte wohl nicht zu denen, die man loswerden wollte. Er ließ den damaligen Vorsitzenden, Richard »Red« Watson wissen, seine Antwort sei NEIN, ein ganz klares NEIN. Genau an diesem Tag verabschiedeten sich die Popkins nach einem Gastsemester von der Universität in Tel Aviv. Ich wollte nach London zu einer Konferenz der Jewish Historical Society fliegen, um dort die Diskussionsleitung für einen Vortrag von Sarah Kochav zu übernehmen. Julie sollte die Fähre von Haifa nach Athen nehmen, denn wir mussten mit unserem Mietwagen wieder zurück nach Paris. Ich wollte sie in ein paar Tagen in Athen treffen. Wir waren schon unterwegs zum Ben Gurion-Flughafen, als ich merkte, dass ich meine Krawatten im Apartment vergessen hatte, und weil noch genügend Zeit war, drehten wir wieder um. Wir trafen unseren Vermieter mit einem Telegramm in der Hand an, das lautete: »Sofort St. Louis anrufen!« Unterzeichnet Watson. Obwohl uns das sehr beunruhigte, wussten wir, dass es in St. Louis gerade mitten in der Nacht war, und deshalb sagte ich zu Julie, dass ich Watson lieber in ein paar Stunden von London aus anrufen wollte. Julie und der Renault gingen an Bord der Sol Phryne, die von Haifa aus über Zypern Kurs auf Athen nahm. Als ich in London eintraf, war es immer noch viel zu früh, um in St. Louis anzurufen. Also legte ich mich kurz aufs Ohr, bis mich ein Anruf Julies aus Zypern weckte. Sie hatte auf der Fähre gerade einen Film angesehen, als über den Bordlautsprecher eine Durchsage kam: »Juliet Popkin, bitte am Oberdeck melden!«, wo der Funkoffizier die gleiche Nachricht von

Watson für sie hatte – »Sofort St. Louis anrufen!« Sie machte sich schreckliche Sorgen, dass vielleicht jemandem aus der Familie etwas Furchtbares zugestoßen sei und versuchte vom Schiff aus, über Funk unsere jüngste Tochter in Chicago zu erreichen. Sue begriff zuerst nicht, dass der Anruf von einem Schiff erfolgte und weigerte sich, ihn entgegen zu nehmen. Von irgendeinem Notfall wüsste sie nichts! Ein paar Stunden später erreichte ich Watson aus einer Telefonzelle am Russell Square und erfuhr, dass der neue Dekan seine Zustimmung zu meiner vorzeitigen Pensionierung verweigerte. Ziemlich aufgebracht schickte ich sofort einen Brief los, in dem ich erklärte, dass die Angelegenheit bereits vom Rektor endgültig entschieden worden sei, dass wir bereits unsere Wohnung in St. Louis verkauft und eine neue in Pacific Palisades erworben hätten. Sollte der Dekan die Zusage des Rektors nicht einhalten wollen, so würde ich fristlos kündigen und gerichtlich gegen ihn vorgehen. Wie mir Watson später erzählte, lenkte der wütende Dekan daraufhin ein, wenn auch nur höchst widerwillig.

Ich kam meiner Konferenzverpflichtung in London nach und flog dann zu Julie nach Athen. Sie hatte sich im Holiday Inn niedergelassen, das um einiges luxuriöser war als die Hotels, die wir sonst von unseren Auslandsaufenthalten gewohnt waren. Von dort aus verschifften wir das Auto mit einer Fähre nach Italien, um dann quer durch Westeuropa nach Paris zu fahren. Wir konnten ja nicht ahnen, dass in Paris gerade ein riesiges Jazzfestival stattfand, weshalb in unseren gewohnten Unterkünften kein einziges Zimmer mehr frei war. Ein Reisebüro in Straßburg gab uns schließlich die Auskunft, dass wir in einem erst kürzlich eröffneten Novotel in Les Halles noch ein Zimmer bekommen könnten. Auf der Suche nach diesem Hotel mussten wir uns auch noch durch den allerschlimmsten Pariser Berufsverkehr quälen. Gleich neben dem Hotel lag der neu errichtete Gebäudekomplex von Les Halles mit jeder Menge Tiefgaragenplätzen. Da wir den Mietwagen am nächsten Tag wieder abgeben sollten, beschlossen wir, nur das Nötigste für die Nacht mit ins Hotelzimmer zu nehmen.

Als wir am nächsten Morgen zum Auto zurück kamen, mussten wir zu unserem Entsetzen feststellen, dass der Kofferraum aufgebrochen worden war. Eine ganze Reihe von Gepäckstücken fehlte, vor allem eine große schwere Tasche mit sämtlichen Aufzeichnungen und Arbeitsunterlagen meiner Forschungen während dieses Auslandsaufenthaltes sowie allen Unterlagen, die ich von zu Hause mitgenommen hatte. Es war niederschmetternd. Wir rissen uns zusammen und schlugen uns zum nächsten Polizeirevier durch, das einen Häuserblock entfernt lag. Ein sehr netter Kriminalbeamter nahm sich unseres Falles an und belehrte uns als erstes darüber, dass wir doch das Schild an der Tiefgaragenwand gar nicht hätten übersehen können, auf dem groß und breit geschrieben stünde, dass die Stadt Paris grundsätzlich keinerlei Haftung für irgendwelche im Auto zurückgelassenen Gegenstände übernehme. Zweitens hätte doch jeder Mensch mit einem Funken Verantwortungsgefühl wissen müssen, dass man besser nicht auf der Seite von Les Halles parke, auf der wir geparkt hätten, sondern genau gegenüber, neben der Kirche. Man erklärte uns weiter, dass a) die Wahrscheinlichkeit, die gestohlenen Gegenstände wiederzufinden, gleich null sei, dass wir es b) bei den Dieben aller Wahrscheinlichkeit nach nicht mit Franzosen, sondern mit Chilenen zu tun hätten, dass diese c) nicht hinter hochgelehrter Forschung, sondern hinter Drogen her seien, und dass wir d) eigentlich Glück hätten, mit dem Leben davongekommen zu sein, denn in unserem Heimatland, den guten alten USA, hätte man uns höchstwahrscheinlich ermordet. Nach Ansicht unseres Polizisten bestand die einzige Hoffnung darin, dass der Räuber auf seiner Suche nach Drogen von der Beute so enttäuscht wäre, dass er sie vielleicht auf den Stufen einer Polizeiwache zurücklassen oder in einen städtischen Mülleimer werfen würde.

Tagelang stand ich unter Schock. Natürlich tauchte rein gar nichts wieder auf. Mir fiel ein, dass ich zum Glück einen Teil des Materials verschiedenen Wissenschaftlern in Europa und Israel gezeigt hatte: mancher hatte sich das eine oder andere davon kopiert. Wie sich herausstellte, besaß ein Student in Amsterdam detaillierte Aufzeichnungen eines Vortrags von gleich zu Beginn unserer Reise in Leiden. Stück für Stück rekonstruierte ich so einen Teil des Verlorenen und gewöhnte mich allmählich an den Gedanken, dass ich wohl ohne den fehlenden Rest würde zurechtkommen müssen. Wir kehrten in die USA zurück und flogen nach Los Angeles weiter, um unser neues Heim in Pacific Palisades zu beziehen. Ich bat den damaligen Vorstand des Instituts für Philosophie an der UCLA, David Kaplan, mir doch irgendeinen »offiziellen« Status zu verleihen, damit ich freien Zugang zur Bibliothek und zur Herrentoilette bekäme. Ohne mit der Wimper zu zucken, antwortete David: »Wir machen aus dir einfach einen außerordentlichen Professor, und vielleicht könntest du ja auch einen Kurs bei uns halten.« Auf diese Weise wurde ich Mitglied des UCLA-Kollegiums und lehrte ein paar Mal am Institut für Philosophie. Später wollten Amos Funkenstein und Robert Westman partout, dass man mich auch noch zum außerordentlichen Professor für Geschichte ernennen sollte. Und so hatte ich auch dort ein paar Lehrauftritte. Das Souterrain der Clark-Bibliothek wurde zu meiner unterirdischen Operationsbasis. Mein Büro lag dort, und ich konnte meine Forschungsarbeit fortsetzen.

Im Frühjahr kehrte ich noch einmal für ein Semester an die Universität von St. Louis zurück, um meinen restlichen Verpflichtungen nachzukommen.

Gegen Semesterende musste ich mich wegen eines Prostataproblems operieren lassen, das sich jedoch glücklicherweise als gutartig erwies. Für den Sommer war eigentlich ein vierwöchiger Forschungsaufenthalt in der großartigen Bibliothek von Wolfenbüttel in Niedersachsen geplant. Immer wieder mussten wir die Reise aufschieben, weil meine Genesung doch länger dauerte als erwartet. Endlich konnten wir nach Brüssel fliegen, nahmen dort einen Mietwagen und fuhren weiter in die Niederlande und nach Deutschland. Weil sich unsere Ankunft immer wieder verzögert hatte, gab es mittlerweile in Wolfenbüttel kein geeignetes Quartier mehr für uns. Nach ein paar ungemütlichen Tagen avancierten wir schließlich zu Schlossbewohnern: wir zogen ins Dachgeschoss eines »Schlosses«, das der Familie des dortigen Bankdirektors gehörte. Genaugenommen bezogen wir den Dienstbotentrakt, den wir jedoch ganz für uns alleine hatten. Es gab dort Platz in Hülle und Fülle sowie eine hübsche Aussicht, auch wenn man ständig unzählige Treppen hinauf- und hinablaufen musste. Im Laufe dieses Monats trug ich neues Material für meine breitgefächerten Forschungen zur Philosophiegeschichte und zur jüdischen Geistesgeschichte zusammen. Vieles davon sollte in den folgenden Jahren in Artikeln veröffentlicht werden.

Mit meiner Rückkehr in die Vereinigten Staaten begann für mich ein Jahrzehnt der Konferenzen – als Teilnehmer, Organisator und Herausgeber. Dies sollte sich zu einer einzigartigen Möglichkeit für mich entwickeln, gemeinsam mit anderen Wissenschaftlern ideengeschichtliche Forschungen zu betreiben, Interesse an meinen vielfältigen Forschungsgegenständen zu wecken und die Ergebnisse all dessen einer interessierten Fachwelt zugänglich zu machen.

Ich hatte im Lauf meiner akademischen Karriere ständig an Tagungen teilgenommen, meistens an fachspezifischen wie denen der American Philosophical Association (die oft boshaft als »Fleischbeschau« bezeichnet werden, als Markt zum An- und Verkauf von Professoren). Diese Tagungen nahmen im Lauf der Jahre immer größere Dimensionen an, so dass für engeren persönlichen Kontakt und intellektuellen Austausch immer weniger Zeit blieb.

Nicht ohne Grund hatten einige von uns allerdings den Eindruck, dass bei der Programmgestaltung die Philosophiegeschichte kaum berücksichtigt wurde. Eine Zeitlang fand ich eine Alternativmöglichkeit hierzu in den stärker interdisziplinär orientiertem Tagungen der Renaissance Society und der American Society for Eighteenth Century Studies. Bei der letztgenannten half ich mit, kleinere Gesprächskreise über den Rassismus in der Zeit der Aufklärung, den Marquis de Condorçet und ähnliche Themen zu organisieren. Aber es dauerte nicht lange, bis sich auch die Tagungen dieser beiden Gesellschaften zu Monsterveranstaltungen auswuchsen, die sich nur noch in großen Hotels durchführen ließen.

In den Nachkriegsjahren waren Tagungen als Dreh- und Angelpunkte akademischen Lebens wie Pilze aus dem Boden geschossen. Vorbild waren anscheinend die naturwissenschaftlichen Fachtagungen, an denen unsere diesbezüglichen Kollegen beinahe im Wochentakt teilnahmen, wobei deren Veranstaltungen auch noch von allen möglichen staatlichen Stellen finanziert wurden. Der Roman *Small World* von David Lodge ist eine brillante Satire auf das hektische Tempo dieser »Tagungsmanie«. Der naturwissenschaftliche Tagungsbetrieb schien ja noch in gewisser Weise durch die Notwendigkeit eines möglichst schnellen Austauschs von Ideen und Forschungsergebnissen »gerechtfertigt«. In den Geisteswissenschaften dagegen hielt man eine derartige Eile für übertrieben. Denn schließlich ließen sich Ideen ja auf dem Postweg, in gemächlichen Publikationen, bei persönlichen Besuchen austauschen. Immerhin aber gelang es in den USA nach dem zweiten Weltkrieg auch den Nicht-Naturwissenschaftlern, staatliche Förderungen, vor allem finanzieller Art, für ihre Konferenzen locker zu machen. So konnten ganze Tagungszentren wie das Humanities Center in North Carolina entstehen. In den USA wie in Europa gab es nunmehr Gelder für die Feier von Geburts- und Todestagen mehr oder weniger berühmter Philosophen wie auch von Jahrestagen wichtiger Veröffentlichungen etc. (Meine erste internationale Tagung war 1953 eine irische Totenwache anlässlich des 200. Todestages von Bishop Berkeley in Dublin. Premierminister De Valera übernahm persönlich einen Teil davon und verkündete, Berkeley sei ja ein großer Mathematiker, ein großer Philosoph, ein großer Wirtschaftswissenschaftler gewesen, aber das allergrößte an ihm sei doch seine Liebe zu den Iren! Anschließend wurden wir vom Präsidenten der Republik Irland zu einem wilden Saufgelage nach Phoenix House eingeladen. 1994 lud dann eine spätere Präsidentin, Mary Robinson, im Rahmen einer netten kleinen Tagung, auf die ich später noch eingehen werde, die Delegierten gesittet zu Tee, Kaffee und Plätzchen ein.)

Von den fünfziger bis in die neunziger Jahre hinein wurde ich immer wieder zu Tagungen, großen wie kleinen, eingeladen, die meisten davon in Europa, um über Pierre Gassendi, Pierre Bayle und viele, viele andere zu diskutieren.

Manchmal erwiesen sich diese Treffen in bezug auf den Gedankenaustausch, das Schließen intellektueller Freundschaften und daraus hervorgegangene Publikationen als sehr lohnend. Manchmal verkamen sie aber auch zu bloßem Tourismus, zu reinen Fress- und Sauftouren.

Mein Anteil an der Planung der meisten dieser Tagungen war eher gering, denn ich war in der Regel nicht viel mehr als ein fröhlicher Gast. Dass ich dann selbst zum Tagungsorganisator wurde – in sich fast ein *full-time job* – lag vor allem daran, dass ich ein Jahr lang, 1981–1982, die William Andrews Clark-Professur an der UCLA innehatte. Der Inhaber der Clark-Professur hatte unter anderem eine Vorlesungsreihe aus acht Einzelvorlesungen zu einem bestimmten Thema zu organisieren und wissenschaftliche Kapazitäten aus aller Welt als Teilnehmer dazu einzuladen. Mein Thema war: Millenarismus und Messianismus in der englischen

Geschichte, Literatur und Philosophie des 17. und 18. Jahrhunderts. Im Anschluss an die monatliche Vorlesung gab es immer einen eleganten Empfang in den wundervollen Räumlichkeiten der Clark Library, einer der verborgenen Kostbarkeiten von Los Angeles. Auf den Empfang folgte eine Party, deren Gastgeber der amtierende Clark-Professor war. Sie fand für gewöhnlich bei mir Zuhause statt, wo ein Kreis Interessierter Gelegenheit fand, sich zwanglos zu treffen, sich mit dem Redner auszutauschen und bei Speis und Trank ganz informell weiter zu tagen. Wir hatten so unterschiedliche Referenten wie Christopher Hill aus Oxford, Amos Funkenstein von der UCLA, Margaret Jacob, damals an der New School for Social Research, New York City University, und Henry Louis Gates, damals in Yale. (Ich glaube ja, dass Gates' Auftritt ausschlaggebend für die Aufhebung der Rassentrennung an der Clark Library war.) In der anregenden Atmosphäre der Gespräche, Empfänge und Parties entstanden zahlreiche intellektuelle Freundschaften. Rückblickend kann ich sagen, dass dieses erfolgreiche Jahr, das zu verstärktem Interesse und zu intensiverer Erforschung des Messianismus wie des Millenarismus in den modernen Geisteswissenschaften geführt hat, in erster Linie den herausragenden Dozenten mit ihren spannenden Thesen, einem angenehmen Rahmen und angemessenen Geldmitteln zur Finanzierung der Empfänge und Parties zu verdanken ist. Man brauchte nichts weiter als rhetorisch versierte, interessante Referenten und ein Publikum, das genauso gerne zuhörte wie sich aktiv beteiligte. Und schon konnte man jede Menge intellektuellen Gewinn verbuchen, ohne dass der Humor dabei zu kurz gekommen wäre. An der Clark Library gab es auch Gastmitglieder, die an den Tagungen teilnahmen und die Diskussion das ganze Jahr über nicht abreißen ließen. Für mich und für das Jahresthema war es ein Glücksfall, dass Jim Force, John Rogers und Richard Kroll beinahe täglich da waren und sich mit unterschiedlichen Aspekten der englischen Geisteswelt im 17. Jahrhundert beschäftigten. Auf diese Weise wurde das gesamte akademische Jahr zu einer einzigen Dauertagung. Ich habe im ersten Teil meiner Autobiographie beschrieben, wie diese hinreißende Interaktion kluger Köpfe, diese Wechselwirkung von Ideen, Perspektiven und konstruktiver Diskussion, (für mich) ihren Höhepunkt darin fand, dass ich mein Thema der

Dritten Kraft in der Philosophie des 17. Jahrhunderts entwickeln konnte.[6] Daraus ist ein spannendes, weiterführendes Forschungsprogramm hervorgegangen, das sich mit Fragen des Skeptizismus, Spiritualismus, Judaismus und Philo-Semitismus von Savonarola bis zum Ende des 18. Jahrhunderts befasst.

Nicht zuletzt wegen meines Jahres als Clark-Professor beschlossen Julie und ich, uns nach meiner Pensionierung in Los Angeles niederzulassen. Die Clark-Bibliothek erschien uns als idealer Standort für meine Forschungen, und die Konferenzen boten frische geistige Nahrung. Doch dann hatte ich im Jahr nach der Clark-Professur endlich meinen eigentlichen Durchbruch als Conférencier. Im Dezember 1982 erhielt ich eine Einladung zu einer Konferenz zur Geschichte der holländischen Juden, die in Tel Aviv und Jerusalem anberaumt war. Es war eine große Sache mit allen möglichen Experten für Geschichte, Literatur, Wirtschaft, Philosophie, Theologie und und und. Die Vorträge folgten so dicht aufeinander, dass es schwierig war, den Überblick zu behalten. Die gesellschaftlichen Ereignisse waren glanzvoll, denn die holländische Regierung hatte sich sehr großzügig gezeigt, um die Tagung durch eine Vielzahl auf diesem Gebiet arbeitender Menschen, holländischstämmige Israelis wie wohlgesinnte Holländer, zu einem unvergesslichen Erlebnis zu machen.

Einer der Vorträge über Menasse ben Israel wurde dann schließlich zum Auslöser dafür, dass sich ein Teil von uns heftig beschwerte. Er enthielt so viel neue Informationen zu Menasse und eine ganz neue Sicht seiner Rolle, dass es mehr als sinnvoll erschien, die Spezialisten gesondert zu versammeln und ihnen Gelegenheit zum Austausch ihrer Forschungsergebnisse und Perspektiven zu geben. Die Frage war bloß wie, denn um ein Treffen von Menschen aus Amerika, Europa und Israel zu organisieren, bedürfte es einer ganz beträchtlichen finanziellen Unterstützung. Hilfesuchend wandte ich mich an Yehuda Elkana, den damaligen Präsidenten der Van Leer Foundation in Jerusalem, die unter seiner Präsidentschaft alle möglichen Tagungen veranstaltete. Er gab mir

[6] Vgl. Popkin: The Third Force in Seventeenth-Century Thought (Leiden 1990) [Anm. d. Hg.].

die Finanzierungszusage unter der Voraussetzung, dass ich und meine Freunde uns um die Programmgestaltung kümmerten.

Ich begriff schnell, dass es im Leben eines Veranstalters von Konferenzen zwei grundlegende Dinge gab. Eins waren die Geldquellen, das andere der gesellschaftspolitische Kontext. Ich bildete ein Komitee für die Programmgestaltung. Wir einigten uns auf eine Liste von Leuten, die eingeladen werden sollten. Aber man ließ uns wissen, dass wir auch X, Y und Z einladen müssten, weil die israelischen Akademiker alle auf irgendeine Art miteinander verbandelt waren. Und wir sollten A, B oder C besser nicht einladen aufgrund der Rivalitäten und Animositäten unter amerikanischen und europäischen Akademikern.

Das Ergebnis war eine hochinteressante Tagung, bei der vor allem diejenigen groß herauskamen, die neues Material und neue Deutungen zu Menasse ben Israels Aktivitäten und zu seinem Einfluss präsentierten. Gleichzeitig traten aber auch all die Konferenzstereotype zutage, die den Stoff für David Lodges *Small World* bilden. Es gab Rivalitäten, Cliquen, Konfrontationen sowie das ein oder andere sexuelle Intermezzo. Aber anders als bei den von David Lodge geschilderten Konferenzen gab es bei unserer Tagung tatsächlich auch handfeste Ergebnisse. Die veröffentlichte Druckversion der Vorträge wurde zu einem Standardwerk für das Studium der Geistesgeschichte im 17. Jahrhundert.[7] Immer schon hatte ich vor allem im Schließen intellektueller Freundschaften das wichtigste Ergebnis von Tagungen gesehen, und die dort angebahnten Freundschaften haben nun immerhin schon seit über einem Jahrzehnt gehalten.

Ich hatte versucht, »meine« Tagung im Interesse des Ideenaustauschs effektiver zu gestalten, indem ich die Teilnehmer sehr eindringlich bat (zwang?), Rohfassungen ihrer Vorträge frühzeitig vorzulegen, damit andere sie vorher lesen und sich Diskussionsbeiträge überlegen konnten. Mit sehr unterschiedlichem Ergebnis, damals wie heute. Manche bereiteten ein richtiges, auf die Tagung zugeschnittenes Thesenpapier vor, mit einem Thema, das genau die Erwartungen der Tagungsveranstalter erfüllte, um dann auf

[7] Yosef Kapan, Henri Méchoulan und Richard H. Popkin (Hgg.): Menasseh Ben Israel and His World (Leiden 1989) [Anm. d. Hg.].

der Basis des Gedankenaustausches im Rahmen der Tagung ihren Entwürfen für die Veröffentlichung den letzten Schliff zu geben. Genau so hatte ich mir das vorgestellt. Andere legten nur eine Ideenskizze vor, die sie erst im Anschluss an die Tagung schriftlich ausarbeiteten. Und es gab immer mindestens einen Teilnehmer, der noch im Flugzeug an seinem Konzept arbeitete und erst in allerletzter Sekunde vor Konferenzbeginn in der Eingangshalle damit fertig wurde. Im Rahmen dieser Menasse-Konferenz stellte ich auch die erste Fassung meiner Arbeit zu »The Rise and Fall of the Jewish Indian Theory« vor, in der ich darlegte, wie die europäischen Erklärungsversuche für die Existenz menschlichen Lebens in Amerika zur These führten, dieses müsste Teil der Verlorenen Stämme Israels sein. Menasse ben Israel hatte viel Wirbel mit seinem Bericht über einen portugiesischen Eroberer in *Hope of Israel* (1650) verursacht, der angeblich behauptete, in Südamerika einen Indianerstamm entdeckt zu haben, der freitagabends jüdische Rituale abhalte. Menasses Bericht wurde noch weit bis ins 19. Jahrhundert hinein für wahr gehalten und weiter ausgeschmückt. Nach dem erfolgreichen Kauf Louisianas beriet sich Präsident Thomas Jefferson mit seinem Vorgänger John Adams, und beide waren sich einig darüber, dass die Theorie von den jüdischen Indianern Blödsinn und es daher vollkommen in Ordnung wäre, wenn die europäischstämmigen Amerikaner sich deren Gebiete aneigneten. Darüber hinaus erwies sich noch ein weiterer Aspekt von Tagungen gleich von Anfang an als unübersehbar, nämlich die äußerst wichtige Rolle des Diskussionsleiters. Bei der allerersten Veranstaltung stellte ein sehr namhafter Professor, der eigentlich gar kein Tagungsteilnehmer war, gleich die erste »Frage«, die sich dann zu einem eindrucksvollen Vortrag auswuchs, gespickt mit Fachwissen und gelehrten Behauptungen, die sich leider so gut wie gar nicht auf das vorangegangene Referat bezogen. Der Vortragende, zum ersten Mal auf einer internationalen Tagung, verstummte fassungslos. Hier zeigte sich deutlich, dass man als Diskussionsleiter über Takt, diplomatisches Geschick und notfalls auch Durchsetzungsvermögen verfügen muss, will man den Gedankenaustausch fördern. Dabei bewegt man sich immer auf einem schmalen Grat, einerseits Menschen mit ganz unterschiedlichen Blickwinkeln zum Thema zur Teilnahme zu ermuntern und andererseits dabei einen vernünftigen zeitlichen und inhaltlichen Rahmen zu wahren. Wenn beispielsweise ein Fragesteller damit beginnt – so geschehen, als ich einmal einen Vortrag über La Peyrère und den Prä-Adamismus hielt –, er wolle bloß mal sechzehn Punkte ansprechen, so muss der Diskussionsleiter eingreifen, um zu verhindern, dass die ganze Diskussion vorweggenommen wird. Und er muss zudem im rechten Ton verhindern, dass die Diskussion zum bloßen Dialog zwischen dem Vortragenden und dem jeweiligen Fragesteller verkommt.

Bei der Menasse-Konferenz war ansatzweise noch ein weiteres Tagungsmerkmal à la David Lodge auszumachen, nämlich die Nutzung von Tagungen als Forum zur Selbstdarstellung in der akademischen Welt. Ich glaube, dass dies besonders auf amerikanische Konferenzteilnehmer zutrifft, und das dürfte seine Ursache unter anderem in deren beträchtlichem logistischen und finanziellen Aufwand für die Teilnahme daran haben. Europäer können schließlich die Mehrzahl der Tagungen in ihrer Nähe kostengünstig, etwa mit der Bahn, erreichen.

Im Jahr 1984 organisierten der kürzlich verstorbene Charles B. Schmitt und ich in der großartigen Bibliothek von Wolfenbüttel in Niedersachsen eine Tagung zum Thema »Der Skeptizismus von der Renaissance bis zur Aufklärung«.[8] Wir hatten einen kleinen Kreis von Forschern eingeladen, die sich mit unterschiedlichen Aspekten der Geschichte des modernen Skeptizismus beschäftigten. Dort machte ich meine ersten Erfahrungen mit der Leitung mehrsprachiger internationaler Konferenzen. Zum Glück verstand fast jeder in dieser kleinen Gruppe Englisch, Französisch und Deutsch. Der Vortragende hatte also die Wahl zwischen den drei Sprachen, und die anschließende Diskussion verlief dreisprachig. Immer fand sich jemand bereit, als Übersetzer einzuspringen, sobald interkulturelle Missverständnisse drohten.

Wolfenbüttel ist organisatorisch hervorragend geeignet für Konferenzen, weshalb die Teilnehmer auch nichts weiter tun müssen, als zu kommen, ihre Vorträge zu halten und sich an den Diskussionen zu beteiligen. Besonders gut durchdacht ist das Wolfenbüttler

[8] Popkin und Charles Schmitt (Hgg.): Scepticism from the Renaissance to the Enlightenment (Wiesbaden 1987) [Anm. d. Hg.].

Konferenzschema in puncto Zeitmanagement. Nach ein oder zwei Vorträgen gibt es eine ausgedehnte Kaffeepause, bei der die Diskussion im zwanglosen Rahmen weitergehen kann. Und da Wolfenbüttel eine niedersächsische Kleinstadt ist, in der es mit Ausnahme der großartigen Bibliothek nur wenig sehenswerte Ablenkung gibt, treffen sich die Konferenzteilnehmer immer und überall in den Hotels, bei den Mahlzeiten und in der Freizeit. So werden die dortigen Veranstaltungen zu einem geistigen Hochgenuss. Aufgrund dieser positiven Erfahrungen aus dem Jahr 1984 beschloss ich nach unserer Rückkehr von der Menasse ben Israel-Tagung aus Israel, zusammen mit Jan van den Berg und Ernestine van der Wall aus Leiden den Versuch zu unternehmen, eine weitere Konferenz zu Millenarismusthemen zu veranstalten, von denen einige bereits in Wolfenbüttel andiskutiert worden waren. Diese Idee wurde im Herbst 1987 in die Tat umgesetzt.[9]

Im September 1986 war ich auf einer internationalen Spinoza-Konferenz in Chicago mit Dan Garber und Ed Curley als Organisatoren. Dort trafen sich einige der besten Spinozaexperten Europas, Israels und Amerikas. Doch als zunehmend erfahrener Konferenzorganisator mit eigenen Ansichten hatte ich das Gefühl, dass man dort zuviel auf einmal wollte. Es gab zu viele Vorträge und zu wenig Zeit für Diskussionen im Plenum oder den Gedankenaustausch danach. Gelungen war, dass man Wissenschaftler der verschiedensten Disziplinen zusammenbrachte und der Gedankenaustausch auf Englisch, Französisch, Deutsch und auch etwas Italienisch stattfand. Mein eigener Vortrag beschäftigte sich mit Spinoza und den »Drei Betrügern«, und er enthielt meiner Ansicht nach einige wichtige neue Funde zu Spinozas Rolle in der erregten Debatte des 17. Jahrhunderts, ob a) Moses, Jesus und Mohammed Betrüger waren und b) ob es damals schon ein Buch dazu mit entsprechenden Belegen gab. [Die erste Druckversion aus dem frühen 18. Jahrhundert trägt den Titel *Les Trois Imposteurs, ou l'esprit de M. Spinoza*.] Leider war mein Vortrag für den Spätnachmittag in einem kleinen,

[9] Chiliasmus in Deutschland und England im 17. Jahrhundert (= Pietismus und Neuzeit 14, Göttingen 1988); vgl. auch Jan van den Berg und Ernestine G. E. van der Wall: Jewish-Christian Relations in the Seventeenth Century. Studies and Documents (Dordrecht 1987).

stickigen Raum angesetzt. Mein unmittelbarer Vorredner, Yuri Yovel aus Jerusalem, stellte mehr oder weniger sein gerade frisch erschienenes Buch *Spinoza and other Heretics* vor. Sein Vortrag fand einfach kein Ende, so dass für mein Referat keine Zeit mehr blieb. Schließlich mussten die Zuhörer darüber abstimmen, ob ich eine kurze Zusammenfassung geben oder den Vortrag an einem der Folgetage irgendwo dazwischenquetschen sollte. Es kam zur Zusammenfassung, und ich bin mir ziemlich sicher, dass mein Beitrag den verschlungenen, nebulösen Ausführungen Yovels völlig zum Opfer fiel. Im Gegenzug sollte das Thema bei einer späteren Veranstaltung, dem Leidener Seminar von 1990 zu den Drei Betrügern, zentrale Bedeutung gewinnen. (Vielleicht sollte ich erwähnen, dass mich meine ketzerischen Ansichten zu Spinoza, seiner Beziehung zu den holländischen Millenaristen, den Quäkern und dergleichen in engen Kontakt zu einer Gruppe junger französischer Spinozaforscher gebracht haben, zu Pierre-François Moreau, Jacqueline Lagrée und François Charles-Daubert. Sie übersetzten einige meiner gewagteren Untersuchungen, die in französischen Zeitschriften veröffentlicht wurden.)

Nach der Spinoza-Konferenz in Chicago kehrte ich nach Los Angeles zurück. Ich begann meinen »Ruhestand« damit, über verschiedene Themen, die mich in der Geschichte des Skeptizismus und der jüdischen wie christlichen Religionsgeschichte der frühen Neuzeit interessierten, zu forschen und zu schreiben. Traurigerweise war eine der ersten Konferenzen, an der ich nach meiner Pensionierung teilnahm, die von Sarah Hutton und John Henry im Warburg Institute in London organisierte Gedenkveranstaltung für den im April 1986 überraschend verstorbenen Charles B. Schmitt, meinen engen Freund und Forschungskollegen auf dem Gebiet der Geschichte des Skeptizismus.[10] Charles hatte zur Gedankenwelt der Renaissance und ihren Institutionen entscheidende Grundlagenforschung geleistet, viele Wissenschaftler auf den Weg gebracht und ein ganzes Netz gleichgesinnter Forscher in Europa wie auch in Amerika aufgebaut. Für eine Gedenktagung, die ihm

[10] Vgl. Sarah Hutton und John Henry (Hgg.): New Perspectives on Renaissance Thought: Studies in Intellectual History in Memory of Charles Schmitt (London 1990) [Anm. d. Hg.].

gerecht werden wollte, mussten möglichst viele seiner ehemaligen Freunde und Mitarbeiter mobilisiert werden.

Diese Gedenktagung fand vom 20.–21. Februar 1987 im Warburg Institute in London statt. Mein Beitrag bestand darin, einen Forschungsansatz zur Diskussion zu stellen, an dem Schmitt und ich gemeinsam gearbeitet hatten. Es ging vor allem um die Frage, wie, weshalb und wann der Skeptizismus sich verändert hatte: statt weiterhin der Untermauerung religiöser Standpunkte der katholischen oder protestantischen Seite zu dienen, entwickelte er sich zusehends zu einer Waffe gegen religiöse, vor allem gegen jüdisch-christliche Überzeugungen. Charles und ich hatten gemeinsam eine internationale Tagung geplant, um diese Frage zu diskutieren. Noch kurz vor seinem Tod hatten wir eine vorläufige Liste in Frage kommender Teilnehmer erstellt.

In meinem Beitrag zur Gedenktagung ging es mir darum, zu zeigen, dass sich eine jüdisch geprägte Kritik an den Grundthesen christlicher Theologie wie ein roter Faden von der Renaissance bis zur Aufklärung verfolgen lässt. In mehreren Folgearbeiten untersuchte ich akribisch, wie sich die jüdischen Argumente gegen das Christentum, wie sie sich in Bodins *Colloquium Heptaplomeres*, in Isaac ben Trokis *Befestigung des Glaubens* und bei den jüdischen Denkern im Amsterdam des 17. Jahrhunderts finden lassen, auf die Kritik der Aufklärung an der christlichen Religion ausgewirkt haben. Dieses Thema habe ich nie aus den Augen verloren, es liegt mir am Herzen, und ich konnte auch andere dafür gewinnen.

Auch den Rest des Jahres 1987 war ich an Konferenzen beteiligt, hauptsächlich als Teilnehmer und nur ein klein wenig als Organisator. Im April 1987 wurde an der Clark Library eine große Konferenz zum Latitudinarismus veranstaltet, deren Organisator Richard Kroll war, tatkräftig und diskussionsfreudig unterstützt vom erst kürzlich verstorbenen Richard Ashcroft und von mir.[11] Diese Konferenz war eine Folge der Aktivitäten zu den Millenariern an der Clark Library 1981–82. Kroll war entschlossen, ein breites interdisziplinäres Spektrum von Vertretern der Geschichte, Litera-

[11] Vgl. Richard Kroll, Richard Ashcroft und Perez Zagorin (Hgg.): Philosophy, Science and Religion in England 1640–1700 (Cambridge 1992) [Anm. d. Hg.].

tur, Wissenschafts-, Religions- und Philosophiegeschichte aufzubieten. Sein Entwurf überschritt bei weitem die finanziellen Mittel der Clark Library, weshalb er vorhatte, sich um einen stattlichen Forschungszuschuss ans National Endowment for the Humanities (NEH) zu wenden. Da weder er noch ich reguläre Mitglieder des Kollegiums der UCLA waren, brachten wir Ashcroft dazu, nach außen hin als Antragsteller aufzutreten. Über den nicht geringen Zeitraum von einigen Jahren hinweg spürte uns Kroll immer wieder im hintersten Winkel der Erde auf, um mit uns über die neuesten Entwicklungen zu beratschlagen, wer eingeladen werden solle, wer anstelle von wem kommen solle usw. Er war unermüdlich und bekam schließlich den Zuschuss der NEH und seine Konferenz.

Da es inzwischen zahlreiche neuere Forschungen zu den Vorstellungen, zur Politik wie zur Rolle der Latitudinarier während und nach der Restoration gab, luden wir eine ganze Reihe unterschiedlichster Wissenschaftler ein. Dennoch stand das ganze Unternehmen von Anfang an unter keinem guten Stern. Statt eines zivilisierten, fröhlichen, wohldurchdachten gelehrten Meinungs- und Informationsaustauschs ergab sich alsbald ein Wettstreit unversöhnlicher Standpunkte und persönlicher Beleidigungen. Ich hatte im Vorfeld eine derart unerfreuliche Atmosphäre nicht abgesehen. Ich gab, vor allem in meinem programmatischen Festvortrag beim Bankett, mein Bestes, mich für Toleranz gegenüber Andersdenkenden einzusetzen – eine der erklärten Tugenden der Latitudianer. Trotzdem blieb bei einigen ein bitterer Nachgeschmack. Noch Jahre später traf ich in der British Library Teilnehmer, die immer noch dem nachhingen, was X oder Y damals über sie verbreitet hatte oder angedeutet oder …

Einige Monate später fuhr ich zu einer Tagung anlässlich des dreihundersten Jahrestages der Veröffentlichung von Isaac Newtons *Principia*, die an der Universität von Nijmegen vom 9.–12. Juni 1987 stattfand. Es war eine größere Veranstaltung, die meisten Wissenschaftler kamen aus den Niederlanden, es gab aber auch fünf Amerikaner, nämlich die inzwischen verstorbene Betty Jo Dobbs, I. Bernard Cohen, Dale Christiansen, Mordechai Feingold und meine Wenigkeit. Obwohl ich erst am Anfang meiner Karriere als Newtonforscher stand, hielt ich einen (zumindest für mich) richtungsweisenden Vortrag über »Newton's Biblical Theology and his Theological Physics«. Darin sprach ich etwas an, was Jim Force inzwischen viel fundierter nachgewiesen hat, nämlich dass Newtons biblische Theologie, wie sie sich aus der wahren Fundgrube der Yahuda-Schriften in Jerusalem und von anderwärts erschließen lässt, mit seiner Theorie der Physik zusammenhängt, zumindest so, wie er diese präsentiert. Es ging also nicht so sehr um die Frage, so meine These, wieso ein so großer Naturwissenschaftler in der Theologie dilettierte, sondern umgekehrt eher darum, wieso es ein so großer Bibeltheologe in der Physik tat. Am Rande der Konferenz hatte ich Gelegenheit zu mehreren zwanglosen Gesprächen mit Betty Jo Dobbs. Wir unterhielten uns ausführlich über die Frage, worauf Newton letztendlich hinauswollte, wie über Möglichkeiten, sein umfangreiches Textkorpus alchemistischer und theologischer Manuskripte zu veröffentlichen, was leider bis heute immer noch nicht geschehen ist. Ferner konnte ich mit Guy Debroack aus Nijmegen religiöse Belange erörtern und stellte fest, dass wir einige gemeinsame Grundanliegen hatten, auch wenn unser Ansatz grundverschieden war.

Einige Wochen danach fand im Juni 1987 in Wolfenbüttel eine Tagung zum Chiliasmus statt, bei deren Planung ich und meine Freunde, Jan van den Berg und Ernestine van der Wall aus Leiden, mitgewirkt hatten.[12] In Zusammenarbeit mit der Herzog-August-Bibliothek konnten wir ein Dutzend Wissenschaftler aus Amerika, England, den Niederlanden, Israel und Deutschland einladen, sich mit den vielfältigen Erscheinungsformen und Strömungen des Chiliasmus zu beschäftigen. Wir hatten einen wundervollen Tagungsraum mit einer Wand voll alter Folianten aus der Bibliothekssammlung als Hintergrundkulisse. Der Direktor der Herzog-August-Bibliothek war strikt gegen Publikum bei der Tagung – es gab lediglich das Dutzend Teilnehmer. Da kam ein früherer Student von mir und jetziger Kollege, Red Watson, der damals gerade in Wolfenbüttel war, seelenruhig in den Konferenzraum spaziert. Der Direktor stellte sich ihm in den Weg, und es musste einiges an internationaler Diplomatie aufgeboten werden, bis Watson sich schliesslich in eine Ecke setzen durfte, aber erst nachdem er hoch

12 Chiliasmus in Deutschland und England im 17. Jahrhundert (= Pietismus und Neuzeit 14) (Göttingen 1988).

und heilig versprochen hatte, keinen Ton zu sagen. Dieser Vorfall ließ mich die Vor- und Nachteile von Publikum erkennen. Den Konferenzteilnehmern wird durch Publikum bewusst, dass es außer ihnen noch jemanden gibt, der sich für das Thema interessiert oder eine Meinung dazu hat. Dabei kann die Bandbreite des Publikums von Fachkundigkeit wie in Watsons Fall über uninformierte Wissbegierde bis hin zu kontroverser Streitlust reichen. Ich halte es für die Aufgabe eines guten Vorsitzenden, dem Publikum die Teilnahme zu ermöglichen, es zu ermuntern oder im Zaum zu halten, aber keinesfalls, es auszuschließen.

Eine weitere Schwierigkeit bei dieser Wolfenbüttler Konferenz war, dass wir, die Organisatoren, gehofft hatten, eine mehrsprachige Diskussion zu führen, bei der die Vortragenden ihre Referate in ihrer Muttersprache hielten und die anschließende Diskussion auf Englisch oder Deutsch oder in beiden Sprachen stattfinden sollte. Tatsächlich bildete sich jedoch im Verlauf der Tagung eine deutsch- und eine englischsprachige Fraktion, praktisch ohne jegliche Vermischung. Dies hatte leider zur Folge, dass auch die meisten inoffiziellen Kontakte wiederum jeweils entweder nur unter Englisch- oder nur unter Deutschsprechenden geknüpft wurden; die wenigen Überschneidungen waren den niederländischen Teilnehmern zu verdanken, die beide Sprachen fließend beherrschten. Auch die Diskussionsthemen, die später unter dem Titel *Pietismus und Neuzeit* veröffentlicht wurden, teilten sich größtenteils feinsäuberlich in englisch-niederländische und deutsche. Ich hielt einen Vortrag über John Durys letztes Werk, *The Apocalypse, explained by itself*, das ich im Jahr zuvor in der Herzog-August-Bibliothek entdeckt hatte. Pierre Bayle hielt das Werk für völlig verrückt, konnte aber kein Exemplar auftreiben und begann, an seiner tatsächlichen Existenz zu zweifeln. Auch frühere Biographen Durys hatten es nicht finden können. Es war 1676 in Kassel verfasst und veröffentlicht worden, und es ist sein letztes Werk. Ich war ihm mit Hilfe des Wolfenbütteler Veröffentlichungskataloges auf die Spur gekommen und fand es verzeichnet unter dem Autorennamen Jean Duré. Es enthält Durys letzten Versuch, eine »naturwissenschaftliche Methode« zur Wahrheits- und Gewissheitsfindung in der Heiligen Schrift zu entwickeln.

Als wir gerade in Wolfenbüttel waren, erschien eine Prachtausgabe von *Spinoza's Earliest Publication?*. Ich hatte die ihr zugrunde liegenden Dokumente im Friends House der Quäker in London entdeckt, sie zusammen mit Michael Signer ediert und Argumente dafür geliefert, weshalb ich Spinoza für den Übersetzer hielt. Der Wolfenbütteler Tagungsleiter, Friedrich Niewöhner, geriet bei der Vorstellung, dass Spinoza ein Pamphlet der Quäker übersetzt haben könnte, ganz außer sich und schrieb eine wütende Rezension für die Zeitschrift *Studia Spinozana*. In jüngster Zeit beschäftigt sich Warren Harvey von der Hebrew University mit der in der Übersetzung vorliegenden Variante des Hebräischen. Letztes Jahr sagte er mir, dass als Übersetzer nur jemand in Frage käme, der sich sehr gut mit der spätmittelalterlichen hebräischen Philosophie eines Albo, Crescas und Abarbanel auskannte, und dass Spinoza wohl der einzige Mensch im damaligen Amsterdam war, der diese Autoren überhaupt kannte. Weitere Untersuchungen veranlassten Harvey aber dazu, Spinoza sodann die Urheberschaft wieder abzuerkennen mit der Begründung, dass es im verwendeten Hebräisch zu viele Grammatikfehler gäbe und Spinoza demgegenüber gerade in Fragen der Sprachreinheit ein Pedant gewesen sei. Vielleicht, so spekulierten wir beide, stammt die Übersetzung ja nur teilweise von Spinoza und wurde später von einem Quäker überarbeitet, etwa von Samuel Fisher, dessen Hebräischkenntnisse sehr viel dürftiger waren.

Nach der Abreise aus Wolfenbüttel flogen Julie und ich mit David Katz nach Heathrow, um gemeinsam zur nächsten Konferenz nach Cambridge weiterzufahren (David Lodge lässt grüßen!). Um bequemer hinzukommen, mieteten wir bei Hertz ein Auto, und David sollte am Steuer sitzen. Die Popkins waren und sind viel zu große Angsthasen, als dass sie in England Auto führen. Ich sehe immer schon die Katastrophe vor mir, sobald man das erste Mal links abbiegen muss. David brachte uns problemlos zum Cambridge Arms Hotel und stellte den Mietwagen auf dem Parkplatz ab. Dann genossen wir die Tagung, bis der Augenblick der Wahrheit kam. Was sollten wir mit dem verflixten Mietwagen machen? Denn David war schon wieder abgereist. Wie riefen bei Hertz an, und dort sagte man uns, ihre nächste Niederlassung sei einige Meilen entfernt und man müsse mehrmals links abbiegen. Wir drohten damit, das Auto einfach auf dem Hotelparkplatz des Cambridge

Arms stehen zu lassen, bis die Leute von Hertz sich endlich breitschlagen ließen und jemanden vorbeischickten, der es holte.

Die Tagung in Cambridge wurde von der relativ neuen British Society for the History of Philosophy ausgerichtet, und Sarah Hutton war die Organisatorin. Tagungsort war das Christ College, zu Ehren des dreihundertsten Todestages seines Mitglieds Henry More, des führenden Vertreters der Cambridge Platonists. Es gab eine hochkarätige Teilnehmerliste, die Teilnehmer kamen vorwiegend aus Großbritannien, einer aus Australien, aus Italien und zwei aus Amerika. Sie waren im Christ College untergebracht, wo dank der Semesterferien günstige Räume zur Verfügung standen. Die Mahlzeiten wurden im College serviert, und man konnte auch alle anderen Einrichtungen vor, während und nach den Veranstaltungen benutzen.

Dies war die erste von mehreren, kurz hintereinander stattfindenden Tagungen, an denen ich teilnahm und die allesamt von der British Society for the History of Philosophy finanziert wurden. Dies waren eine Tagung zu Malebranche, eine weitere zu Hobbes und eine dritte zum Skeptizismus. Mir wurde klar, dass diese Art von Treffen, wie sie die British Society auf die Beine stellen konnte, in den Vereinigten Staaten längst noch nicht möglich war. Woran mochte das liegen? Die meisten Teilnehmer mussten nur eine kurze Strecke mit der Bahn fahren. Die Kosten für Essen und Unterkunft waren gering. Und die Tagung als solche war den Teilnehmern wichtig, weil philosophische Institute an britischen Universitäten historischen Fragestellungen gegenüber von Haus aus feindlich eingestellt waren. Die Tagungen gaben ihnen und ihrer Arbeit den nötigen Rückhalt durch eine Gruppe. Sie waren weder in die größeren Zusammenkünfte des Berufsstandes integriert noch von ihnen absorbiert, sondern ganz klar eigenständige Veranstaltungen zu jeweils wichtigen historischen Fragestellungen der Philosophie. Die Veranstaltung in Cambridge zu Henry More, deren Ergebnisse anschließend von Sarah Hutton und Robert Crocker publiziert wurden, hat wesentlich dazu beigetragen, More den ihm zukommenden Platz in der vordersten Reihe der Philosophen des 17. Jahrhunderts zurückzugeben. Mein eigener Beitrag war ein Vortrag über die spirituellen Kosmologien von More und Lady Anne Conway.

Auf der Tagung sagte mir Cecil Courtney vom Christ College, dass sich im Juni 1988 der dreihundertste Todestag eines anderen großen Cambridge Platonist jähre, nämlich der des Regius-Professors für Hebräisch, Ralph Cudworth. Man hielt Cudworth zwar nicht für bedeutend genug für eine ausgewachsene Tagung, aber man fragte mich doch, ob ich nicht wiederkommen und ein wenig über seine Ideen sprechen wollte. Mir blieb die Spucke weg. Ich hatte über Henry More geforscht, seine Philosophie, seine Theologie, seinen Anti-Skeptizismus und sein Interesse für die Kabbalah. Doch über Cudworth wusste ich so gut wie gar nichts. Ich hatte einmal einen flüchtigen Blick auf unveröffentlichtes Material zum Buch Daniel in der British Library geworfen. Ich wusste, dass Cudworth unter Cromwell an den Diskussionen beteiligt war, ob Juden wieder die Erlaubnis erhalten sollten, nach England zurückzukehren. Ich wusste, dass er ein anti-christliches Manuskript von Menasse ben Israel erworben hatte und ob seines Inhalts außer sich vor Wut geraten war. Und er hatte sich in seinen Schriften gegen den Skeptizismus gewandt. Also sagte ich Dr. Courtney, ich könne anbieten, entweder über Cudworth und die Juden oder über Cudworth und den Skeptizismus oder über beides zu sprechen. Allerdings wies ich ihn darauf hin, dass in Cambridge jede Menge Leute herumliefen, die schon viel mehr über Cudworth wüssten, als ich jemals wissen würde. Er bestand aber darauf, dass sie mich als Vortragenden haben wollten. Also war ich gezwungen, mich intensiv in Cudworths umfangreiche unvollendete Schrift *The True Intellectual System of the Universe* und andere seiner Werke einzulesen. Das Ergebnis war, dass ich für den Moment im 17. Jahrhundert, als die Philosophen erkannten, wie groß der Anteil polytheistischer Glaubensinhalte in der Antike gewesen war und dass er in der Neuzeit anhielt, eine »polytheistische Krise« feststellte und darüber schrieb.[13] Ich sah Cudworth in ein und derselben Welt wie Gerard Vossius aus Leiden, der enorm viel über den Ursprung nicht-jüdischer Theologie geschrieben hatte (eine Schrift, auf die sich Isaac Newton oft bezog), Herbert of Cherbury, seinen Kollegen Isaac Newton und die frühen Deisten. Als ich eintraf, um auf

[13] Gedruckt in Popkin: The Third Force in Seventeenth-Century Thought (Leiden 1990) [Am. d. Hg.].

Einladung des Christ und Emmanuel College meine Vorlesung zu halten, war Cudworth bereits zu einer herausragenden Gestalt in meiner Vorstellung von der geistesgeschichtlichen Dynamik des 17. Jahrhunderts geworden. Die Cudworth-Vorlesung fand wie vereinbart statt, obwohl ein fürchterliches Unwetter ihren Ort, die Kapelle des Emmanuel College, bis in die Grundmauern erzittern ließ. Anschließend folgte ein festliches Abendessen, dessen Gastgeber die Hausherren von Christ und Emmanuel College waren und an dem auch Quentin Skinner, Susan James sowie Peter Burke und seine frisch angetraute Ehefrau teilnahmen. Es war, wie die Briten sagen würden, *a splendid affair.* Ich blieb noch ein paar Tage, um mir einen Teil von Newtons Bibliothek im Trinity College näher anzusehen wie auch die handschriftliche lateinische Übersetzung der *Mishna* des Rabbi Abendana aus dem späten 17. Jahrhundert, die unter Cudworth entstanden war. Ich wollte wissen, wie intensiv Newton die Bände von Maimonides und Gerard Vossius benutzt hatte. Sie wiesen etliche Gebrauchsspuren auf, mit vielen Eselsohrmarkierungen von Seiten, die Newton interessant gefunden hatte. Dies diente mir der Untermauerung von Behauptungen, die ich in Schriften zu Newton und Maimonides sowie zu Vossius' Einfluss auf Newton aufgestellt hatte.

1988 besuchte ich zwei Konferenzen zur Feier des 400. Geburtstages von Thomas Hobbes in Oxford und in Buenos Aires, hielt, wie gesagt, die Cudworth-Vorlesung und nahm an einem Seminar des National Endowment for the Humanities (NEH) an der Brown University teil, das Dan Garber aus Chicago organisiert hatte. John Rogers von der Keele University, den ich erstmals 1981–82 in meinem Jahr an der Clark Library getroffen hatte, organisierte eine Feier für Hobbes an seinem College in Oxford unter der Schirmherrschaft der British Society. Hier bemerkte ich zum ersten Mal ernsthafte Probleme beim Treppensteigen, längeren Fußwegen usw. Ein Lungenemphysem sollte meine Gesundheit ab jetzt immer stärker beeinträchtigen. Rogers und seine Frau Jo waren zwar so freundlich, mich in einem Zimmer im Erdgeschoss des College unterzubringen, doch musste ich immer noch Treppen überwinden, um zu den Mahlzeiten oder den Vorlesungen zu gelangen. Mein Tagesablauf musste so organisiert werden, dass ich möglichst wenig Treppen zu steigen hatte. Die Tagung war sehr gut. Ich hatte Glück und traf

Wissenschaftler, die gerade Hinweisen auf eine Verbindung zwischen Hobbes und den französischen Skeptikern nachgingen. Ich hielt einen zweiten Vortrag über Hobbes und den Skeptizismus, in dem ich diese Verbindungen besonders hervorhob.

Nach unserer Rückkehr aus Europa fuhr ich mit Julie nach Providence zu dem von Dan Garber organisierten NEH Seminar. Die Teilnehmer setzten sich zusammen aus sehr aufgeweckten fortgeschrittenen Studenten, angehenden Lehrern und einer ganzen Reihe erfahrener Veteranen wie ich, die Vorlesungen hielten und mit Gott und der Welt Diskussionen anfingen. In den Sitzungen konnte es ziemlich hitzig und aufregend zugehen. Bei dieser Konferenz lernte ich José Raimond Maia Neto kennen, ein Seminarmitglied, und diskutierte so manche Stunde mit ihm über den Skeptizismus, bis wir schließlich ein für seine Dissertation geeignetes Thema eingegrenzt hatten. Er war eigens an die Washington University gewechselt, um bei mir zu studieren, bloß um dann festzustellen, dass ich bereits im Ruhestand und nach Kalifornien gezogen war.

Providence liegt in einer hügeligen Gegend. Ich konnte weder von unserer Unterkunft zu den Treffpunkten laufen, noch konnte ich die Treppen in den verschiedenen von uns genutzten Gebäuden bewältigen. So kam ich bei diesem Seminar an meine körperlichen Grenzen. Wir blieben zwei Wochen dort. Es überraschte mich, wie anregend die Veranstaltungen, aber auch die Kontakte am Rande zu den Vortragenden und Seminarteilnehmern waren. Unter den Rednern traf ich einige alte Freunde wieder wie Alan Gabbey und Marjorie Grene. Und doch hatte ich irgendwie das Gefühl, dass der rote Faden zwischen den Veranstaltungen fehlte, und ich konnte kein die Teilnehmer einendes übergeordnetes Ziel erkennen.

Im September 1988 reiste ich erstmals nach Südamerika, wohin mich mein inzwischen verstorbener lieber Freund Ezequiel de Olaso aus Buenos Aires eingeladen hatte. Wir hatten uns 1966 in den USA kennen gelernt, als er mit José Ferrater-Mora über Leibniz und den Skeptizismus promovierte. Olaso hatte neue Manuskriptseiten aus der Feder Leibniz' entdeckt, Aufzeichnungen zu Sextus Empiricus. Er wollte mit mir daran arbeiten, aber leider konnte ich den Text nicht entziffern. Auch steckte ich damals bis zum Hals in verwaltungstechnischen Problemen an der Universitiy of California in San Diego. Deshalb arbeitete er alleine weiter an der Sache und entwickelte eine brillante Analyse von Leibniz' Einstellung zum Skeptizismus. Doch der Kontakt zwischen uns riss nicht ab, wir tauschten unsere Schriften aus und wurden jeder ein großer Fan des anderen. Während der Zeit der argentinischen Militärjunta kam unsere Korrespondenz dann zum Erliegen. Aufgrund der Berichte über die entsetzlichen Ereignisse in Argentinien konnte ich mir denken, dass er Probleme mit den Machthabern hatte. Nach dem Sturz der Junta hörte ich wieder von ihm, und er tauchte auch wieder in den USA auf. Wie ausgehungert nahmen wir unseren intellektuellen Austausch wieder auf. Zusammen besuchten wir den Panamerikanischen Kongress zur Philosophie in Guadalajara, Mexiko. Ich bezog ihn auch in meine Aktivitäten ein und sorgte dafür, dass er 1985 zur Wolfenbütteler Tagung über den Skeptizismus eingeladen wurde.

Obwohl Argentinien unter dem neuen demokratischen Regime von Raúl Alfonsín bitterarm war, stellte Olaso eine winzige Tagung zu Hobbes auf die Beine, mit zwei Gringos und Wissenschaftlern aus Mexiko, Puerto Rico, Brasilien, Peru, Chile und Argentinien. Ich lernte dort einige faszinierende Philosophiehistoriker kennen. Olaso versuchte, alle Beiträge auf Spanisch und auf Englisch zu verteilen, damit wir darüber diskutieren konnten. Es klappte sehr gut. Höchst beeindruckt war ich von der Tatsache, dass ein echter zweisprachiger Dialog stattfand, denn jeder besaß ausreichende Kenntnisse in der Sprache des anderen, und mit etwas Hilfe konnten wir den Ideen- und Kommunikationsfluss in Gang halten.

Noch tiefer beeindruckte mich das private Zentrum für Ideengeschichte, in das mich Olaso von der Tagung weg entführte. Dorthin hatte jeder während der Junta seine Bibliothek ausgelagert, mit den anderen Gedanken ausgetauscht und geschrieben, auch wenn sie damals nichts veröffentlichen konnten. Es war eine philosophische Insel des Widerstands gegen die Tyrannei.

Und bevor ich Argentinien verlasse, muss ich als passionierter Fleischfresser noch gestehen, dass ich angesichts der Nationalgerichte *Bifo de Chirozo* und anderer Arten von Steaks geradezu von Ehrfurcht ergriffen war. Mit dem größten Vergnügen konnte ich hier ganz ungeniert ab der ersten Mahlzeit in einem Restaurant in der Nähe unseres Hotels, wo die Speisekarte aus Dutzenden Seiten nur mit Steakgerichten in allen Variationen bestand, mit allen möglichen Beilagen, und noch ein paar weiteren Seiten für Huhn- und Fischgerichte, meiner Fleischeslust frönen.

Freunde, die ich ein wenig später dort kennen lernte, luden mich nach Mexiko und Puerto Rico ein. Also verließ ich Buenos Aires und reiste weiter nach Rio de Janeiro, wohin ich als Gastredner an die Pontifikal-Universität eingeladen war und wo auch die Familie meines letzten Absolventen, José Raimund Maria Neto, lebte. Wirkte Buenos Aires in den höher gelegenen Stadtteilen wie eine europäische Stadt, so war Rio dagegen ein tropisches Paradies mit phantastischen Aussichtspunkten, phantastischen Stränden, phantastischen Bergen und auf Schritt und Tritt lauernden Großstadtgefahren.

Meine *History of Scepticism* war bereits ins Spanische übersetzt und in Mexiko veröffentlicht worden. Jeder, den ich in Argentinien traf, hatte sie gelesen. Und in Brasilien läuft seit längerem ein Projekt, Sextus Empiricus und Richard Popkin ins Portugiesische zu übersetzen. Es werden Kolloquien und Seminare zu den verschiedensten Teilaspekten der Geschichte des Skeptizismus gehalten. Mit großer Wahrscheinlichkeit werden in Zukunft die spannendsten Forschungsergebnisse auf diesem Gebiet aus Brasilien zu erwarten sein, vor allem auf Grundlage der Arbeit von Maia Neto mit seinen Kollegen und Studenten.

In diesem Zusammenhang soll nicht unerwähnt bleiben, dass Professor Racioneiro von der Universität Alcalá in Spanien ein großes Projekt in Angriff genommen hat, all die in mittelalterlichem und frühneuzeitlichem Latein verfassten Manuskripte des Sextus herauszugeben, die sich in Spanien befinden (das älteste davon in Madrid), das Gesamtwerk des Sextus ins Spanische zu übersetzen und die Geschichte des Skeptizismus stärker unter dem Aspekt der Entwicklung in Spanien statt derjenigen in Italien oder Frankreich zu untersuchen. Dazu veranstaltete er im vergangenen Jahr eine große Tagung, an der ich aus gesundheitlichen Gründen leider nicht teilnehmen konnte. Ich halte es für sehr wichtig, die Spuren des Wiederauflebens des antiken Skeptizismus zuerst in Spanien zu verfolgen, ehe man sich woanders in Europa danach umsieht. Und dies ließe sich dann vielleicht mit der intellektuellen Krise im Spanien des späten 15. Jahrhunderts in Verbindung bringen, die aus der Eroberung Granadas, der Vertreibung der Juden aus

Spanien, dem Entstehen des Anti-Trinitarismus in Spanien und dem aufkommenden anti-rationalistischen spanischen Mystizismus entstand.

Ich unterbrach meine Rückreise aus Brasilien in El Salvador, um mir meinen frischgeborenen dritten Enkelsohn, Joel Damian, anzusehen. Als ich ihn zum ersten Mal zu Gesicht bekam – schreiend auf dem Arm seiner Mutter auf dem Flugplatz von El Salvador – war er gerade einen Monat alt. Unsere ältere Tochter arbeitete damals dort als stellvertretende Leiterin des Instituts für Menschenrechte an der University of Central America, einer Einrichtung der Jesuiten. Um nach El Salvador zu kommen, musste ich mitten in der Nacht in Panama City einen Anschlussflug nehmen. Der damalige Machthaber, General Manuel Noriega, rächte sich auf die Weise an der amerikanischen Politik ihm gegenüber damit, dass jeder Amerikaner zwangsweise ein Einreisevisum für 15$ pro Person erwerben musste, dann kurz einreisen durfte, um sofort auf dem Absatz wieder kehrtzumachen und in einem tristen Wartebereich stundenlang herumzusitzen. Alle anderen konnten dagegen tun und lassen, was sie wollten. Irgendwann kamen wir endlich morgens in El Salvador an, und schon durch die Art der Gepäckkontrolle wurde uns sofort unmissverständlich klar, dass wir uns in einem Kriegsgebiet befanden.

Worum es bei den Auseinandersetzungen ging, vermittelten mir im Ansatz ein paar Entwicklungshelfer und Menschenrechtsmitarbeiter (von denen einige die Baseball-*World Series* an uralten Radiogeräten verfolgten). Maggi und ich begaben uns zur amerikanischen Botschaft, um Joel Damian ins Geburtsregister eintragen zu lassen. Ein unangenehmer Beamter forderte Maggi auf, sie solle erst mal beweisen, dass sie auch wirklich ihr eigenes Kind im Arm hielte, schließlich würden täglich Kinder entführt oder illegal adoptiert. Hierfür verlangte er eine schriftliche Bestätigung des entbindenden Arztes, Fußabdrücke des Kindes zum Abgleich mit den Unterlagen des Krankenhauses, eine eidesstattliche Erklärung etc. Aber dann stellte sich heraus, dass der Kaiserschnitt doch tatsächlich gefilmt worden war, und zwar von der kleinen Jennifer Cassolo – die später durch ihre Verhaftung und Anklage auf Unterstützung der FLMN durch Waffenverstecke in ihrem Garten berühmtberüchtigt wurde. Zudem waren zahlreiche Freunde und Gratulanten zur Geburt und auch danach ins Krankenhaus gekommen. So löste sich der Zweifel an der US-Botschaft sehr schnell in Wohlgefallen auf, aber meine Tochter war durch die Infragestellung ihrer Mutterschaft zutiefst gekränkt.

Die Jesuiten, mit denen meine Tochter zusammenarbeitete, wurden später grausam niedergemetzelt. Ich konnte mit dem einzigen Überlebenden reden – er hatte sich zu dem Zeitpunkt des Massakers im Ausland aufgehalten – und erfuhr viel Wissenswertes über die Befreiungstheologie und ihre Beziehung zur Geschichte der millenarischen Theologie seit Joachim de Fiore und Antonio de Viera.

Sobald die Amerikaner mitbekamen, dass ich in Kürze in die USA reisen würde, wurde ich schnell zum freiwilligen Postkurier. Niemand setzte auch nur das geringste Vertrauen in die Verschwiegenheit oder Zuverlässigkeit der salvadorianischen Post, deshalb kamen bis kurz vor meiner Abreise immer wieder Menschen mit Briefen an, die ich vom Flugplatz in Miami aus verschicken sollte. Am Ende stand ich mit etlichen Rieseneinkaufstüten voller Post da.

Im Jahr 1988 war ich auf noch einer Konferenz in London, einer Gedenkveranstaltung anlässlich der Ankunft Wilhelm von Oraniens in Großbritannien. Sie fand in einer wiederaufgebauten holländischen Kirche aus dem 18. Jahrhundert statt. Wir befassten uns mit Fragen der Toleranz und verwandten Themen. Der Veranstaltungsort lag interessanterweise mitten im alten Finanzzentrum Londons, während die Quartiere der Teilnehmer ganz woanders lagen. Die Referenten entwickelten deshalb die Tendenz, sich sofort in alle Richtungen zu zerstreuen, so dass es kaum zum zwanglosen Gedankenaustausch außerhalb des offiziellen Teils kam, den ich sonst gewohnt war.

Eine nette Episode ergab sich mit einem sehr von sich überzeugten Referenten, der uns eröffnete, dass die Londoner Hugenotten während der Puritanischen Revolution beziehungsweise im Cromwell-Regime keine besondere Rolle gespielt hätten, und die royalistischen Sympathien einer ganzen Heerschar führender Hugenotten aus der Zeit aufzählte. Ich fragte ihn, wie denn der Reverend Jean-Baptiste Stouppe in seine Theorie passte, der doch Mitglied des Hartlib-Kreises und Berater und Spion Cromwells gewesen sei. Er bezweifelte, dass es diesen Reverend tatsächlich gegeben habe, und falls doch, sei er bestimmt kein Hugenotte gewesen. Zum Glück bekam ich Schützenhilfe durch David Katz und andere, die darlegten, dass der Reverend Stouppe der Reformierten Französischen Kirche in Soho vorgestanden habe (womit sich der Vortragende allerdings nicht beschäftigt hatte) und dass es sehr wohl alle möglichen Verbindungen zu puritanischen Aktivisten und zu Cromwell gegeben habe. Ich hoffe nur, dass der Vortragende seine kleine, feine These daraufhin revidiert hat. Dort berichtete mir zudem jemand von einem neuen Manuskript, das gerade erst bei der British Library eingetroffen sei, einer weiteren Fassung von Bishop Gilbert Burnets *The History of our Times*. Ich fuhr auf dem schnellsten Weg hin und stellte fest, dass dieses Manuskript detailliert darüber Auskunft gab, was der Reverend Stouppe Bishop Burnet über seine Gespräche mit Oliver Cromwell und über künftige millenarische Ereignisse berichtet hatte. Durch diesen glücklichen Zufall konnte ich meinem eigenen Bild von den Vorgängen ein wichtiges Mosaiksteinchen hinzufügen. (Stouppe ist eine hochinteressante und viel zu wenig beachtetet Figur. Er begann als enger Vertrauter Cromwells, avancierte dann zum Militärberater des Prinzen von Condé und lernte in der letztgenannten Eigenschaft Baruch de Spinoza in den Niederlanden kennen. Später bereiste er zusammen mit Bischof Burnet Deutschland, die Schweiz und Italien.)

Bei Abstechern nach London verbrachte ich viel Zeit mit Constance Blackwell, die Charles Schmitts Lebensgefährtin gewesen war. Sie hatte für sie beide ein stattliches Haus in Camden Town erworben, doch bevor sie dort einziehen konnten, war er gestorben. Es war ein furchtbarer Schicksalsschlag für sie, und Julie und ich taten unser Möglichstes, um ihr über diese schlimme Zeit hinwegzuhelfen.

Constance hatte »große Erwartungen«. Ich gab ihr den Rat, mit dem Erlös aus dem Erbe eine Stiftung zu gründen, die Charles' geistige Interessen in seinem Sinne weiterführen würde. Wir planten eine Tagung zum Skeptizismus im späten 17. und frühen 18. Jahrhundert und noch einige andere Projekte. Ich betonte, wie wichtig die Mehrsprachigkeit der Teilnehmer sei, damit sie sich ihrer Muttersprache bedienen und zugleich das Gefühl haben könnten, dass die Kommunikation nie unterbrochen wäre. Es kam zum einen darauf an, Teilnehmer zu finden, die zwei oder mehr Sprachen beherrschten, zum anderen musste man eine Atmosphäre schaffen, in der der Austausch oberste Priorität hatte, noch vor korrekter Grammatik oder Aussprache. Ich hob zudem die Notwendigkeit hervor, die Tagung oder das Seminar unter ein übergreifendes Thema zu stellen, um aktuelle Forschungen weiterführen zu können. Diese Grundprinzipien wurden bei den ersten beiden Veranstaltungen der Stiftung im Jahr 1990 berücksichtigt, bei dem Seminar in Leiden wie bei der Tagung zum Skeptizismus in Wassenaar.

1989 war ich Teilnehmer einer weiteren Tagung der British Society an der Universität York zum Thema Skeptizismus; sie sollte zu Ehren meiner eigenen sowie der von mir angeregten Forschung stattfinden. José Maia Neta war ebenfalls dort, es war seine erste Europareise, und er war dementsprechend aufgeregt. Die Konferenz war sehr gut, umfasste Material zur Geschichte des Skeptizismus von der Antike über Petrarca bis ins 20. Jahrhundert. Ich bedauere sehr, dass die dort zusammengetragenen Ergebnisse aus unerfindlichen Gründen nie in einem Band veröffentlicht worden sind.

Später im Jahr 1989 war ich zusammen mit Don Kelley Veranstalter einer Konferenz über Charles Schmitts Thema, die Veränderung des Wissenshorizonts von der Renaissance bis zur Aufklärung.[14] Wir trafen uns für zwei Tage im Warburg Institute und waren ganz in der Nähe untergebracht. Dabei war eine wirklich gelungene Auswahl von Teilnehmern aus ganz Europa, die schon mit Charles zusammen gearbeitet hatten, sowie einige Amerikaner. Giorgio Tonellis Witwe nahm teil, auch mein Sohn Jeremy, Tullio Gregory aus Rom und Yehuda Elkana aus Israel. Wir konnten so die Entwicklungen in allen möglichen Forschungsgebieten abdekken, auch die Medien und alle möglichen sonstigen Hilfsmittel zur Wissensübertragung, Bibliotheken, Lehre, Gelehrteneinrichtungen und -gemeinschaften etc. Es war eine gebührende Würdigung der Forschungen, die Charles Schmitt mit seinen Ideen angeregt hatte.

[14] Vgl. Donald R. Kelley und Richard H. Popkin (Hgg.): The Shapes of Knowledge from the Renaissance to the Enlightenment (Dordrecht 1991) [Anm. d. Hg.].

Problematisch war nur, dass sich das ganze Programm aus finanziellen und logistischen Gründen auf zwei Tage konzentrierte, wobei die Vorträge von neun Uhr morgens bis 6 Uhr abends pausenlos aufeinander folgten und das Publikum auf unbequemen Holzstühlen sitzen musste. Und es war auch ein Problem, die Tagung im Herzen Londons durchzuführen, also inmitten aller möglicher verlockender Ablenkungen. Deshalb trafen sich beim inoffiziellen Teil nie alle, sondern immer nur wechselnde Grüppchen.

Auf meinen Europareisen 1989 forschte ich viel in Bibliotheken und verwandte viel Zeit auf die Vorbereitung der ersten Tagungsaktivitäten der neu gegründeten Foundation for Intellectual History von Constance Blackwell. Ursprünglich hatten wir eine Tagung zum Thema Skeptizismus pro oder contra Religion in Italien geplant. Als das nicht klappte, suchten wir nach anderen Möglichkeiten und entschieden uns für das Institute for Advanced Studies im niederländischen Wassenaar, ein hübsches, weitläufiges Anwesen zwischen Leiden und dem Meer. Constance und ich fuhren hin, um die logistischen Fragen zu klären. Die Teilnehmer konnten dort für vier Tage und Nächte gut untergebracht und verpflegt werden.

Dann sondierten wir die Möglichkeit, ein einmonatiges Seminar direkt an der Universität Leiden zu veranstalten. Mit der kompetenten Hilfe von Ernestine van der Wall ergab sich, dass wir einen Vorlesungssaal der Universität, Arbeitsplätze zum Forschen in der Universitätsbibliothek und Unterkunft in einem Hotel sowie in einem internationalen Gästehaus am schönen Rapenburg-Kanal bekommen konnten.

Ich wollte das Seminar so ähnlich gestalten wie dasjenige Garbers für die NEH, aber viel internationaler, mit Teilnehmern aus ganz Europa und Amerika. Es sollte ein festes Thema geben, in dessen Rahmen die Teilnehmer neue und für Veröffentlichungen relevante Forschung betreiben konnten und zu dem es in den niederländischen Bibliotheken auch ausreichend Material gab. Von Leiden aus konnten die Seminarteilnehmer problemlos und ohne großen Aufwand per Bahn etwa zur Königlichen Bibliothek in Den Haag oder an die Universitätsbibliothek von Amsterdam gelangen.

Ich wählte als Forschungsthema »The Origins, Nature and Influence of *Les Trois Imposteurs, Moses, Jesus et Mohammed, ou L'Esprit de M. Spinosa*«. Seit Jahren hatte ich immer wieder einmal mehr, einmal weniger daran gearbeitet, und die diesbezüglichen Manuskripte in Bibliotheken in Paris, England, den Niederlanden, Wolfenbüttel und den USA studiert. (Als das Seminar begann, verfügte das Hebrew Union College in Cincinnati über die größte Anzahl von Abschriften, nämlich acht insgesamt.) Über die Manuskripte hatte ich schon viel mit Margaret Jacob, Silvia Berti (der Entdeckerin des ersten gedruckten Exemplars von 1719 in der Abraham-Wolf-Spinoza-Sammlung der UCLA) und einigen französischen Forschern, unter ihnen François Charles-Daubert und Bertram Schwartzbach, diskutiert. Die Universitätsbibliothek in Leiden besaß jede Menge Material zu Druck und Unterdrückung der ersten gedruckten Ausgabe wie auch zum Streit um die Urheberschaft. Ich bekam Mikrofilme zahlreicher Manuskripte sowie gedruckte Exemplare, die bis dahin noch niemand näher untersucht hatte.

So schien dieses Thema sehr ergiebig – Zugang zu jeder Menge unerforschten Materials, immense Querverbindungen zu den verschiedensten Themen der Frühaufklärung. Constance und ich baten zwei weitere Gelehrte, François Charles-Daubert und Silvia Berti, uns als Seminarleiter zu unterstützen. Dazu luden wir europäische und amerikanische Gastredner ein. Jeden Nachmittag um 17 Uhr sollte es einen zweistündigen Vortrag geben, tagsüber und abends Zeit für zwanglose Kontakte. Leiden war im Sommer nicht sehr stark besucht. Auf diese Weise stand uns für das gemeinsame Mittag- und Abendessen immer eine große Auswahl an Restaurants und Cafés zur Verfügung. Julie und ich bewohnten ein Apartment am Rapenburg-Kanal, nur einen Katzensprung von den Unterkünften der anderen entfernt.

Constance und ich hatten den Beginn der Tagung in Wassenaar zum religiösen/anti-religiösen Skeptizismus gleich im Anschluss an das Seminar in Leiden festgelegt. Wir trafen uns am 1. Juli 1990 in Leiden für den Beginn des Seminars. Bis zur letzten Minute wusste ich nicht, ob ich es schaffen würde. Ich hatte seit längerem schreckliche Muskelschmerzen in einem Bein und konnte es vor Schmerzen kaum aushalten. Das erste Mal hatte sich dieses Problem ernsthaft auf dem Pariser Flughafen bemerkbar gemacht, als ich kaum den Weg vom Flugzeug zur Zollkontrolle bewältigen konnte. Ein Arzt in Paris untersuchte mich, fand aber keine Ursache für meine körperliche Beeinträchtigung. Allerdings konnten wir nicht den Zug nach Leiden nehmen, da ich nicht einsteigen konnte. Also mieteten wir ein Auto und verließen Paris am 30. Juni. Einen schlechteren Tag dafür hätten wir wohl kaum erwischen können: halb Paris war mit dem Auto unterwegs und wollte raus aus der Stadt in die großen Ferien. Schließlich erreichten wir Leiden, fanden unsere Unterkunft und trafen einige unserer Seminarkollegen. Wir begannen mit einem festlichen Abendessen, zu dem man mich mit einem Behindertenlift über eine lange Treppe hinaufbefördern musste. Langsam und vorsichtig humpelte ich in Leiden herum, bis ein holländischer Arzt beschloss, dass es in dem Bein zu einer Art Lähmung gekommen sei, und mir eine entsprechende Medikation verschrieb. Ein paar Tag später konnte ich schon wieder normal herumlaufen, zwar langsam, aber immerhin schmerzfrei.

Das Seminar sollte zu einer der anregendsten geistigen Veranstaltungen werden, an der ich je teilgenommen habe. Das Dozententeam harmonierte hervorragend, nicht nur miteinander, sondern auch mit Constance und den Studenten aus Brasilien, den USA, England, den Niederlanden, Schweden, Deutschland und Italien. Uns gelang ein offener, zwangloser Austausch, und wir genossen die geistige Gemeinschaft in vollen Zügen. Jeder geriet schnell in den Bann der Frage, wer wohl das Skandalwerk der *Trois Imposteurs* geschrieben bzw. gelesen hatte. Weitreichende Theorien zu seinem Ursprung wurden vorgestellt und diskutiert. Obwohl das Werk angeblich aus dem Mittelalter stammte, wurde Descartes darin erwähnt, zudem enthielt es Texte von Thomas Hobbes, Baruch de Spinoza und François de la Mothe La Vayer.

Die meisten von uns arbeiteten in der Rara-Abteilung der Leidener Universitäts-Bibliothek, mit einer kleinen Mittagspause in einem Café um die Ecke. Die Dozenten standen die meiste Zeit mit Rat und Tat zur Verfügung. Um fünf Uhr nachmittags versammelten wir uns zu einer Plenumssitzung des gesamten Seminars, wo Ergebnisse, Ideen oder was es sonst noch gab, vorgestellt werden konnten, und daran schloss sich eine lebhafte Diskussion für gewöhnlich in Französisch und Englisch, gelegentlich auch in anderen Sprachen an. Es gab eine ganze Reihe von Besuchern, alles Forscher, die sich ebenfalls mit dem Thema beschäftigten. Bertram

Schwartzbach kam aus Paris, Miguel Benitez, der immer mehr bislang unbekannte Manuskripte in ganz Europa entdeckt hatte, reiste aus Spanien an, Alan Kors, der über Atheismus in Frankreich geschrieben hat, nahm ein oder zwei Wochen lang teil. Ganz zum Schluss hatten wir eine Besucherin, die ein italienisches Manuskript der *Drei Betrüger* mit einem Bild der Betrüger als Frontispitz gefunden hatte. Als sie ganz aufgeregt ihre Entdeckung präsentierte, stöberte ich ein wenig in unserem zusammengetragenen Quellenmaterial und zeigte ihr eine beinahe identische Abbildung im Manuskript der Universität Chicago. Auch ein paar holländische Professoren schauten vorbei. Ernestine van der Wall, unsere Verbindungsfrau zur Universität, nahm regelmäßig teil. Jan van den Berg kam gelegentlich auch. Andere schneiten herein wie Margaret Jacob, die gerade in der Gegend unterwegs war. So bot uns dieser Monat geistige Nahrung im Überfluss.

Meistens aßen wir alle gemeinsam zu Mittag und saßen danach bei endlosen Gesprächen in irgendwelchen Straßencafés. Wir verstanden uns blendend und haben den Kontakt seitdem nicht abreißen lassen. Für mich, und ich hoffe auch für die anderen, war es eine wunderbare kreative Erfahrung. Jeden Tag sprühte ich nur so vor neuen Ideen und Interpretationen. Wir schlossen neue Freundschaften und bildeten eine »Gelehrtenrepublik«.

Bevor ich vom Leidener Seminar zu etwas anderem komme, sollte ich noch erwähnen, dass wir vor unserem Leidener Aufenthalt (mit Ernestines Hilfe) von der niederländischen Post ein Faxgerät in unserem Apartment hatten installieren lassen. Julie hatte sich als Literaturagentin selbständig gemacht und wollte in direktem Kontakt mit Zuhause bleiben. Dort sollte sich jemand um unsere Post, den Anrufbeantworter und das Fax kümmern und uns eine Zusammenfassung sowie in Auswahl die besonderen Highlights zufaxen. Als ich eines Morgens noch selig vor mich hindöste, stand Julie auf, weil sie das Fax vor sich hinrattern hörte. Sie kam mit der Nachricht ins Schlafzimmer zurück, dass man mir mit einer Klage drohe, weil ich einen Verriss von Yuri Yovels *Spinoza and Other Heretics* geschrieben hatte. Man drohte mir mit Schadenersatzforderungen, weil Professor Yovel durch meine Auslassungen möglicherweise Ehrungen, Forschungsgelder sowie hochdotierte Auszeichnungen usw. entgingen. Ich hatte dergleichen noch nicht erlebt. Zwar war es auch schon vorher einmal vorgekommen, dass Leute mit dem, was ich gesagt hatte, nicht einverstanden waren und sich in Form von Briefen, Veröffentlichungen oder mündlich mit mir auseinandersetzten. Aber jetzt war ich zum ersten Mal in ein richtiges »*Publish-and-perish*«-Drama verwickelt. Die Klageandrohung kam von einem Jerusalemer Anwalt – Yovels Schwager, wie sich später herausstellen sollte – der mich entschlossen wissen ließ, dass er Mittel und Wege wüßte, mich in dieser Angelegenheit rechtlich zu verfolgen, auch wenn ich mich außerhalb Israels aufhalten sollte. (Als ich im Jahr darauf in Israel war, erfuhr ich, dass Yovel und seine Anwälte Gott und die Welt in Bewegung gesetzt hatten, um die Veröffentlichung meiner Rezension auf Hebräisch in der Zeitschrift Ha'aretz zu verhindern.)

Nachdem ich richtig wach geworden war, zeigte ich das Schreiben den Seminarteilnehmern, die nicht so recht wussten, was sie davon halten sollten. Einer von ihnen, Chris Laursen, besaß zufällig ein juristisches Examen und war einige Jahre auch in dem Metier tätig gewesen. Er erklärte sich bereit, die Sache, falls nötig, in die Hand zu nehmen. Doch dann hörten wir nichts mehr von der ganzen Angelegenheit. Ich fand, das mindeste, was ich noch tun konnte, war, die Klageandrohung öffentlich zu machen, indem ich Kopien davon zusammen mit dem Stein des Anstoßes, meiner Rezension, in alle Welt verschickte.

Das Leidener Seminar endete am 30. Juni. Die Teilnehmer sollten ihre Funde als Beiträge für einen Sammelband einschicken, der 1996 nach viel Herausgebertätigkeit unter dem imposanten Titel *Heterodoxy, Spinozism and Free Thought in Early 18th-Century Europe. Studies on the Traité des trois imposteurs* herauskam. Der über 500 Seiten starke Band erschien bei Kluwer, herausgegeben von den drei Dozenten Silvia Berti, François Charles-Daubert und mir. Viele, die an diesem Band mitgearbeitet hatten, haben weiter an diesem Thema geforscht und neue Studien dazu veröffentlicht.

Kaum war das Leidener Seminar beendet, da ging es schon weiter zur nächsten großen wissenschaftlichen Tagung, der Wassenaarer Konferenz zum Thema »Scepticism and Irreligion in the Seventeenth and Eighteenth Centuries«, die am Abend des 31. Juli 1990 begann. Ezequiel Olaso traf früh genug ein, dass wir ihn ins Leidener Seminar noch miteinbeziehen konnten. Nur Silvia Berti,

Susanna Åkerman, Constance und ich kamen direkt vom Seminar zur Konferenz. Constance und ich hatten sie sorgfältig als Folgeveranstaltung einer anderen Tagung geplant, die Charles Schmitt und ich einst in Wolfenbüttel über neues Forschungsmaterial zum Skeptizismus in der Renaissance und im 17. Jahrhundert organisiert hatten. Wir hatten beide das Gefühl, seit der Veröffentlichung unserer damaligen Studien sei soviel Neues erforscht worden, dass wir unbedingt versuchen mussten, möglichst viele Wissenschaftler aus Europa, Amerika und Israel zusammenzubringen, damit sie sich austauschen konnten über ihre Entdeckungen und Erkenntnisse zu dem sich abzeichnenden, aufregenden neuen Thema: Skeptizismus und Unglaube in Voraufklärung und Frühaufklärung.

Es sollte die erste Konferenz sein, die von der neu gegründeten und von Constance Blackwell finanzierten Foundation for Intellectual History organisiert und durchgeführt wurde. Das Netherlands Institute for Advanced Studies in Wassenaar erwies sich als ausgezeichneter Rahmen. Es handelte sich um ein wunderschönes Anwesen zwischen Leiden und dem Ärmelkanal, das gut erreichbar war, keine weitere Ablenkung bot, über ein angenehmes Umfeld für die Teilnehmer und eine ausgezeichnete Küche verfügte. Da Constance großzügige Mittel zur Verfügung gestellt hatte, beschlossen wir, vier Tage für die Vorträge einzuplanen, jeweils zwei vormittags und zwei nachmittags, mit reichlich Zeit für Diskussionen während und außerhalb der Veranstaltungen. Die Texte der Vorträge standen schon vorher zur Verfügung, so dass die Teilnehmer gleich mit ihren Argumenten und Ideen loslegen konnten. Zwischen den Vorträgen gab es Pausen zum Kaffeetrinken, Entspannen usw. Die bewusst großzügige Zeitplanung erfüllte insgesamt ihren Zweck, zum intensiven Nachdenken und zur Diskussion über die vorgestellten Themen anzuregen. Am ersten Abend hielt ich nach einem festlichen Eröffnungsbankett einen Einführungsvortrag, in dem ich unser Gesamtthema zu umreißen versuchte. Die siebzehn Teilnehmer aus verschiedenen westeuropäischen Ländern – Irland, England, Frankreich, den Niederlanden, Deutschland, Schweden und Italien – sowie aus Israel, den Vereinigten Staaten und Argentinien repräsentierten verschiedene Bereiche der Ideengeschichte: für manche lag der Schwerpunkt mehr auf der Philosophie, bei anderen war es die Theologie, bei anderen wiederum die Naturwissenschaften usw. Einer der Teilnehmer war Arjo Vanderjagt aus Groningen, der zwar selbst keinen Vortrag hielt, aber aktiv mitwirkte und sehr bemüht war, die gewonnenen Erkenntnisse zu veröffentlichen, was wir beide dann auch taten. Es erschien ein Band, der den gleichen Titel wie die Konferenz trug und 1993 bei Brill herauskam, teilweise finanziert von der C. Louise Thijssen-Schoute Stiftung.[15] Ich erwähne dies vor allem deshalb, weil Louise in meiner Zeit in Utrecht in den Jahren 1957 und 1958 zu einer wichtigen Freundin geworden war. Wir verbrachten damals viel Zeit mit Diskussionen über Fragen der Geistesgeschichte des 17. und 18. Jahrhunderts. Ich schätzte mich glücklich, ihr nach ihrem frühen Tod vor einigen Jahren über die Stiftung weiterhin geistig verbunden sein zu können. Einer der Teilnehmer von Wassenaar, Theo Verbeek, wurde später der erste C.-Louise-Thijssen-Schoute-Professor in Utrecht.

Die Konferenz in Wassenaar hätte, glaube ich, gar nicht besser verlaufen können. Wir hatten eine wunderbare Gruppe rühriger, kreativer Wissenschaftler zusammengebracht, die miteinander aktuelle Themen diskutierten und ihre Forschungsbemühungen den anderen zugänglich machten. Ganz anders als bei der Latitudinarier-Konferenz an der Clark Library mit ihrer vergifteten Atmosphäre gab es hier keine Spur vergleichbarer Boshaftigkeit, von Spannungen und Reibungen. Unser viereinhalbtägiges Zusammenleben gestaltete sich höchst angenehm und erfreulich. Das eine oder andere auftauchende Problem konnte schnell gelöst werden. Die Konferenzteilnehmer bildeten, wie schon das Seminar, eine kleine Gelehrtenrepublik, aus der viele Gemeinschaftsprojekte hervorgegangen sind.

Obwohl die Diskussionen überwiegend auf Englisch geführt wurden, wurden die Teilnehmer ermutigt, ihre Ideen auch auf Deutsch oder Französisch vorzustellen. So gab es doch einen Hauch von Mehrsprachigkeit in allen Bereichen. Mein alter Freund seit den frühen sechziger Jahren, Olivier Bloch, sprach mit allen hauptsächlich Französisch. Lothar Kreimendahl hielt seinen Vortrag auf

[15] Richard H. Popkin und Arjo Vanderjagt (Hgg.): Scepticism and Irreligion in the Seventeenth and Eighteenth Centuries (Leiden 1993) [Anm. d. Hg.].

Deutsch und setzte den anschließenden Gedankenaustausch auf Englisch fort.

Sobald die Konferenz zu Ende war, überlegten Constance und ich, worum es bei der nächsten Tagung zur Geschichte des Skeptizismus gehen sollte und wo sie stattfinden könnte.

Eine Anekdote im Zusammenhang mit der Konferenz darf auf keinen Fall unerwähnt bleiben. Bei ihrem Eintreffen aus Paris überreichte mir Silvia Murr eine Flasche Bordeaux als Geschenk. Ich versuchte ihr auf Englisch und auf Französisch zu erklären, dass ich ihre Großzügigkeit sehr zu schätzen wüsste, aber aus medizinischen Gründen keinen Tropfen Alkohol trinken dürfte. Aber sie steigerte sich immer mehr hinein, was für ein ganz besonderer Jahrgang von einem ganz besonderen Weingut diese Flasche doch sei und obendrein ein Geschenk ganz für mich *persönlich*. Ich konnte gar nicht anders als annehmen und packte die Flasche in meinen Koffer. Nach der Konferenz traf ich beim Einchecken am Flughafen Schiphol auf ein Team Israelis, das gerade bei den Holländern ein Sicherheitstraining durchführte. Sie stellten uns in einer Reihe auf und fragten einen nach dem anderen: »Hat Ihnen irgendwer was gegeben, das Sie mitnehmen sollen?« Ich erwähnte besagte Weinflasche sowie ein Spielzeug, das mir David Katz für Joel Damien mitgegeben hatte. Sofort nahm man mich zur Seite und befragte mich wieder und wieder. Dann wurde das Spielzeug, vor allem aber die Weinflasche, durch alle möglichen Durchleuchtungsanlagen geschickt, bevor ich endlich an Bord des Flugzeugs gehen durfte. Später zeigte ich die Flasche einem amerikanischen Freund, der ein großer Weinkenner ist. Er sagte mir, das sei ein fabelhafter Tropfen. Wir nahmen ihn mit in ein gutes Restaurant in der Nähe, wo er mit gebührendem Zeremoniell geöffnet und von allen – außer mir – verkostet wurde. Ich kann letztlich nicht sagen, ob die israelischen Sicherheitsleute dem Wein irgendeinen Schaden zugefügt haben.

Im September nahm ich an einer Konferenz in Ottawa über Religion und Vernunft in der Renaissance teil, die Danièle Letocha veranstaltete. Sie versammelte dazu eine Gruppe von Wissenschaftlern aus Europa, Kanada und den Vereinigten Staaten. Ottawa ist eine zweisprachige Stadt, und auch die Universität ist durch und durch zweisprachig in einer Weise, die ich so weder an der McGill in Montreal noch an den Universitäten von Toronto oder York beobachten konnte. George Williams, Autor des Buchs *Radical Reformation*, war auch da. Schon ein paar Jahre zuvor hatte ich mich gerne mit ihm unterhalten, als ich an der Harvard Library einen festen Bibliotheksplatz neben seinem Büro hatte. Er zeigte Interesse an meinen Untersuchungen zu jüdischen Einflüssen, wie er sie selbst bei vielen der sozinianischen Denker und Bewegungen in Osteuropa im 17. Jahrhundert feststellte. Ich hielt einen Vortrag über den religiösen Rationalismus von Sebastian Castellio bis Isaak Troki, dem karäischen Rabbiner aus Litauen, dessen Schrift *Befestigung im Glauben* bei den Amsterdamer Juden im 17. Jahrhundert eine so wichtige Rolle gespielt hatte und bis ins 20. Jahrhundert nachgewirkt hat.[16] Auf der Konferenz ging es um die Wurzeln des religiösen Rationalismus ab Erasmus und der Frühreformation.

Da ich mich sehr für Judaica interessierte, nahm man mich mit in die Kanadische Nationalbibliothek, die über eine Spezialsammlung verfügt. Ein reicher Jude aus Montreal hatte zahlreiche ganz besondere Bücher und Materialien zusammengetragen, die er eigentlich der McGill-Universität mit ihrem sehr rührigen Programm für Judaistik unter der Bedingung stiften wollte, man solle dort irgendetwas nach ihm benennen. Weil sie aber zu lange zögerten, überließ er seine Sammlung kurzerhand der Nationalbibliothek, wo sie in einem sehr schönen Raum untergebracht ist, einen eigenen Katalog hat, auch nach ihm benannt ist, aber wohin sich, *malheureusement*, kaum je ein Leser verirrt.

Später in diesem Jahr fuhren Julie und ich zum Interamerikanischen Philosophiekongress nach Buenos Aires. Es war ihre erste Reise nach Südamerika.

Als Olaso mit anderen zusammen diese große Konferenz zu planen begann, glaubte die neue demokratische Regierung unter Raúl Alfonsín noch, die Sache finanziell großzügig unterstützen zu können. Als der Kongress dann schließlich stattfand, befand sich Argentinien fest im Würgegriff einer gefährlich außer Kontrolle geratenen Inflation. Die ursprünglich einmal bewilligte Summe

[16] Vgl. Popkins postum erschienenes Buch: Disputing Christianity: The 400-Year-Old Debate Over Rabbi Isaac ben Abraham Troki's Classic Arguments (Amherst 2007) [Anm. d. Hg.].

war mittlerweile so gut wie wertlos geworden. Wir ausländischen Teilnehmer wurden unter vielen Entschuldigungen in einem äußerst bescheidenen, mittelmäßigen Hotel untergebracht. Wir hatten Verständnis und versuchten, das Beste aus der Situation zu machen. Es konnte einem angst und bange werden, wenn man beobachtete, wie die Inflationsrate allein während unseres Aufenthalts auf 16.000 Prozent hochschnellte. Niemand konnte Geld wechseln, denn sobald jemand Bargeld in die Hand bekam, raste er damit zur Bank und zahlte das Geld schnellstens auf ein Sperrkonto ein.

Julie interessierte sich schon länger für das Anliegen der Großmütter der Plaza de Mayo, die in Demonstrationen Aufklärung über das Schicksal ihrer »verschwundenen« Verwandten einforderten. Sie traf sich mit den Frauen und sprach mit ihnen über ihre Kampagne. Ich nahm derweil an den Veranstaltungen des Kongresses teil. Besonders interessant war eine Podiumsdiskussion zwischen Olaso, Danilo Marcondes aus Brasilien und mir über den Skeptizismus. Jeder redete in seiner Muttersprache, und wir führten auf diese Weise eine flüssige Diskussion und Debatte, was das Publikum außerordentlich schätzte. Dies veranlasste mich dazu, eines meiner nächsten Projekte zu planen, einen interamerikanischen Dialog zum Skeptizismus im folgenden Jahr. Seit meiner Teilnahme am Internationalen Philosophiekongress in Mexiko City im Jahre 1963 hatte ich immer wieder am Rande mit der Philosophie Lateinamerikas zu tun gehabt. Damals hatte ich einen kleinen Einblick bekommen, welche Rolle die Philosophie dort überhaupt spielte. Sie war viel stärker in die Politik involviert, und ihre Lehrer wurden viel stärker ausgebeutet als in den USA. Im Laufe der Jahre hatten wir verschiedene lateinamerikanische Philosophen kennen gelernt, die in den USA studierten oder sich als politische Flüchtlinge dort aufhielten. Ich musste feststellen, dass die Haltung fast aller US-amerikanischen Philosophen ihren lateinamerikanischen Kollegen gegenüber gleich war: dass letztere wenig oder nichts Neues zu bieten hätten und dass ihre Ausbildung nicht unserem Niveau entspräche. Die Zusammenarbeit mit europäischen Kollegen erschien daher sehr viel wichtiger und interessanter als die mit Kollegen unserer eigenen Hemisphäre. Meine Erfahrung seit der Zeit des Kongresses von Guadalajara bis hin zu den beiden Besuchen in Argentinien und Brasilien dagegen zeigte, dass in Lateinamerika ein frischer Wind zu wehen begann. Jüngere Wissenschaftler hatten in den USA oder in England studiert und waren voll auf der Höhe aktuellster Themen. Sie beschäftigten sich auf dem Gebiet der Philosophiegeschichte mit ganz ähnlichen Fragestellungen. So konnten wir, wenn wir uns kennen lernten und Ideen austauschten, nur voneinander profitieren.

Bei meiner Rückkehr erzählte ich Constance Blackwell von meinen Überlegungen und schlug ihr vor, eine Konferenz zum Skeptizismus abzuhalten, bei der die Teilnehmer zur Hälfte aus den USA und Kanada und zur anderen aus Lateinamerika kommen sollten. Alle müssten genug Englisch oder Spanisch sprechen, um sich unterhalten zu können. Wir machten uns auf die Suche nach einem Tagungsort sowie nach Geldmitteln. Ich wandte mich an die Riverside-Universität von Kalifornien, um mit ihrem neuen Dekan der Geisteswissenschaften, Brian Copenhaver, zu sprechen, den ich im Laufe der Jahre kennen gelernt hatte, als wir beide an Problemen aus der Philosophie der Renaissance gearbeitet hatten. Er war ganz begeistert von der Idee und empfahl unser Projekt dem Zentrum für Geisteswissenschaften der Universität Kalifornien, die zusammen mit der Foundation for Intellectual History die Finanzierung der Konferenz zusagte.

Im Jahre 1990 nahm ich noch an einer weiteren Konferenz teil, die sich dem jüdischen Neuplatonismus widmete und ausgerechnet in Honolulu auf Hawaii stattfand. Lenn Goodmann hatte die Internationale Neuplatonismus-Gesellschaft dazu gebracht, sich dort zu diesem Thema zu treffen. Die anwesenden Wissenschaftler kamen überwiegend aus Israel und den USA. In aller Herrgottsfrühe holte man uns aus unserem Quartier am Strand ab und brachte uns in ein Konferenzzentrum hoch auf dem Campushügel. Der Konferenzsaal erinnerte an die Vereinten Nationen, er war ganz ohne Fenster, so dass uns nichts ablenken konnte. Wir tagten immer bis fünf Uhr nachmittags und wurden bei Sonnenuntergang wieder hinunter in unseren Hotelkomplex gefahren. Ich hielt einen Vortrag zu einem Thema, an dem ich schon seit einigen Jahren arbeitete, nämlich über die merkwürdige Tatsache, dass einige der ersten Spinoza-Interpreten in ihm einen Kabbalisten sahen. Seither bin ich von der Beschäftigung mit diesen frühen Auslegungen und der Frage, wie sie zu deuten sind, nicht mehr losgekommen.

Zum Glück hatten Julie und ich schon die Woche davor auf Hawaii verbracht und so Gelegenheit gehabt, die Naturwunder der Insel zu bestaunen, vor allem den aktiven Vulkan, der einen Spinozas Vorstellung einer *natura naturans* erst richtig begreifen ließ. Es war unsere zweite Reise nach Hawaii, und wir waren Madelaine und Lenn Goodman für ihre Gastfreundschaft sehr dankbar. Anfang 1992 sollten wir sie bei einer anderen Tagung in Jerusalem wiedertreffen.

1991 und 1992 waren Jahre voll von der Art von Konferenzen, von denen die Schwätzer in David Lodges Roman nur so schwärmen. 1991 organisierte ich selbst zwei Konferenzen und nahm an Tagungen in Mexiko, Italien, Griechenland und Israel teil. Dazwischen lagen allerdings einige sehr dramatische Familienereignisse.

Das Jahr begann mit einer kleinen Konferenz, die ich an der Clark Library über Spinoza und Newton als Bibelgelehrte veranstaltete. Rob Iliffe war in jenem Jahr Gast an der UCLA und steuerte gerne einen Vortrag bei. Jim Force entwickelte in einem Vortrag sein Bild von Newtons Theologie. Ich sprach über Spinoza als Bibelgelehrten im Kontext der Ansichten anderer Bibelgelehrter seiner Zeit. Amos Funkenstein machte einige hochinteressante Kommentare zu meinem Vortrag. All das Lob, mit dem man Spinoza bedacht hatte, dass er angeblich als erster in biblischen Texten kritische Probleme erkannt und die kritischen Ideen des Rabbi Abraham Ibn Ezra aus dem 12. Jahrhundert wiederentdeckt habe, hatte mich misstrauisch gemacht. Unter Verwendung von Bibelkommentaren aus der Clark-Sammlung konnte ich nachweisen, dass alle Kommentatoren über dieselben Probleme wie Spinoza gestolpert waren, z. B. wie Moses wohl über seinen eigenen Tod geschrieben haben konnte. Sie verwendeten verschiedene hermeneutische Methoden, um Stellen, an denen Skeptiker ansetzen könnten, zu entschärfen. Und sie wussten alle von Ibn Ezra, seit sein Kommentar zusammen mit denen von Rashi und Kimchi in den Marginalglossen der in Venedig gedruckten hebräischen Bomberg-Bibel erschienen war. Den Bibelgelehrten, die Hebräisch konnten, war dieses Material lange vor Spinoza bekannt. So argumentierte ich damals und tue es heute noch, dass Spinozas eigentlicher Beitrag in den Schlussfolgerungen liegt, die er aus demselben Ausgangsmaterial zog, und in denen es ihm gerade nicht um die »Scheinwahrung« der Theologen ging. Ed Curley war anwesend und widersprach mir heftig. Amos Funkenstein, dessen Gelehrsamkeit in diesen Dingen legendär war, errang für mich den Sieg. Es war ein wunderbare Gelegenheit für mich, eine neue These auf den Prüfstand zu stellen. Jim Force und ich beschlossen, die Vorträge zusammen mit Gastbeiträgen von einigen Forschern aus England und Israel zu veröffentlichen. Sie erschienen in dem Band *The Books of Nature and of Scripture.*[17]

Im Folgemonat fand vom 15.–17. Februar an der Riverside-Universität von Kalifornien der panamerikanische Dialog zum Skeptizismus in der Geschichte der Philosophie statt.[18] Neunzehn von Olaso und mir ausgewählte Konferenzteilnehmer trafen sich am Zentrum für Geisteswissenschaften der Universität Kalifornien und verbrachten dort drei herrliche Tage mit Diskussionen und Streitgesprächen über historische und philosophische Themen im Zusammenhang mit dem Skeptizismus. Es wurden Vorträge gehalten zum Skeptizismus in der frühen Antike, zu Anhaltspunkten für ein mögliches Interesse des Mittelalters am Skeptizismus, zum Skeptizismus in der modernen Philosophie und zu den Verdiensten des Skeptizismus. Die Texte der Vorträge standen schon im voraus zur Verfügung, so dass eine lebhafte zweisprachige Diskussion in Gang kommen konnte. Im Großen und Ganzen würde ich diese Konferenz als eine ganz ausgezeichnete bewerten, bei der zahlreiche intellektuelle Kontakte und Freundschaften entstanden. Außerhalb der Sitzungen gab es jedoch leider die Tendenz zur sprachlichen Abgrenzung, so dass die Veranstaltung nicht die ganze Zeit über konsequent zweisprachig verlief.

Im März 1991 erfuhren wir von einem ernsten Problem in der Familie. Unsere Tochter Maggi, die am Institut für Menschenrechte an der Universität von Zentralamerika in El Salvador arbeitete, schickte uns ein Fax mit der Nachricht, man habe ihr gesagt, dass sie an einem Hirntumor leide. Julie trommelte schnell alle irgendwie in Frage kommenden Freunde zusammen, um zu bera-

[17] James E. Force und Richard H. Popkin (Hgg.): The Books of Nature and Scripture: Recent Essays on Natural Philosophy, Theology, and Bible Criticism in the Netherlands of Spinoza's Time and the British Isles of Newton's Time (Dordrecht 1994) [Anm. d. Hg.].

[18] Popkin (Hg.): Scepticism in the History of Philosophy. A Pan-American Dialogue (Dordrecht 1996) [Anm. d. Hg.].

ten, was wir unternehmen konnten. Es lief auf eine Operation in den USA hinaus. Da Maggi in den USA keine Krankenversicherung hatte, erklärten sich die Jesuiten bereit, die Operation kostenlos in einem ihrer amerikanischen Krankenhäuser vorzunehmen, wobei die Wahl schließlich auf das Loyola-Stritch-Krankenhaus in Chicago fiel. Wir hatten inzwischen Kontakt mit dem Chirurgen aufgenommen und erfuhren, dass es sich bei dem Tumor um ein pituitäres Adenom, eine schleimabsondernde Drüsengeschwulst, handelte und waren auch über die Operationsmethode schon informiert. Wir machten aus, dass wir uns kurz vor der Operation mit ihr in Chicago treffen würden, um uns um ihren Sohn, unseren Enkel, zu kümmern, den wir immer nur Damian genannt haben. Wir hofften, beide so bald wie möglich wieder mit nach Pacific Palisades nehmen zu können. Maggi sollte mit Damian Anfang Juni für einige Voruntersuchungen nach Chicago kommen, danach sollte die Operation stattfinden. Wie man sich vorstellen kann, waren wir äußerst besorgt.

Ich hatte eine Einladung nach Israel, wo ich seit 1985 nicht mehr gewesen war, um eine Gedenkvorlesung für Dan Duman zu halten, den Sohn eines meiner High-School-Freunde, Abe Duman. Wir beide waren im September 1939 aus der Liga der Jungkommunisten geflogen, weil wir uns geweigert hatten, den Hitler-Stalin-Pakt zu akzeptieren. Eine Zeitlang waren wir zusammen in einer unabhängigen linken Gruppierung, verloren uns dann aber aus den Augen, als wir auf verschiedene Colleges gingen. Als ich viele Jahre später nach Israel kam, las er die Ankündigung eines öffentlichen Vortrags von mir und meldete sich. Er war nach seiner Pensionierung in den USA nach Israel gegangen und arbeitete als beratender Ingenieur bei irgendeinem US-Militärprojekt. Unser Kontakt wurde wieder enger, und wir trafen ihn und seine Frau oft während meiner Zeit in Israel. Sein hoch begabter Sohn Daniel, der gerade erst seine Karriere als Historiker an der Ben-Gurion-Universität begonnen hatte, war an einem Melanom gestorben, und man hatte zu seinem Andenken eine jährliche Vorlesung eingerichtet. Die Historikerin Esther Cohen, eine Mittelalterspezialistin, bat mich, die Vorlesung zu halten, wann immer ich mich in Israel aufhielte.

Ich war dazu bereit, auch wenn ich etliche Vorbehalte hatte, in eine Welt zurückzukehren, die ich als sehr beunruhigend empfunden hatte. In den Vereinigten Staaten sollte unsere jüngere Tochter demnächst ihr erstes Kind bekommen, Anfang April in Chicago. Wir fuhren hin, um auf die sich immer wieder verzögernde Geburt ihres Sohnes zu warten. Schließlich musste ich wieder fort zu einer Konferenz nach Mailand. Unterwegs auf dem Kennedy-Flughafen erreichte mich die Nachricht, dass mein Freund Bernard Fensterwald plötzlich gestorben war. Wir hatten viele Jahre in Sachen Kennedy-Mord und Watergate zusammengearbeitet. Und wir waren auch noch für ein gemeinsames Abendessen nach meiner Italienreise verabredet gewesen.

In Mailand angekommen, wollte ich gerade ins Bett gehen, als ich das Telefon klingeln hörte, aber ich konnte es im Dunkeln nicht finden, ebensowenig den Lichtschalter. Schließlich klingelte es wieder, und diesmal war ich darauf vorbereitet. Mich erreichte die Nachricht, dass ich wieder einmal Großvater geworden war und dass Zachary Ray Popkin-Hall das Licht der Welt erblickt habe und wohlauf sei.

Bei der Tagung am Institut für Philosophie- und Wissenschaftsgeschichte hatte ich Gelegenheit, einige der neuen jüngeren Wissenschaftler kennenzulernen und mich mit ihnen zu unterhalten. Gianni Paganini, Guido Canziani und Anna Maria Baldi arbeiteten an Themen, die auch meine Interessensgebiete berührten. Solche wechselseitigen Beziehungen haben mir immer geholfen, meine Ideen klar zu umreißen und weiterzuentwickeln wie auch in Erfahrung zu bringen, woran andere gerade arbeiteten.

Von Mailand fuhr ich zu einer wunderbaren Konferenz über die Erstrezeption der Ideen Spinozas nach Cortona. Paulo Cristofolini und Onofrio Nicastro aus Pisa hatten eine Gruppe versammelt, in der die ersten Reaktionen auf Spinoza diskutiert werden sollten. Die Universität Pisa besaß für Konferenzen einen Renaissance-Palazzo in einem Etruskerdörfchen südlich von Rom. Leider war er nicht modernisiert worden und besaß keine Küche. Um in den Palazzo hinein und wieder hinaus zu gelangen, musste man unzählige Stufen bewältigen. Die Mahlzeiten, vor allem das Abendessen, wurden in Lokalen im nächsten Ort eingenommen, der über einen Kilometer entfernt lag, über Berg und Tal. Ich hatte schon große Schwierigkeiten, die Treppen zu steigen und hätte es vermutlich nicht bis in den Ort und zurück geschafft. Zum Glück stand meine Freundin Luisa Simonutti mit einem Auto bereit. Sie hatte ihr Baby bei sich, um das sich ihre im Ort wohnende Mutter kümmerte. Sie fuhr mich hin und her, wann immer es nötig war.

Wir trafen uns zweimal täglich, um Vorträge zu hören und zu diskutieren. Und es kam zu einigen ernsten Debatten zwischen verschiedenen Konferenzteilnehmern, die für gewöhnlich auf Französisch und Englisch, manchmal aber auch auf Italienisch geführt wurden. Ich hielt einen Vortrag zur sehr frühen Kritik an Spinozas Ansichten in J.B. Stouppes *La Religion des Hollandais* sowie zu den Beziehungen zwischen Spinoza und dem Prinzen von Condé und seinem Gefolge. Ich improvisierte auch einen Vortrag zum Thema »The Convertible Jew« als Anhang zu dem, was Sarah Hutton vorgestellt hatte. Und ich hatte die etwas heikle Aufgabe, Diskussionsleiter bei einem Streitgespräch zweier Spinoza-Experten zu sein, zwischen Jacqueline Lagrée und Wim Klever. Alles in allem war eine überaus anregende Gruppe zusammengekommen, in der viele fruchtbare offizielle und inoffizielle Gespräche geführt wurden.

Auf dem Weg nach Israel machte ich einen Abstecher nach Athen, um einige Vorträge vor der dortigen Gesellschaft für Skeptische Philosophie zu halten. Einige jüngere Wissenschaftler, die in Amerika, Frankreich und England studiert hatten, fingen allmählich an, ihre skeptischen Vorfahren ernst zu nehmen, hatten eine Gesellschaft gegründet, gaben eine Zeitschrift heraus und hielten einmal im Jahr eine Konferenz ab in Pyrrhos Geburtsort. Sie waren sehr an Kontakt zu mir interessiert, und mir ging es umgekehrt genauso. Ich blieb eine Woche in Athen und hielt Vorträge an der Athener Akademie und am Institut für Philosophie der Universität Athen. Ich hatte keine Ahnung, wie viele Vorkenntnisse zum Thema ich voraussetzen konnte noch wie es mit unserer Verständigung klappen würde. Aber der Vorsitzende der Gesellschaft hatte sein Examen zusammen mit einem meiner Freunde, John Anton, an der Emory University abgelegt. Die anderen sprachen Französisch und/oder Englisch. Sie hatten meine Vorträge im voraus übersetzt, und ich war angenehm überrascht, dass einige der Zuhörer meine Arbeiten sehr genau kannten. Wir führten angeregte Diskussionen. Es war auch interessant zu sehen, wie wenig Verbindung es während der letzten fünfhundert Jahre zwischen der griechischen Philosophie und dem europäischen Denken gegeben hatte und wie diese Verbindung nun allmählich wieder zustande kam.

Während ich in Athen war, ging ich sehr viel zu Fuß, schaffte es aber nicht mehr zur Akropolis hinauf. Ich wohnte in einem Hotel in der Nähe des Syntagmaplatzes. Eines morgens machte ich mich auf den Weg zum Archäologischen Museum. Unterwegs sah ich vor einem der Regierungsgebäude eine Ansammlung dunkelhäutiger Menschen, vorwiegend Frauen und Kinder, mit Schildern, die ich nicht entziffern konnte. Ich erfuhr, dass es sich um Kurden handelte, die vor dem im Irak nach dem Golfkrieg herrschenden Chaos geflohen waren und um Hilfe flehten. Dies war noch, bevor Präsident George Bush unter starken öffentlichen Druck geriet, etwas gegen ihr Elend zu unternehmen. Als ich zum Museum kam, saß ein stämmiger Amerikaner auf den Stufen davor. Er erzählte mir, dass die Museumswärter gerade für zwei Stunden streikten. Also unterhielten wir uns. Er war soeben aus Israel gekommen und besuchte jeden Ort, an dem sich auch der heilige Paulus aufgehalten hatte. Er erklärte mir, er betrachte sich als freien Fundamentalisten auf seinem Weg durch die paulinische Welt.

Von Athen fuhr ich weiter nach Jerusalem. Obwohl der Golfkrieg gerade erst vorbei und die Angst vor Terroristen groß war, schafften es die griechischen Beamten am Flughafen von Athen, die wartenden Passagiere für den Flug nach Israel in ein und denselben Warteraum mit den Passagieren nach Kairo zu stecken. Trotzdem erwischte ich das richtige Flugzeug und kam so etwa zwei Wochen nach dem Golfkrieg nach Israel.

David Katz holte mich am Ben-Gurion-Flughafen ab und wusste viel über die Angriffe mit Scud-Raketen zu erzählen und wie die Familie Katz sie in einem hermetisch abgeriegelten Raum überstanden hatte. Sie hatten einen Säugling, der in einem versiegelten Korb herumgetragen werden musste, falls es zu einem weiteren Angriff mit Scud-Raketen käme. Jeder, dem ich in Tel Aviv begegnete, wollte mir bis in jede Einzelheit erzählen, wie es ihm ergangen war. Ich machte mir langsam Gedanken darüber, was die Leute an der Ben-Gurion-Universität wohl angesichts der Lage von einem Vortrag über ein angebliches jüdisches Konzil in Budapest anno 1650 halten würden. Meine Hoffnung war, dass die Leute auch einmal von etwas anderem als von Scud-Raketen hören wollten. Hinterher hatten wir eine ziemlich lebhafte Diskussion.

Einen Rückflug nach Los Angeles zu bekommen, sollte gar nicht so einfach werden. Die meisten großen Fluggesellschaften hatten den Flugverkehr nach Israel während des Golfkriegs eingestellt. Erst allmählich nahmen sie ihn wieder auf. Ich hatte zwar einen Rückflug gebucht, aber als ich anrief, um den Flug zu bestätigen, war mein Ticket spurlos verschwunden. Ich telefonierte mir die Finger wund und überließ die Angelegenheit schließlich meinem Cousin Donni, einem geborenen Israeli, der den Jerusalemer Flughafen leitet. Schließlich buchte man mich auf einen El Al-Flug, der um 2:30 Uhr nachts von Israel aus starten sollte, mit Anschlussflug in New York mit einer kleinen Maschine, die diejenigen, die Los Angeles gebucht hatten, über Kanada weiter nach L.A. bringen sollte. Insgesamt dauerte der Flug über vierundzwanzig Stunden und war äußerst anstrengend.

Kaum wieder zu Hause, packte ich meine Forschungsunterlagen und Manuskripte zusammen und fuhr zu einer Konferenz an der Clark Library mit dem Titel »In and Out of the Ghetto«, die sich mit dem Schicksal der Juden in Deutschland vom Mittelalter bis um 1800 beschäftigte. Finanziert wurde die Zusammenkunft vom Deutschen Historischen Institut in Washington.

Für Julie und mich wurde es allmählich Zeit, uns nach Chicago zu begeben, wo unsere Tochter Margaret operiert werden sollte. Wir bezogen ein Apartment im Mariott Residence Inn am Downers Grove nicht weit vom Jesuitenhospital entfernt, in dem die Operation durchgeführt werden sollte. Meine Nichte Gail, eine speziell ausgebildete Krankenschwester, wohnte ganz in der Nähe und hatte sich um alles Organisatorische gekümmert. Wir besuchten unseren jüngsten Enkel, Zacharias. Er lag im Apartment seiner Eltern unter einem Dschungel-Spieltrapez für Babys auf dem Boden, das ich für ihn anschubste. Maggi und ihr Sohn Damian trafen Anfang Juni ausgerechnet an dem Tag mit dem Flugzeug aus New York ein, an dem die Bush-Regierung im Big Apple ihre Siegesparade für den Golfkrieg abhielt. Die meisten Passagiere, die aus dem Flugzeug stiegen, kamen geradewegs von dieser Veranstaltung. Als unser damals gerade knapp dreijähriger Enkel aus dem Flugzeug auftauchte, hielt er einen Ballon von der New Yorker Parade in der Hand.

Wir zogen alle zusammen in unser Behelfsapartment, eine zweistöckige Maisonettewohnung, und richteten uns auf einen längeren Aufenthalt ein. Im Krankenhaus führte man mit Maggi verschiedene Tests durch, bevor der Operationstermin festgelegt wurde. Als Maggi ins Krankenhaus ging, übernahmen wir die volle Verantwortung für Damian, der hauptsächlich Spanisch redete, weil er ja in El Salvador geboren und aufgewachsen war, Englisch jedoch größtenteils verstand. Trotzdem gerieten wir ab und zu in die ein oder andere sprachliche Sackgasse.

Bei der Operation war es nötig, durch die Nebenhöhlengänge in das Schädelinnere vorzudringen, um den an der Hirnanhangdrüse gelegenen Tumor zu entfernen. Der Neurochirurg verströmte Zuversicht. Am Tag der Operation kümmerte sich meine Nichte mit ihrer Familie um Damian, während wir stundenlang nervös im Wartezimmer herumsaßen. Endlich tauchte der Chirurg auf und teilte uns mit, dass die Operation ein voller Erfolg gewesen sei. Als wir Maggi endlich sehen durften, lag sie auf der Intensivstation und war an Unmengen von Schläuchen und Monitoren angeschlossen. Es konnte einem richtig angst und bange werden. Etwas später warf meine Nichte Gail einen Blick auf die Krankenblätter und meinte, alles verliefe soweit gut. Man sagte uns, dass beim Heilungsprozess das Bein wohl die größten Schmerzen bereiten werde. Dort hatte man Muskelgewebe entnommen, um die Öffnung im Schädelinneren zu stabilisieren. Dies bestätigte sich, sobald Maggi in ein Krankenzimmer verlegt war und herumlaufen durfte. Ihr Sohn bekam dennoch einen gehörigen Schreck, als er sie mit den Schläuchen und dem Stock sah.

Von einem Flug riet uns der Arzt ab, da sich Luftdruckschwankungen unter Umständen negativ auf die frisch geschlossene Schädeldecke auswirken konnten. Also beschlossen wir, dass ich mit Maggi den Zug nehmen sollte, während Julie und Damian nach Kalifornien fliegen würden. Noch während unseres Aufenthaltes in Chicago hätte ich eigentlich nach St. Louis fahren müssen, um an José Maia Netos Verteidigung seiner Dissertation zu *The Christianization of Pyrrhonism* teilzunehmen. Wir hielten es aber in Anbetracht der Umstände für besser, Josés Rigorosum auch ohne mich stattfinden zu lassen und ihn dafür zu einem Besuch bei uns einzuladen. Er nahm die Einladung an, spielte Fußball mit Damian, und es wurde ein sehr fröhliches Wiedersehen.

Schließlich reisten wir per Bahn in einem Behindertenabteil der Amtrak-Linie ab. Es bot zwei übereinanderliegende Betten, eine eigene Nasszelle und je nach Bedarf allen möglichen Zimmerservice. Mit Rücksicht auf Maggis Zustand nahm ich die obere Schlafkoje. Es muss ein Anblick für Götter gewesen sein, wie ich mit meinem wohlgerundeten Luxuskörper den Aufstieg bewältigte. Die Mahlzeiten nahmen wir im Speisewagen ein. Da wir schon mehrmals mit dem Auto quer über Land gefahren waren, konnte uns die Landschaft nicht in die gleiche Begeisterung versetzen wie viele unserer Mitreisenden, und wir fanden die Fahrt sogar eher ein wenig langweilig. Vierzig Stunden nach unserer Abreise in Chicago waren wir schon voller Vorfreude auf unsere Ankunft in Los Angeles und auf Julie und Damian, die uns dort vom Bahnhof abholen wollten. Der Zug war kurz vor Pasadena, als die Durchsage kam, soeben habe ein schweres Erdbeben Los Angeles und Umgebung erschüttert und man wisse noch nicht, ob der Zug weiterfahren könne. Später erfuhren wir, dass wir uns selbst mitten im Epizentrum des Sierra Madre-Bebens befunden hatten. Der Zug hielt in Pasadena an; schließlich informierte man uns, dass er nicht mehr weiterfahren könne und dass man uns mit Bussen zur Union Station fahren würde. Dort trafen wir endlich mit etwa dreistündiger Verspätung ein und stießen auf Julie und Damian, beide schwer erkältet und ohne jede Information, was mit uns geschehen war. Sie hatten die ganze Zeit über gewartet. Schließlich schafften wir es, uns mitsamt dem Gepäck im Auto zu verstauen und den Heimweg nach Pacific Palisades anzutreten, wo Maggi sich von der Operation erholen konnte.

Von da an drehte sich unser Leben für längere Zeit in erster Linie nur um die Patientin und ihren kleinen Sohn, bis sie sich wieder kräftig genug fühlte, nach El Salvador zurückzukehren und am dortigen Friedensprozess mitzuarbeiten. Im verbleibenden Jahr 1991 nahm ich, glaube ich, nur noch an einer weiteren Konferenz teil, einer Tagung am Institut für Philosophiegeschichte der Universität Mexiko. Einige führende Mitglieder der Gruppe hatte ich bereits bei früheren Besuchen in Buenos Aires kennengelernt, vor allem José Antonio Robles und Alejandro Herrera. Sie luden mich und die erst kürzlich verstorbene Margaret Wilson zu einer Konferenz über den Rationalismus im 17. Jahrhundert ein.

Ich wusste, dass das Folgejahr voller Konferenzaktivitäten sein würde, allein schon wegen der Gedenkveranstaltungen anlässlich der fünfhundertsten Wiederkehr der Judenvertreibung aus Spanien, der Feiern zum Kolumbusjahr, Gassendis 400. Geburtstag und vielen anderen Anlässen. Noch zum Jahresende 1991 flogen wir nach Israel zu zwei Konferenzen, eine zu Leibniz, die andere war eine große Sache zur Judenvertreibung. So knapp die Finanzen bei der ersten Veranstaltung waren, so üppig flossen die Gelder bei der zweiten. Dementsprechend begannen wir unseren Aufenthalt in Israel in einem bescheidenen kleinen orthodoxen Hotel in Tel Aviv, wo auch die ersten Sitzungen stattfanden. Dann wurde die Leibniz-Konferenz, die mein früherer Kollege an der Universität von Tel Aviv, Marcelo Dascal, zum Teil organisierte, in Studentenwohnheime des Reformierten Jüdischen Seminars in der Nähe des King David Hotels verlegt. Am Tag der Verlegung sollte ich an der Israelischen Akademie zum Thema »Jüdische Christen und Christliche Juden im Spanien von 1492 und danach« sprechen, über die ein oder andere »aufregende« neue Erkenntnis zu wichtigen Persönlichkeiten jüdischer Abstammung, die in der Zeit nach der Vertreibung weiterhin in Spanien gelebt hatten. Zu ihnen gehörte auch der hauptverantwortliche Herausgeber des alttestamentarischen Teils der Biblia Políglota Complutense, der noch 1544 (sic!) in einem Brief aus Spanien, wo er Professor in Salamanca und Alcalá war, schrieb, er sei mit seinen siebzig Jahren der letzte jüdische Weise Spaniens. Die Zeitschrift *Judaism* veröffentlichte den Beitrag in ihrer Ausgabe von 1992. Während ich in Jerusalem meinen Vortrag hielt, wollte Julie zu einer Hochzeit fahren. Aber es brach ein gewaltiger Sturm los, ein Blizzard mit Eisregen und Glatteis, der Jerusalem komplett von der Außenwelt abschnitt. Wir fanden es zu gefährlich, uns zu trennen, und blieben bei den Teilnehmern der Leibniz-Konferenz, die sich immerhin bis zu den doch recht primitiven Studentenwohnheimen durchgeschlagen hatten. Jerusalem verwandelte sich vor unseren Augen in eine märchenhafte Winterlandschaft, in der Schnee und Eis die meisten Straßen unpassierbar machten.

Trotz dieser seltsamen Lage, in der Jerusalem angesichts des vollkommen ungewohnten Schnees und Eises kaum noch funktionierte, machten wir in Sachen Leibniz weiter. Ich hielt einen Vortrag über Isaac La Peyrère und Leibniz. Als wir uns eines morgens mühsam den Weg zum King David Hotel gebahnt hatten, das kaum einen Straßenblock von unserer Unterkunft entfernt lag, stellten wir fest, dass es dort zuging wie in einem Auffanglager. An einem Abend luden mein Cousin und seine Familie uns zum Essen in ein richtiges Steaklokal ein, so etwas hatte es bei unseren vorangegangenen Besuchen in Jerusalem noch nicht gegeben. Wir erfuhren, dass es aufgrund des Drucks von Seiten der ultra-orthodoxen Gruppen, die ein Verkaufsverbot für nicht-koscheres Fleisch in Israel forderten, zu einer gerichtlichen Entscheidung gekommen war, dass für Städte mit einer bestimmten Anzahl von nicht-jüdischen Bewohnern Ausnahmeregelungen zulässig seien. Diese müssten ja schließlich auch etwas essen, ohne Moses oder sonst wem gegenüber verpflichtet zu sein, ausschließlich koscheres Essen zu sich zu nehmen. Man sagte uns, dass nur Jerusalem, Tel Aviv und Haifa die Voraussetzungen dafür erfüllten. Infolgedessen war das Essen in diesen Städten wesentlich besser. Ein andermal gingen wir mit unserem alten Freund und Kollegen, Yosef Kaplan von der Hebrew University, in ein arabisches Restaurant zum Abendessen. Es hatte einen Ableger im jüdischen Teil Jerusalems eröffnet, weil Juden, die nicht koscher essen gehen wollten, wegen der Intifada Angst davor hatten, sich in die Altstadt und die umliegenden arabischen Viertel zu begeben.

Unmittelbar im Anschluss an die Leibniz-Konferenz verließen wir unsere primitive Unterkunft und zogen für die große Konferenz zur Judenvertreibung aus Spanien in das elegante Laromme Hotel eine Straße weiter. Es sollte eine traumhafte Konferenz werden mit Gelehrten aus Spanien, Israel und den USA, die über die Vertreibung von 1492 diskutieren sollten. Zur Eröffnung der Veranstaltung fand ein Festessen im Großen Ballsaal des Laromme Hotels statt, an dem auch Premierminister Shamir und andere Würdenträger teilnahmen. Professor Haim Beinart hielt die Festrede über die furchtbare Tragödie der Judenvertreibung und die horrende Anzahl jüdischer Leben (nach seinen Angaben um die 800.000), die in der Folge zerstört wurden. Im weiteren Verlauf der

Konferenz stellte sich allerdings heraus, dass die spanischen Gelehrten, die nunmehr in der Lage waren, ganz detailliert von Stadt zu Stadt zu erforschen, was damals in Spanien geschehen war, zu der Ansicht gelangt waren, die Vertreibung sei doch nicht ganz so schlimm einzuschätzen. Die Zahl der tatsächlich Vertriebenen sei doch relativ gering gewesen, vielleicht um die 10.000, und viele von ihnen seien später zurückgekehrt, denn wie allen guten Spaniern sei ihnen Spanien lieber gewesen als der Rest der Welt. Dadurch hätten sie die spanische Kultur bereichert usw. usf. Mein eigener Vortrag über die neuchristlichen Anti-Trinitarier zu Anfang des 16. Jahrhunderts war einigen der spanischen Gelehrten ziemlich unbequem. Sie bestritten entweder die jüdische Herkunft der von mir diskutierten Persönlichkeiten oder wollten nicht anerkennen, dass sich im Spanien nach der Vertreibung eine andersdenkende intellektuelle Schicht herausgebildet hatte. Im Verlauf der Konferenz gab es reichlich Zeit und Gelegenheit zu fruchtbaren Kontakten mit Forschern aus Israel, Spanien und den USA.

Julie reiste schon vor Konferenzende ab. Ich blieb noch und traf mich mit vielen Freunden. Am letzten Tag, als ich mich schon auf die Abreise vorbereitete, begegnete ich auf der Straße zufällig einem früheren Kollegen von der Universität Tel Aviv, Yosef Agassi, der den ersten Teil meiner Autobiographie gelesen hatte und wollte, dass ich auch seine lesen solle, die er mir bei dieser Gelegenheit gleich in die Hand drückte. Es ist eine gelungene Darstellung des psycho-philosophischen Dramas, in der Welt der Popperianer leben zu müssen.

Ich verließ Israel mit einem Flug der Alitalia nach Rom, wo ein italienischer Flughafenangestellter es irgendwie fertiggebracht haben musste, einen falschen Abschnitt aus meinem Flugticket herauszureißen, wie ich später zu meinem Verdruss in Amsterdam am Schalter von Delta Airlines feststellte. Sie mussten eigens in Rom anrufen, wo man glücklicherweise den fälschlich herausgerissenen Zettel aufgehoben hatte, und so durfte ich meine Reise fortsetzen.

In Rom traf ich mich mit Silvia Berti und fuhr dann sofort zu meinem Vortrag nach Pisa weiter. Mein kürzlich verstorbener Freund Onofrio Nicastro war dort mein Gastgeber und Stadtführer. Anschließend besuchte ich noch Professor Antonio Rotondò in Florenz, der schon zwei Konferenzen zur Geschichte der Toleranz veranstaltet hatte und mich für die Organisation einer dritten verpflichten wollte. Ich freute mich, ihm persönlich zu begegnen. Er schien meine Schriften besser zu kennen als ich selbst. Wir unterhielten uns stundenlang. Leider kam diese geplante dritte Konferenz nie zustande. 1994 konnte ich auch an der zweiten nicht teilnehmen, denn bis der Termin für diese Konferenz endlich feststand, war ich schon anderweitig sehr in Beschlag genommen, vor allem mit der Organisation unserer Goldenen Hochzeit.

Von Florenz ging es mit der Bahn weiter nach Lyon in Frankreich, wo mein Sohn Jeremy eine Fulbright-Professur innehatte und mit seiner Familie lebte. Man hatte mich nicht vorgewarnt, dass es in Lyon zwei Bahnhöfe gibt, einen am Stadtrand und einen im Zentrum. Als der Zug aus dem Bahnhof am Stadtrand fuhr, konnte ich gerade noch meinen Sohn am Bahnsteig stehen sehen. Ich stieg dann am Bahnhof im Zentrum aus und musste eine halbe Stunde lang suchen, bis ich eine Möglichkeit zum Telefonieren fand. Meiner Schwiegertochter Beate fiel dazu die Geschichte vom verlorenen Großvater ein. Irgendwann kam mein Sohn dann doch noch, und wir fuhren zur Wohnung. Meine beiden älteren Enkel gingen in Lyon zur Schule, sprachen inzwischen schon recht gut Französisch und spielten Schach mit ihren Schulkameraden. Der ältere, Gabriel, schaffte es sogar bis in die Stadtmannschaft von Lyon und reiste mit dem Team in ganz Europa herum.

Jeremy hatte es so organisiert, dass ich gleich an meinem ersten Tag ein Exemplar der Biblia Políglota Complutense einsehen konnte, das es in der Bibliothek von Lyon gab. Hier hatte ich nun zum ersten Mal ein Originalexemplar vor Augen, und das trug wesentlich zu meinem Verständnis dafür bei, was für einen Aufwand es bedeutete, eine mehrsprachige Bibel zu erstellen. Die Bibliothek von Lyon war ein wahres Vergnügen verlichen mit all den Provinzbibliotheken, die ich über die Jahre hinweg in Frankreich besucht hatte. Sie war in einem sechsstöckigen Gebäude untergebracht, das dem Hauptbahnhof und dem modernistischen Verwaltungszentrum mit seinen kalifornisch anmutenden Einkaufsarkaden gegenüber lag. Von der Straße aus konnte man die Bürger von Lyon beobachten, wie sie in der Bibliothek Zeitungen und Zeitschriften lasen. Der Rara-Abteilung befand sich im obersten Stock. Nachdem wir angekommen waren und Jeremy mich dem Bibliothekar vorgestellt hatte, wurden sogleich die sechs Bände der Biblia Políglota von 1517 zu mir herübergerollt und ich konnte nach Herzenslust darin stöbern. Selbst mein Sohn, ein Experte auf dem Gebiet der Bücherkunde, betrachtete sie als ein Wunderwerk mit ihren vielen verschiedenen Schrifttypen, dem dreispaltigen Bibeltext auf hebräisch, lateinisch und griechisch und den aramäischen Erklärungen jeweils am unteren Seitenrand einschließlich ihrer neulateinischen Übersetzung. Er verdeutlichte mir, was man alles hatte beachten müssen, um die Zeilen jeweils auf die gleiche Länge auszutreiben oder die Seiten gleichlang aussehen zu lassen usw. Ich hatte zwar bereits eine Beschreibung dieser Bibel gelesen, aber sie nun wirklich zu sehen, das war doch etwas ganz anderes. Der Apparat für den griechischen Textteil war minimal. Wenige Seiten mit grammatischen Regeln und einem Wörterbuch aus einer Zeit, als das Griechische gerade erst in den europäischen Studierstuben eingeführt wurde. Der hebräische Band dagegen bot eine ausgefeilte hebräische Grammatik, ein hebräisches sowie ein aramäisch-lateinisches Wörterbuch zusammen mit einem Aussprachelexikon, mit dessen Hilfe man das aramäische Äquivalent zu allen lateinischen Begriffen herausfinden konnte und auch, wie man es aussprach. Ich fragte mich, wozu so ein Aussprachelexikon wohl gut sein mochte. Mit wem hätte man denn aramäisch sprechen können? Mit der Handvoll Mitglieder der syrisch-orthodoxen Kirche, von deren Existenz die Europäer damals vermutlich nichts ahnten? Die einleitenden Bemerkungen von Kardinal Ximenes, dem Förderer des Projekts der Biblia Políglota, sind klare Indizien dafür, dass nach seiner Auffassung Aramäisch als die Sprache Jesu einen besonderen Stellenwert für die Gläubigen im frühen 16. Jahrhundert habe. Bloß warum? Mir kam der Gedanke, dies könne ein Hinweis darauf sein, dass der Kardinal die baldige Wiederkehr Christi erwartete und dass die reformierten Christen Spaniens dann mit ihm würden reden können! Das Projekt der Biblia Políglota war also ein millenaristisches Unterfangen, das diesen enormen Aufwand an Zeit, Energie und Mittel sehr wohl rechtfertigte. Und Alfonso de Zamora, der Jude, der 1506 eigens konvertiert war, um die Leitung des alttestamentarischen Teils des Projekts zu übernehmen, konnte aramäisch. Er war somit in der Lage, die aramäischen Targumim zu liefern, die den Bibeltexten beigegeben wurden (mit lateinischen Übersetzungen, die es nie zuvor gegeben hatte), ebenso den gesamten aramäischen Textapparat. Diese Vermutung wollte ich überprüfen, als ich wieder in Amerika war, und ich rief deshalb meinen inzwischen verstorbenen lieben Freund Judah Goldin an, einen der führenden Spezialisten für das nach-biblische Judentum. Ich fragte ihn, ob ihm jemals ein Wörterbuch für aramäische Aussprache untergekommen sei, und er antwortete mit einem klaren »Nein«. Als ich ihn weiter fragte, wozu ein solches Wörterbuch im Jahre 1517 existiert haben mochte, schlug er vor, es könnte sich doch um die Spielerei einiger gelehrter Rabbiner gehandelt haben, die auf Aramäisch korrespondieren oder kommunizieren wollten. Aber dies hatte offensichtlich wenig mit dem zu tun, was in der Biblia Políglota steht. Eine Reihe von Thesen zum spanischen Millenarismus wie zur Theologie der spanischen Konvertiten sind das Resultat meiner Überlegungen zu dem, was ich in der Bibliothek von Lyon zu sehen bekommen hatte. Bis heute habe ich an die zehn verschiedene Ausgaben der Biblia Políglota eingesehen, aber die von Lyon ist und bleibt am eindrucksvollsten.

In Lyon traf ich auch auf Antony McKenna, den unermüdlichen Forscher in klandestiner französischer Literatur. Wahrscheinlich wäre ich an einem seiner vielen Projekte beteiligt gewesen, hätte ich nicht wenige Jahre später ein für allemal darauf verzichten müssen, nach Europa zu reisen. Tatsächlich wirkte ich an einem Projekt mit, dessen Mitherausgeber er war, einem Band zum achtzigsten Geburtstag von Elisabeth Labrousse: Ich steuerte einen Artikel über Pierre Bayle und die Konversion der Juden bei, in dem ich die Meinung vertrat, dass Bayle aus diesem ursprünglich theologischen Thema ein psychologisches und soziologisches Thema gemacht hatte.[19]

Ich verließ Lyon mit dem TGV in Richtung Paris und verbrachte dort einige Zeit, um Kollegen zu besuchen und mich mit ihnen auszutauschen. Yosef Kaplan war da, und Constance Blackwell reiste von London an, um mich zu sehen und mit mir unsere Pläne für die Konferenz zum Skeptizismus um 1800 durchzusprechen, die

[19] Vgl. Michelle Magdelaine u.a. (Hgg.): De l'Humanisme aux Lumieres: Bayle et le Protestantisme: Melanges en l'honneur d'Elisabeth Labrousse (Paris und Oxford 1996).

1995 stattfinden sollte. Von Paris aus fuhr ich in die Niederlande und besprach mich mit Vertretern der Bibliotheca Rosenthaliana. Wie sich später herausstellen sollte, war es das letzte Mal, dass ich dort war. Als ich von der Existenz eines aus dem Amsterdam des frühen 19. Jahrhunderts stammenden Verkaufskatalogs jüdischer Schriften erfuhr, bekam ich eine Vorstellung davon, wie viele Exemplare es von diesen Texten auch mehr als hundert Jahre nach ihrer Entstehung noch gab. Nur wenige Tage vorher hatte ich Henri Méchoulan dazu überredet, einen bis dato unbekannten Text zu erstehen, der sich in den Händen des Pariser Buchhändlers Paul Jammes befand. Ich erfuhr zudem von der Existenz zweier kleiner logischer Abhandlungen auf Spanisch von Abraham Cohen Herrera, dem großen kabbalistischen Kommentator, der 1635 in Amsterdam gestorben war. Einer der Texte endet mit einem Kapitel zur »Methode«, in dem er die Tauglichkeit klarer und präziser Ideen als Wahrheitskriterium diskutiert. Dieser Text muss schon vor Descartes' *Abhandlung über die Methode* publiziert worden sein. Ich hatte vor, die Abhandlung herauszugeben, sobald ich wieder nach Amsterdam zurückgekehrt wäre. Da das aber bis jetzt noch nicht eingetreten ist und möglicherweise auch nicht mehr passieren wird, habe ich versucht – bis jetzt allerdings ohne Erfolg –, jemand anderen für diese Aufgabe zu interessieren, um herauszufinden, ob es zwischen Herrera und Descartes eine Verbindung gab.

Aus den Niederlanden ging es zurück in die Vereinigten Staaten, wo ein Jahr begann, in dem ich als rastloser Wandergelehrter mehr Reisen unternahm als je zuvor. Zunächst machte ich einen Abstecher an die Arizona State University, um dort die versprochene Vorlesung darüber zu halten, warum ich annahm, dass Kolumbus Jude war oder zumindest mit portugiesischen und spanischen Juden wie konvertierten Christen zusammengearbeitet hat. Im März war ich eingeladen, den Plenumsvortrag bei der Tagung der American Society for Eighteenth Century Studies in Seattle zu halten. Angesichts der Schriften Giorgio Tonellis, Ezequiel de Olasos, Keith Bakers und Larry Bongies hatte ich eine Revision meiner Ansichten zum Skeptizismus der Aufklärung in Angriff genommen. 1963 hatte ich schon einmal eine neue Sicht zum Skeptizismus in der Aufklärung unter besonderer Berücksichtigung des Rolle David Humes in die Diskussion gebracht.

Angesichts der Forschungsarbeit, die meine Freunde seither geleistet hatten, schien es mir, dass man die Art des Skeptizismus der *philosophes* in einem neuen Licht betrachten sollte wie auch die Rolle, die Sextus Empiricus in der Ideengeschichte des 18. Jahrhunderts spielte, und auch den sich in Deutschland entwickelnden Skeptizismus vor und nach Kant. Das führte dazu, dass ich 1993 weitere Nachforschungen in Frankreich anstellte und über den Einfluss von Condorçet und Brissot schrieb, die beiden Anführer der Girondisten, die skeptizistisches Gedankengut bis in die Zeit der Französischen Revolution trugen. Diese Abhandlung erschien in ihrer neuesten überarbeiteten Form zusammen mit den wichtigsten Essays von Tonelli und Olaso in *Scepticism in the Enlightenment*, hrsg. v. R. H. Popkin, 1998, Kluwer. Zwei weitere Versionen davon werden als Artikel in den beiden Bänden zur Philosophie des 18. Jahrhunderts bei der Cambridge University Press erscheinen. Dies führte zudem zu einer längeren Untersuchung darüber, wieviel von Sextus Empiricus zu Humes Zeiten bekannt war, und durch einen glücklichen Zufall zur Entdeckung einer unbekannten französischen Teilübersetzung des Sextus, die von einem Mathematiker am Hofe Friedrichs des Großen besorgt worden war. Chris Laursen und ich veröffentlichten die Details darüber im *British Journal of the History of Philosophy*.

Von Seattle aus fuhr ich zur University of Michigan, wo ich mich als Gast am dortigen Institute of Humanities aufhielt. Diese Einladung hatte ich angenommen, noch bevor ich von der großen Feier zu Gedenken des Jahres 1492 erfuhr, die Arthur Williamson an der Universität von Kalifornien in Davis organisierte und an der einige meiner Freunde aus Übersee teilnahmen. Da ich direkt im Anschluss an meinen Aufenthalt in Michigan eine Konferenz an der Clark-Bibliothek geplant hatte, war es mir nicht einmal möglich, dem Davis-Festival auch nur eine Stippvisite abzustatten.

In Michigan nahm ich an einem offiziellen Programm teil und hielt einen neuen Vortrag über die Wiederentdeckung der verlorenen Stämme Israels in Amerika. Es handelte sich hierbei um eine stark erweiterte Version des Vortrags, den ich bereits auf der Konferenz zu Menasse ben Israel gehalten hatte.

Da ich in Ann Arbor kaum offizielle Verpflichtungen hatte, stöberte ich ein wenig im Computerkatalog der Universitätsbibliothek herum. Dabei machte ich zwei aufregende Entdeckungen, die mich seither durchweg in meinen Forschungsprojekten begleitet haben. Zum einen fand ich heraus, dass 1843 ein von der französischen *Académie des Sciences Morales* ausgeschriebener Aufsatz-Wettbewerb stattgefunden hatte zur Frage, ob es auf den Skeptizismus eine passende Antwort gebe. Die Teilnehmer wurden angewiesen, insbesondere Sextus Empiricus, Bayle und Bischof Huet zu berücksichtigen. Der Wettbewerb war ausgelobt worden von Professor Adolph Francl, dem ersten jüdischen Professor in Frankreich. Ich konnte auch den Namen des Gewinners ermitteln, und später in diesem Jahr las ich in der British Library auch den Essay, mit dem er gewonnen hatte. Ich war nicht sonderlich beeindruckt davon. Zum andern fand ich heraus, dass die Schriften des Sextus Empiricus 1977 in russischer Übersetzung von der Sowjetischen Akademie der Wissenschaften in einer Auflage von 200.000 Stück herausgebracht worden waren! Ich hatte das Schicksal des Sextus in Europa vom späten 15. Jahrhundert an verfolgt und zu zeigen versucht, wie Sextus' skeptizistischen Argumente bei der Unterminierung des scholastischen Dogmatismus und später der neuen Philosophen ab Descartes eine wichtige Rolle gespielt hatten. Aber ich hätte nie gedacht, dass Sextus im totalitären Russland erscheinen könnte, wo kritische Fragen in jeder Form unterdrückt wurden. Die in Michigan vorhandene Ausgabe war eingelagert, und so musste ich bis zu meinem nächsten Besuch an der British Library warten, bevor ich die zweibändige Ausgabe von Sextus auf Russisch tatsächlich in Händen halten konnte. (Heute habe ich mein eigenes Exemplar davon, das mir vom jetzigen Herausgeber des *Journal of the History of Philosophy* nach seiner Rückkehr aus Moskau im Frühjahr überreicht wurde.)

Von Michigan aus flitzte ich nach Hause zu einem Abendessen, das meine Frau am Vorabend zu der von mir organisierten Konferenz an der Clark-Bibliothek über jüdische Christen und christliche Juden von der Renaissance bis zur Aufklärung gab. David Katz war auch da, gerade zurück von der Konferenz zur Judenvertreibung an der Universität von Kalifornien in Davis.

Mindestens ein Jahrzehnt lang hatte ich mich nun dafür interessiert, wie im 17. Jahrhundert philosemitische Christen und jüdische Denker, die christliche Elemente in ihre religiösen Ansichten zu integrieren suchten, sich gegenseitig beeinflusst haben. Das Konzept eines jüdischen Christentums beziehungsweise eines christlichen Judentums war von H.J. Schoeps und Jan van den Berg bereits entwickelt worden. Angesichts dieser intensiven laufenden Forschungen über christliche Hebraisten, philosemitisch-christliche Millenaristen und Juden, die sich von deren Ansichten angezogen fühlten, schien mir, dass eine Konferenz der führenden Forscher dazu beitragen könnte, diesen Aspekt der intellektuellen und religiösen Geschichte stärker in den Mittelpunkt des Interesses zu rücken. Es wurden neun Wissenschaftler eingeladen: Bernard McGinn, Jerome Friedmann, Allison Coudert, David Katz, Arthur Williamson, James Force, Dagmar Barnouw, Gordon Weiner und ich. Wir hielten Vorträge über Themen von der Renaissance bis zum frühen 19. Jahrhundert. Amos Funkenstein nahm als Kritiker und Diskussionspartner teil. Katz und ich hatten Anzeichen für die Mitwirkung von Christen an der Bewegung Sabbatai Zevis und die Auswirkungen dieser Bewegung wiederum auf christliche Kreise verfolgt. Wir zeigten, wie die vorangegangene millenaristische Quäkerbewegung um James Nayler auf verschiedenste Weise in der nachfolgenden jüdischen Bewegung aufgegangen zu sein schien. Material aus den Schriften Hartlibs, aus den in Zürich gesammelten Schriften Durys und aus weiteren Quellen wies auf vieles hin, das nach weiteren Nachforschungen nachgerade schrie. In meinem Beitrag erwähnte ich eine aus dem späten 17. Jahrhundert stammende Frage an John Dury, ob man denn ein wahrer und gläubiger Anhänger der Gesetze Moses sein könne und gleichzeitig ein wahrer, gläubiger Christ. Dury wand sich hin und her und meinte schließlich: Ja, schon, aber wenn Sie sich unbedingt dazu entschließen wollten, dann lieber in Amsterdam, nicht in Deutschland!

Es war eine ausgezeichnete Konferenz, die später in Buchform erschien als *Jewish Christians and Christian Jews from the Renaissance to the Enlightenment*, Kluwer, 1994. Wie immer hatte ich den Eindruck, dass sie mir Gelegenheit bot, meine Ideen weiterzuentwickeln und von anderen zu lernen.

Kurz nach unserer Konferenz an der Clark Library machte ich mich auf den Weg nach England. Zuerst brachten David Katz und ich mit vereinten Kräften an der Universität Sheffield in Erfahrung, wie man das Projekt zur Digitalisierung des Hartlib-Nachlasses bewerkstelligt hatte, um herauszufinden, ob etwas Ähnliches auch mit dem riesigen unveröffentlichten Newton-Nachlass gemacht werden könnte. Der Hartlib-Nachlass, eine Sammlung von rund 25.000 einzelnen Manuskriptseiten, lag jetzt auf Datenträgern vor, man hatte sie eingescannt und die Photographien konnten beliebig vergrößert, gedreht, aufgehellt und sonstwie bearbeitet werden. Man hatte die Seiten transkribiert und Personen- und Themenregister usw. erstellt. Es war eine enorme Aufgabe. Diejenigen von uns, die früher mit dem Nachlass gearbeitet hatten, hatten die Manuskriptseiten noch auf gut Glück durchstöbern müssen. Nun war es plötzlich möglich, einfach einen Namen oder ein Stichwort einzugeben, und schon wurden alle Einträge dazu angezeigt. Dann konnte man sie einzeln aufrufen und sich diejenigen ausdrucken, mit denen man weiterarbeiten wollte. Nachdem man uns gezeigt hatte, wie das funktionierte, durften wir es selbst ausprobieren. Wir fanden Dateien zu »Juden«, »Israeliten«, »Quäkern« und viele weitere, die ich immer noch nicht alle sortiert habe. Viel Zeit blieb uns nicht, denn an der Universität Sheffield sollte eine große Konferenz stattfinden, um das Erscheinen des digitalisierten Hartlib-Nachlasses auf TILT zu feiern, den jetzt jede Bibliothek erwerben konnte. Als einer der Hauptredner hielt ich einen Vortrag über Hartlib, Dury und die Juden, in dem ich ihre philosemitischen, millenaristischen Aktivitäten beleuchtete. Dabei stützte ich mich auf Archivmaterial, das ich schon bei einer früheren Gelegenheit aus dem Hartlib-Nachlass zusammengetragen hatte, auf Material aus dem Dury-Archiv in Zürich, aus Quellen im British Museum und weiteren in Stockholm, Kassel und von andernorts.[20]

Viele der führenden Gelehrten auf dem Gebiet der englischen Ideengeschichte und Literatur des 17. Jahrhunderts nahmen an dieser Konferenz teil. Als ich ankam, wollte man mich in einem der oberen Stockwerke unterbringen, während die weiblichen Gäste unten wohnen sollten. Ich erklärte, dass ich auf gar keinen Fall mehr Treppen steigen könne, und so quartierte man mich unten bei den Damen ein, wo ich mich immer möglichst unauffällig ins

[20] Vgl. den Konferenzband von Mark Greengrass, Michael Leslie und Timothy Raylor (Hgg.): Samuel Hartlib and Universal Reformation. Studies in Intellectual Communication (Cambridge 1994).

Bad hinein- und wieder hinausschleichen musste. Zum Ende der Konferenz fragte man mich, ob ich nicht in ein paar Wochen wiederkommen und einen Vortrag zur Eröffnung des Institute for the Humanities der Universität Sheffield halten könnte, einem Institut, das fortan den Hartlib-Nachlass und andere Dokumente und Quellen aus dem frühen 17. Jahrhundert beherbergen sollte.

Ich verließ Sheffield und traf mich mit Julie, die in der Nähe einen Besuch machte, und wir fuhren zum ersten Mal nach Schottland. Bei dieser Reise im Vereinigten Königreich fiel mir jede Bewegung schwerer und schwerer. Das Treppensteigen machte mir große Mühe. Das Aussteigen am Bahnhof wurde zum ernsthaften Problem. Oft brauchte ich dazu die Hilfe des Schaffners. In Edinburgh fanden wir ein Hotel, in dem ich gut zurechtkam, und wir genossen es, zur Abwechslung einmal nur als Touristen unterwegs zu sein. Weder ging ich in eine Bibliothek, noch schaute ich bei einem Kollegen vorbei. Und ich schaffte es sogar, wenn auch langsam, zum Edinburger Schloss hinaufzusteigen.

Als nächstes war ich nach Paris unterwegs zur Feier des 400. Geburtstags von Pierre Gassendi, die Silvia Murr organisiert hatte. Sie hatte gehofft, Gassendi als großen Denker vor der Weltöffentlichkeit präsentieren zu können. Ihre anfangs hochfliegenden Pläne musste sie aber immer mehr herunterschrauben. Wir kamen im Amphitheater der Sorbonne zusammen. Ich war in einem hübschen kleinen Hotel untergebracht, etwa zehn Minuten entfernt in der Nähe des Odéon. (Constance Blackwell wohnte ebenfalls dort.) Die Zimmer dort waren so winzig, dass man sich jede Bewegung im voraus gut überlegen musste, beim Anziehen, Waschen usw. Der Fußmarsch vom Hotel fiel mir von Tag zu Tag schwerer, denn es ging teilweise bergauf. Am ersten Abend schaute John Rogers vorbei, und wir gingen gemeinsam zum Essen in ein nahegelegenes Restaurant. Es war total zugequalmt. Ich bekam plötzlich keine Luft mehr und fing an zu husten. John musste mich mehr oder weniger aus dem Restaurant hinaustragen, bis ich in der kühlen Abendluft wieder durchatmen konnte.

Fast alle, von denen ich wusste, dass sie in den vergangenen Jahrzehnten über Gassendi gearbeitet hatten, waren da. So kam es zu einem hochinteressanten Gedankenaustausch. Nur der äußere Rahmen machte die Diskussion ein wenig schwierig, denn das historische Amphitheater war alles andere als gemütlich. Auch herrschte Uneinigkeit darüber, ob die Vorträge und die Diskussion zweisprachig sein könnten oder unbedingt auf Französisch stattfinden müssten. Die Tatsache, dass die Konferenz im Herzen des Quartier Latin abgehalten wurde, hatte einen ständig wechselnden Teilnehmerkreis zur Folge, denn immer wieder setzten sich Teilnehmer zwischendurch ab, um sich andere Pariser Attraktionen anzusehen. Tatsächlich nutzte auch ich die Gelegenheit, zum Nationalarchiv hinüberzugehen und dort ein Manuskript des Girondistenführers Jean Pierre Brissot zum Pyrrhonismus aufzustöbern. Mein Sohn Jerry hatte mir die Signatur gegeben, ebenso Larry Bongie. Jerry hatte mir geraten, auf Französisch an den Leiter des Archivs zu schreiben und um die Erlaubnis zu bitten, das Manuskript einsehen zu dürfen, das Teil einer privaten Sammlung war. Rechtzeitig erhielt ich eine Antwort, die mich befugte, das fragliche Dokument anzusehen. Ich kam am Nationalarchiv an, einem mittelalterlichen Gebäude in der Pariser Altstadt, das man in seinem Inneren zu einem Wunderwerk des 21. Jahrhunderts umgestaltet hat. Nach der üblichen Befragung bekam ich eine Chipkarte für den Zugang zum Lesesaal. Dort gab ich meine Anfrage in den Computer ein. Der fing daraufhin sofort an zu blinken, wie ein wildgewordener Flipperautomat, dessen Leuchtanzeige auf TILT schaltet. Per Bildschirmanzeige wurde ich aufgefordert, mich sofort am Zentralschalter zu melden. Dort erfuhr ich, dass das fragliche Dokument nicht in diesem Gebäude eingesehen werden durfte. Ich zeigte meine schriftliche Befugnis vor. Die Bibliotheksangestellten teilten mir daraufhin mit, dass der Archivleiter, der meinen Brief unterschrieben hatte, gerade in Afrika unterwegs sei und erst in ein paar Wochen zurückkäme. Ich wandte ein, ich wäre nur ein paar Tage hier. Daraufhin beratschlagte man sich flüsternd, gefolgt von dem Vorschlag, ich solle doch erst einmal Mittagessen gehen, während man sich des Problems annehmen wolle. Bei meiner Rückkehr teilte man mir dann erfreut mit, man habe eine Lösung gefunden – zwar dürfe man die Manuskripte nicht im Hauptgebäude des Nationalarchivs einsehen, aber das heiße ja nicht, dass man sie nicht in einem der benachbarten Gebäude, etwa dem gegenüber des Innenhofs, ansehen könne. Also schickte man mich hinüber zu einer netten Dame ins Büro und ließ einen Karton nach dem anderen mit Brissots Manuskripten dorthin bringen. Ich stöberte darin herum und fand das Manuskript über Pyrrhon sowie massenweise Korrespondenz, darunter einen eigenhändig von George Washington geschriebenen Brief, in dem er Brissot zum Abendessen nach Mount Vernon einlud. Alle Kartons trugen den Vermerk, dass nichts daraus kopiert werden durfte. Als die Dame, in deren Büro ich arbeitete, mich fragte: »Möchten Sie etwas davon kopiert haben?«, sagte ich natürlich sofort Ja. Sie nahm etwa 150 Seiten mit hinunter zu einem riesigen Fotokopiergerät, machte mir rasch meine Kopien, und schon war ich wieder weg. Auf Grundlage dieses Materials sowie meiner Recherchen zu Brissots früherem Versuch, eine Enzyklopädie des Pyrrhonismus zu schreiben, konnte ich ihm den gebührenden Platz im Skeptizismus der Aufklärung geben.

Die Abschluss-Sitzung der Gassendi-Konferenz fand am Collège de France statt, wo Gassendi einst Professor gewesen war und wo seine Büste im Ehrenhof steht. Ich wurde vom Leiter des Collège gefragt, ob ich bereit wäre, wiederzukommen und einen Monat lang eine Vorlesungsreihe über meine Arbeit zu halten, wenn ich das nächste Mal in Paris wäre. Doch sollte ich, mit Ausnahme eines vierwöchigen Urlaubs, den Julie und ich im Sommer 1994 dort verbrachten, so bald nicht wieder nach Paris kommen.

Bei der Tagung wuchs zusehends die Spannung zwischen Silvia Murr und den anderen Organisatoren. Nach den offiziellen Sitzungen gab es ein Treffen, um zu entscheiden, ob und wie ein ständiges Gassendi-Zentrum eingerichtet werden sollte. Olivier Bloch und Tullio Gregory waren gegen eine offizielle Einrichtung gleich welcher Art, und klammheimlich lösten sich die Pläne für ein solches Vorhaben in Wohlgefallen auf.

Ich fuhr zurück nach London und dann hinauf nach Sheffield, um dort den Vortrag zur Eröffnung des neuen Instituts zu halten. Bei einem kurzen Abstecher nach Oxford hielt ich mich bei David Katz und seiner Familie auf. Ich wollte mir eine unveröffentlichte Skizze ansehen, die Isaac Newton für John Locke angefertigt hatte, um ihm die Symbole des Buches der Offenbarung zu erklären, die Trompeten, die Phiolen usw. Sie befand sich in Lockes Nachlass. David hatte dafür gesorgt, dass ich einen geheimen Aufzug benutzen durfte, um in den Raum zu gelangen, in dem ich das Dokument ansehen konnte. Doch erst einmal musste ich überhaupt so weit kommen. Als ich dem Bibliotheksangestellten erzählte, dass ich 1953 schon einmal einen Benutzerausweis gehabt hatte, beschwor ich damit eine mittlere Krise herauf, denn ich konnte mich partout nicht an das Ausstellungsdatum erinnern. Schließlich gewährte man mir großzügig einen neuen Benutzerausweis, Zugang zum Aufzug und einen Blick auf die wundervolle Skizze Newtons.

Unter der Voraussetzung, dass ich das Taxi nach Manchester bezahlt bekäme, hatte ich mich bereit erklärt, ein drittes Mal innerhalb des Jahres 1992 nach Sheffield zu kommen. Von Manchester aus konnte ich nach Dublin fliegen, wo ich Vorträge am Trinity College wie am University College halten sollte. Die Fahrt durch den Peak District war faszinierend. Dann ein kurzer Flug nach Dublin. Ich sollte im Gästehaus des Trinity College übernachten, wie sich herausstellte im ersten Stock eines wunderschönen klassizistischen Hauses. Ich benötigte die Hilfe einiger Studenten, um mein Gepäck in die Zimmer hinaufzutragen. Eine Nichte von Julie, Karen Peterson, promovierte damals gerade am Trinity, und unser gemeinsames Abendessen war sehr angenehm. Am nächsten Tag hielt ich meinen Vortrag, traf meine Freunde am College, und machte mich dann zum University College auf, der überwiegend katholischen Universität, um auch dort vorzutragen.

Meine Pläne für Dublin sahen unter anderem vor, ein wenig in der Marsh Library zu arbeiten, die ich bei einem früheren Aufenthalt nur kurz besucht hatte. Es handelt sich dabei um die Bibliothek der Bischöfe Stillingfleet und Marsh, in der die Zeit seit der Eröffnung im Jahre 1708 mehr oder weniger stehengeblieben war. Die Bibliothekarin, Muriel McCarthy, war sehr hilfsbereit und fand im handgeschriebenen Katalog von 1708 so viele Schätze, wie sie nur konnte. Wie ich schnell feststellte, barg die Sammlung einen reichen Schatz an lateinischen Judaica des 16. und 17. Jahrhunderts, darunter Werke, die ich sonst nirgends gefunden hatte. Zu meiner großen Überraschung gab es zwei Exemplare der *Mishna*-Ausgabe des Menasse ben Israel, über die ich geschrieben hatte. In der Bibliotheca Rosenthaliana in Amsterdam hatte mir der Bibliothekar erzählt, dass es nur zwei bekannte Exemplare gäbe, eine in seinen Sammlungen und die andere in der Privatbibliothek des verstorbenen Dr. Fuks. Mit denjenigen im Besitz der Marsh

Library hatten wir also die Zahl der bekannten Exemplare verdoppelt.

Nachdem ich mir ausführlich Notizen gemacht hatte, versprach ich Muriel, dass ich versuchen würde, den Reichtum dieser Sammlung einem größeren Kreis bekannt zu machen. Sie zeigte mir ein kleines Konferenzzimmer, das eigens für die Bibliothek gebaut worden war, und sagte, dass sie es außerordentlich zu schätzen wüsste, wenn ich eine Tagung arrangieren könnte, die erste überhaupt in der Marsh Library! Bei meiner Rückkehr nach London sprach ich mit Constance Blackwell darüber, die mich in dem Vorhaben bestärkte, für 1994 eine kleine Konferenz zu organisieren. Ich bat Muriel, einen Mikrofilm des handgeschriebenen Katalogs anzufertigen, den ich anschließend in Kalifornien in Originalgröße vervielfältigen und an die Konferenzteilnehmer schicken ließ, damit sie sich schon vorher ein Bild von den verfügbaren Schätzen machen konnten.

Nach so viel Herumreisen 1992 verlief das nächste Jahr relativ ruhig. Das Institut für Philosophie der Emory University lud mich für das Sommersemester als Woodruff-Gastprofessor ein. Da ich dort einige alte Freunde hatte, fand ich diese Aussicht sehr verlockend. Ich hielt ein aufregendes Seminar zu Themen aus der Geschichte des Skeptizismus und einen Kurs über Spinoza, bei dem ich vieles von dem neuen Material verwendete, das ich in den letzten Jahren gesammelt hatte. Während dieser Zeit lernte ich Marsha Keith Schuchard kennen, eine unabhängige Wissenschaftlerin, die ganz erstaunliche Arbeit über Freimaurer, Juden und die Anhänger Swedenborgs im England des 18. Jahrhunderts geleistet hatte. Mir war sofort klar, dass ich sie mit einigen anderen meiner Kollegen bekannt machen und in meinen Konferenzkreis einführen musste. Sie zeigte mir Material über Leibniz und über Swedenborgs Schwager Benzelius, der ein Institut zur Erforschung der Infinitesimalrechnung und der Kabbala gründen wollte. Ich beschloss, dass ihre Erkenntnisse zusammen mit denjenigen Allison Couderts über Leibniz und Knorr von Rosenroth, den Herausgeber der *Kabbala Denudata*, Bestandteil einer Konferenz über Leibniz und die Religion sein sollte, die für 1995 an der Clark Library geplant war.

Von der Emory University aus unternahm ich mehrere Reisen, einmal an die York University in Toronto, um an einer Promotionsprüfung teilzunehmen und einen Vortrag zu halten, ein anderes Mal nach St. Louis, wo Red Watson eine zweitägige Tagung zur Philosophie der Frühen Neuzeit organisiert hatte, von der ich sehr beeindruckt war. Ich hatte mich schon oft gefragt, wie die British Society for the History of Philosophy es schaffte, so viele gut besuchte Konferenzen auszurichten, während es in den USA nichts Vergleichbares gab. Bei den Treffen der American Philosophical Association spielte die Geschichte der Philosophie eine absolute Nebenrolle. (Ich war bei einem Treffen über Gassendi, bei dem die Anzahl der Zuhörer zwischen zwei und vier schwankte, was zum Teil allerdings auch daran lag, dass gleichzeitig Saul Kripke einen Vortrag hielt.) Watson brachte über zwanzig Leute zusammen, die bis zu fünfhundert Kilometer weit anreisten, zu einem chinesischen Büffet und über Nacht blieben, und viele gute Gespräche führten. Für mich war es seit Jahren die erste Gelegenheit, mich mit meinem früheren Studenten Phil Cummins aus Iowa zu unterhalten. Theo Verbeek und ich hielten die Plenumsvorträge und diskutierten bei allen anderen Vorträgen mit.

Im gleichen Jahr fuhr ich nach England, um anlässlich der Tagung der British Society am St. Anne's College in Oxford über Berkeley zu referieren. Mittlerweile wusste ich, dass ich dort besondere Vorkehrungen treffen musste, weil ich sonst womöglich nicht weiter als bis zum Bahnhof kommen würde. John Rogers, der mich am Bahnsteig abholte, hatte die Erlaubnis eingeholt, mich zu einer besonderen Tür hinauszuführen, wo sein Auto auf uns wartete. Insofern musste ich nicht lang verhandeln, ob ich nun über die Gleise gehen durfte oder unter der Unterführung durchmusste.

Die Atmosphäre auf der Tagung war sehr angenehm. Es gab nur wenige Referate zu geschichtlichen Themen. Meines basierte auf dem, was ich im vorangegangenen Jahr über den Skeptizismus in der Zeit der Aufklärung geschrieben hatte: Ich zeigte, dass Berkeley für die Denker der Aufklärung insofern eine besondere Rolle spielte, als er eine eigene Spielart des Skeptizismus ausprägt hatte. Ich zitierte sogar einige Anmerkungen aus den Schriften Brissots als Beispiele dafür, wie Berkeley damals interpretiert wurde.

Das Herumreisen wurde immer beschwerlicher für mich, so dass ich immer weniger Einladungen annahm. Ich gab meinen

Plan auf, an einer Konferenz in Australien teilzunehmen und einen Monat an der National University zu verbringen.

Maggi und Damien kamen uns besuchen, und Maggi ging zur Nachuntersuchung, wo sie eine schreckliche Nachricht erhielt: sie musste noch einmal operiert werden, weil der Hirntumor nachgewachsen war. Die sechsstündige Operation scheiterte, da die Ärzte die Wucherung nicht gefahrlos entfernen konnten. Daraufhin erreichten wir es, dass sich ein führender Spezialist an der University of Southern California mit ihrem Fall befasste, der die Operation schließlich erfolgreich zu Ende brachte. Maggi hatte ein Stipendium erhalten, um über den Friedensprozess in El Salvador zu schreiben, und sollte sich auf den Weg nach New Haven machen, wo sie Kontakt mit der Yale University haben würde. Die Reise verzögerte sich bis Januar 1996. Damian und sie wohnten noch bei uns, als sich am 17. Januar 1994 das Erdbeben in Northridge ereignete. Wir waren alle zu Tode erschrocken, aber unsere Wohnung blieb unbeschädigt.

Ich lehrte wieder an der Emory University und bot diesmal nur ein Seminar an, und zwar zu Humes Förderer, den Chevalier Andrew Michael Ramsey, Anführer der französischen Freimaurer. Wir analysierten sein Buch und untersuchten die Beziehungen zu Hume und zu allerhand seltsamen Gestalten. Es war ein sehr aufregendes Seminar, an dem auch Marsha Keith Schuchard teilnahm.

Im März flog ich nach Las Vegas, um als Hauptredner der Tagung des westlichen Zweigs der American Society for Eighteenth Century Studies an der University of Nevada in Las Vegas aufzutreten, die von Craig Walton, einem meiner früheren Studenten, organisiert worden war. Craig brachte uns in einem Holiday Inn unter, dem einzigen Hotel in der Stadt ohne Spielautomaten. Es war für alle diejenigen gedacht, die aus irgendeinem Grund nach Las Vegas müssen, ohne jedoch spielen zu wollen. Jim Force und ich zogen durch die Stadt und wagten uns in einige Casinos. Gleich nach der Konferenz flog ich nach Charlestown in South Carolina, wo sich die gesamte American Society for Eighteenth Century Studies traf. Ich sollte geehrt werden als eines der wenigen Gründungsmitglieder, die noch lebten. Zur Zeit der Gründung waren wir nur einige Dutzend, von denen sich alle kannten und wussten, wofür sich die anderen interessierten. Jetzt hatte die Gesellschaft zwischen zwei- und dreitausend Mitglieder, und die Treffen fanden in riesigen Hotels statt, mit Hunderten von Sitzungen. Nach dem Bankett, bei dem ich eine Plakette überreicht bekam, ging es zurück nach Atlanta. Mein nächstes Ziel sollte ein kurzer Besuch in Utrecht sein, um als Hauptredner bei einem Treffen niederländischer Philosophen aufzutreten. Theo Verbeek, ein guter Freund, wollte unbedingt, dass ich komme. Er hatte soeben den C.-Louise-Thijssen-Schoute-Lehrstuhl für Ideengeschichte übernommen. Dreißig Jahre zuvor hatte ich mit der Stifterin zusammengearbeitet. Es sollte Theos erste Konferenz als Lehrstuhlinhaber sein. Eine Woche vor der Anreise musste ich ständig husten und bekam Fieber. Nach meinem Seminar wurde ich in die Notaufnahme des Universitätskrankenhauses gebracht. Zwei oder drei Stunden lang untersuchte man mich, um mir dann mitzuteilen, dass ich keine Lungenentzündung hätte und die Reise antreten könne. Ich bekam jede Menge Antibiotika. Am nächsten Abend ging ich mit Ralph Freedman und Lore Metzger Essen. Sie drängten mich, die Reise abzusagen. Ich rief Julie an, und sie redete mit Theo. Schließlich konsultierte ich in der Nähe meines Hotels einen anderen Arzt, der einer anderen Abteilung des Krankenhauses angehörte. Auch er sagte, dass ich keine Lungenentzündung hätte und dass es in Ordnung sei zu fliegen. Also zahlte ich den Aufpreis für die Business Class, hustete und keuchte auf dem ganzen Flug, und war bei der Landung völlig erschöpft. Ich fühlte mich krank, aber ich schaffte es, meinen Vortrag zu halten. Am nächsten Tag brachte Theo mich zu einem niederländischen Arzt, der sofort feststellte, dass ich doch eine Lungenentzündung hätte und so schnell wie möglich nach Hause fahren solle. Ich konnte erst einige Tage später fliegen, deshalb holte mich Elisabeth Erdman-Visser aus dem Hotel ab. Die Zeit bis zum Rückflug verbrachte ich hustend und keuchend in ihrem Haus. Als ich zuhause ankam, stellte mein Arzt eine ausgewachsene Lungenentzündung fest.

Ich musste ständig husten, und mindestens zweimal brach ich zusammen, weil ich keine Luft mehr bekam. Der Arzt sagte, dass ich auf keinen Fall zurück nach Atlanta könne, um das Seminar dort zuende zu halten. Ich war trotzdem dazu entschlossen und plante schon alles, doch dann verlor ich das Bewusstsein; ich fiel von der Couch, und was dann folgte, kann ich nur als Nahtoderlebnis beschreiben, mit dem hellen Licht am Ende des Tunnels etc. Ich landete auf dem Boden, wachte auf und kam nicht weiter als bis ins Untersuchungszimmer des Arztes.

Ich hielt die letzte Sitzung des Seminars per Telephon und im Pyjama. Zwei Gäste, Susanne Åkerman und Constance Blackwell, trugen ihre Referate vor, und ich gab aus der Ferne meine Kommentare dazu.

Ich blieb bis Juni zuhause; erst da hatte ich den Eindruck, dass ich mich soweit von der Lungenentzündung erholt hatte. Daraufhin sind Julie und ich erst mal nach New Hope in Pennsylvania gefahren, um mit vielen Freunden und Verwandten unseren fünfzigsten Hochzeitstag zu feiern. Es war für uns beide ein sehr bereicherndes Erlebnis, und wie sich herausstellen sollte, war es auch das letzte Mal, dass wir einige unserer besten Freunde sahen. Anschließend fuhren wir ein paar Tage nach New York, mein letzter Aufenthalt dort. Einer der Gründe für die Reise war, dass ich mit einem Projekt beginnen wollte, das in den folgenden vier Jahren einen Großteil meiner Zeit in Anspruch nehmen sollte: die Konzeption und Herausgabe der *Columbia History of Western Philosophy*. Ich traf mich mit Vertretern der Columbia University Press und mit möglichen Mitherausgebern. Ich besprach mich mit Jerry Press, der den Teil zur Philosophie der Antike, und mit Steven Brown, der den zur christlichen Philosophie des Mittelalters betreute.

Wir kehrten für ein paar Wochen nach Kalifornien zurück, bevor wir uns nach Irland zur Konferenz in der Marsh Library aufmachten. Im Laufe des Frühlings hatten wir uns um die Hotelreservierungen gekümmert und mit Muriel per Fax die Abendessen organisiert, zudem noch einen Empfang bei der irischen Präsidentin Mary Robinson, die Muriel gut kannte.

Zunächst flogen wir nach New York (ich brauchte unterwegs künstlichen Sauerstoff), verbrachten die Nacht am Flughafen, und nahmen am nächsten Morgen den British Airways-Flug nach London, mit Sauerstoff. Da es unsere Reise zum fünfzigsten Hochzeitstag war, versprach ich, mich von den Bibliotheken fernzuhalten und nur Freunde oder Theater zu besuchen. Nach ein paar Tagen flogen wir nach Dublin zur Tagung in der Marsh Library. Fast alle

Teilnehmer waren im selben Hotel untergebracht, so dass sich alle sehr schnell kennen lernten. Am nächsten Morgen versammelten wir uns in der Marsh Library. Leider konnte ich die Treppen zur eigentlichen Bibliothek nicht mehr erklimmen, aber es gab zum Glück einen Eingang vom Garten her, der zum Konferenzzimmer führte. Die anderen nahmen die wundervoll erhaltene Bibliothek in Augenschein, und dann begannen wir unsere Konferenz über ihre Schätze. Zur Einführung hielt ich einen Vortrag über die außergewöhnlichen lateinischen Judaica, von der spanischen Polyglott-Bibel bis hin zur *Mishna* des Menasse ben Israel und anderen Werken.

Die Zuhörerschaft bei dieser Tagung bestand ausschließlich aus den Konferenzteilnehmern. Aus finanziellen Gründen mussten wir alle Vorträge an nur zwei Tagen unterbringen, so dass wir einen Vortrag nach dem anderen anhörten, ohne erholsame Pausen für informelle Gespräche, wie wir sie normalerweise bei Konferenzen an der Clark-Bibliothek machten. Es war ein wenig anstrengend, aber ich glaube, alle haben es genossen, und die hervorragenden Vorträge werden demnächst in der Kluwer-Reihe *International Archives of the History of Ideas* erscheinen.[21] Die Teilnehmer von außerhalb Irlands waren rechtschaffen erstaunt über die reichen Schätze der Marsh Library, vor allem auch im Blick auf ihre eigenen Spezialgebiete. Seit der Konferenz sind einige von ihnen wiedergekommen, um mit den entsprechenden Bänden zu arbeiten.

Der Höhepunkt der Konferenz war wohl unser Empfang bei Mary Robinson, der irischen Präsidentin, in Phoenix House. Wir wurden mit dem Bus hingebracht und mussten warten, weil direkt vor uns die irischen Fußballhelden begrüßt wurden, die gerade von ihrem WM-Spiel in der Rose Bowl in Pasadena zurückgekehrt waren. Für die glorreiche Rückkehr und ihren Besuch bei der Präsidentin (sie wurden mit dem Hubschrauber eingeflogen) wurde alles andere angehalten. Als der Hubschrauber unter dem Winken der Präsidentin wieder abgehoben hatte, wurden wir eingelassen und empfangen. Die Präsidentin zeigte großes Interesse an unseren

[21] Allison P. Coudert, Sarah Hutton, Richard H. Popkin und Gordon Weiner (Hgg.): Judaeo-Christian Intellectual Culture in the Seventeenth Century. A Celebration of the Library of Narcissus Marsh (1638–1713) (Dordrecht 1999) [Anm. d. Hg.].

Forschungen. Sie kannte die Marsh Library und freute sich, dass wir sie international besser bekanntmachten.

Nach dem Empfang folgten der Rest unseres Programms und ein herrliches Bankett, und am nächsten Tag brachen wir zu neuen Zielen auf. Die meisten Teilnehmer fuhren nach London, wo Constance Blackwell ein großes Treffen arrangiert hatte, auf dem die Gründung einer neuen internationalen, interdisziplinären Gesellschaft für Ideengeschichte diskutiert werden sollte. Das Treffen fand im Italienischen Kulturinstitut statt, und ich stieß am späten Vormittag dazu. Mein Gesundheitszustand verschlechterte sich zusehends, und ich musste einsehen, dass ich mich an dem ehrgeizigen Projekt, das Constance in Angriff nehmen wollte, nicht mehr beteiligen konnte, da ich nicht mit Sicherheit sagen konnte, dass ich regelmäßig nach Europa würde reisen können. Also habe ich mich von diesem neuen Unternehmen verabschiedet, das sich aber offenbar gut entwickelt.

Zu dem Treffen bin ich unter anderem auch deshalb gefahren, weil ich die Pläne für die Konferenz zur Geschichte des Skeptizismus im späten 18. Jahrhundert endgültig ausarbeiten wollte. Ich hatte versucht, eine deutsche Institution ausfindig zu machen, die eine vier- oder fünftägige Tagung beherbergen und finanzieren würde – schließlich würde sich die Diskussion hauptsächlich um die Entwicklung in Deutschland vor und nach Kant drehen. Zunächst hatte ich Hartmut Lehmann gewinnen können, als er noch Vorsitzender des Deutschen Historischen Instituts in Washington war. Als er ging, bemühte ich mich um Eckhart Hellmuth vom Deutschen Historischen Institut in London, aber auch er verließ seinen Posten. Schließlich wurde Lehmann Vorsitzender des Max-Planck-Instituts für Historische Forschung in Göttingen, und wir begannen, gemeinsam einen Plan auszuarbeiten. Die Tagung sollte finanziert werden von Constance Blackwells Stiftung für Geistesgeschichte, vom Max-Planck-Institut, vom Zentrum zur Erforschung des 17. und 18. Jahrhunderts an der UCLA unter dem Vorsitz von Peter Reill und von Ulrich Schneider aus Leipzig. Es sollte zwei Konferenztage in Leipzig geben, einen Tag Pause für den Umzug nach Göttingen, und dann zwei weitere Tage dort.[22]

22 Vgl. Johan van der Zande und Richard H. Popkin (Hgg.): The Skeptical

Nach dem Treffen am Italienischen Kulturinstitut in London begab ich mich mit Ulrich Schneider und Hans Boedeker aus Göttingen in einen nahegelegenen Park, um zu entscheiden, welche Themen auf der Tagesordnung stehen sollten und wer eingeladen werden sollte. Wir arbeiteten eine Stunde oder länger, und am Ende mussten wir zu unserem Entsetzen feststellen, dass wir uns in einem privaten Park befanden, der mittlerweile abgesperrt worden war. Ohne Schlüssel würden wir nicht mehr herauskommen. Ehe wir wegen unbefugten Betretens verhaftet wurden, kam zum Glück eine Dame vorbei, die so freundlich war, uns das Tor aufzuschließen, so dass wir unserer Wege gehen konnten.

Julie und ich fuhren nach Paris, um noch einmal unser Hochzeitsjubiläum zu feiern. Es war eine wunderschöne Woche, wir besuchten Freunde wie Elisabeth Labrousse und waren im neuen Louvre, in Chartres, bei Konzerten und erlebten den Nationalfeiertag. Wir trafen uns mit Pierre-François Moreau und Jacqueline Lagrée (die gerade von der Marsh Library-Konferenz zurückkamen) zum Mittagessen. Sie wollten, dass ich an einer Tagung zur Geschichte des Skeptizismus teilnehmen sollte, die sie für Juni 1995 planten. Als ich mich von Paris aus auf den Heimweg machte, war ich der Überzeugung, dass ich im Folgejahr zu zwei Skeptizismus-Konferenzen nach Paris und Deutschland zurückkehren würde.

Bei der Ankunft in Kalifornien war ich jedoch müde und schwach, und ich merkte, dass ich das Tempo, mit dem ich als Wandergelehrter und Ewiger Jude umherzog, nicht mehr aufrechterhalten konnte. Anfang 1995 wurde mir klar, dass ich meine Teilnahme an der französischen Tagung zur Geschichte des Skeptizismus absagen musste. Ebenso wenig konnte ich zur Konferenz nach Göttingen und Leipzig reisen, in deren Organisation ich so viel Arbeit investiert hatte. Stattdessen blieb ich, wo ich war, und kümmerte mich um die *Columbia History of Western Philosophy*, ein großartiges Unternehmen, bei dem viel Arbeit nötig war, den Raum für die einzelnen Themen und Philosophen abzustecken und die geeigneten Leute für die einzelnen Abschnitte zu finden.

Tradition Around 1800. Skepticism in Philosophy, Science, and Society (Dordrecht 1997) [Anm. d. Hg.].

Gleichzeitig stellten sich zudem auch redaktionelle Fragen, die den größten Teil der nächsten zwei bis drei Jahre in Anspruch nehmen sollten.

Darüber hinaus plante ich nach dem Anschlag in Oklahoma vom April 1995, zusammen mit David Katz aus Tel Aviv einen Band über die Geschichte der Glaubensgrundsätze millenaristischer Gruppierungen, einschließlich derer, die McVeigh, Nichols und andere beeinflusst hatten. Ich war bestürzt über die Ignoranz, die die Zeitungen angesichts der Überzeugungen der Toten von Waco, der Amerikanischen Bürgerwehren oder militanter Fundamentalisten überhaupt an den Tag legten. Das Ergebnis war ein Buchprojekt zum Thema *Messianic Revolution*, das in den nächsten Jahren recherchiert und geschrieben werden musste.

1995 hatten wir einige Wochen Besuch von Sarah Hutton, und danach von Jonathan Israel aus London. Dadurch ergab sich viel anregender Kontakt und Ideenaustausch in verschiedenen Bereichen.

Leider wurde mein Gesundheitszustand immer schlechter. Ich hatte eine Atemwegsinfektion nach der anderen und wurde dadurch insgesamt immer schwächer.

1994–95 musste sich unser guter Freund Amos Funkenstein einer Behandlung unterziehen, weil bei ihm Lungenkrebs diagnostiziert worden war. Jedes Mal wenn wir in der Bay Area waren und ihn besuchten, sahen wir die Verschlechterung seines Zustandes. Als ich im Oktober 1995 auf der Jahrestagung der Renaissance Society war, rief ich Amos' Frau Esti an und fragte, ob ich einen Sprung vorbeischauen sollte. Amos war gerade im Krankenhaus, und sie drängte mich, so schnell wie möglich zu kommen. Ich nahm ein Taxi, weil ich fürchtete, zu spät zu kommen. Amos hingegen war zwar in seinem Krankenhausbett an allerhand Schläuche angeschlossen, wollte jedoch unbedingt einige Fragen mit mir besprechen. Er sprach völlig klar über eine bestimmte Stelle bei Spinoza und schlief ein. Wenige Augenblicke später war er wieder wach und nahm die Diskussion an dem Punkt auf, wo er stehengeblieben war. Es war eine ganz erstaunliche Leistung. Bevor ich zu ihm gefahren war, hatte mich Peter Reill gebeten, eine Konferenz über Amos und seine Arbeit zu organisieren. Aber natürlich würde viel davon abhängen, ob Amos noch dabei wäre oder ob sie seinem Andenken dienen sollte. Ich sprach mit Amos, wer zu der

Tagung eingeladen werden könnte. Als ich jedoch ins Vorzimmer hinaustrat, machten Esti und Amos' Kinder mir klar, dass es nur noch eine Frage von Tagen bis zum Ende sei. Es sollte das letzte Mal sein, dass ich ihn sah.

Bei meiner Rückkehr nach Los Angeles fühlte ich mich ziemlich krank. Mein Arzt teilte mir gutgelaunt mit: Sie haben Glück, es ist keine Lungenentzündung, sondern nur eine schwere Atemwegsinfektion.

Etwa zwei Wochen später ging Amos von uns, und ich fuhr zur Beerdigung auf einem Friedhof nördlich von Berkeley. Amos war säkularisierter Jude. Der Gottesdienst war improvisiert und enthielt auch einige Elemente eines jüdischen Begräbnisses. Hinterher versammelten sich viele von uns im Haus der Witwe, und etwa vier Stunden lang fanden in jeder Ecke des Hauses intensive geistige Gespräche statt. Es war, wie mir schien, ein passender Tribut an einen großen Intellektuellen. Als ich nach Los Angeles zurückkam, begann ich sofort, zusammen mit Bob Westman die Gedenkkonferenz für Amos Funkenstein zu planen.

Wieder kam ich krank nach Hause zurück, und wieder hieß es, dass es sich um eine schwere Atemwegsinfektion, aber keine Lungenentzündung handelte.

Kurz darauf leitete ich in der Clark Library eine Tagung über Leibniz und die Religion. Wir nahmen diejenigen Gedanken und Interessen Leibniz' ins Visier, die von den Logik- und Rationalismus-Forschern vernachlässigt worden waren. Allison Coudert hatte zahlreiche neue Belege für Leibniz' Beziehungen zu führenden christlichen Kabbalisten seiner Zeit gefunden. Mein früherer Student Yuen Ting Lai hielt einen schönen Vortrag über Leibniz' Rezeption der chinesischen Philosophie. Daniel Cook ging Leibniz' Beziehung zur Schwärmerei nach. Keith Schuchard zeigte Verbindungen zwischen Leibniz, den Freimaurern und Swedenborgs Schwager auf. Ein paar von den »normalen« Leibnizianern fragten mich, ob das alles irgendetwas mit Leibniz' Philosophie zu tun habe. Doch bestand ja einer der Anlässe der Konferenz gerade darin, unsere Sicht von dem, was seine Philosophie ausmachte, zu erweitern. Wenn er sich wirklich mit all diesen obskuren Dingen befasst hat, kann er dann der spießige Rationalist gewesen sein, als den ihn unsere Philosophiegeschichten vorstellen? Es war eine aufregende Tagung, und die Beiträge werden derzeit in den *International Archives of the History of Ideas* publiziert.[23]

Von 9.–11. Februar hatten wir in der Clark Library einen weiteren Konferenzmarathon zu »Newton und die Religion«. Wir versammelten dreizehn Gelehrte, um uns vor dem Hintergrund seiner Zeit ernsthaft und kritisch mit verschiedenen Aspekten von Newtons Gedanken zur Religion auseinanderzusetzen. Gemeinsam mit Jim Force und Ken Knospel vom Georgia Tech hatte ich auf dieses Projekt schon seit einigen Jahren hingearbeitet. Mit finanzieller Unterstützung des Zentrums zur Erforschung des 17. und 18. Jahrhunderts der UCLA konnten Jim und ich es jetzt endlich realisieren. Als die Konferenz schließlich stattfand, war ich ein körperliches Wrack, und meine Freunde behandelten mich die ganze Zeit über so, als wären wir das letzte Mal zusammen. Das rührte mich sehr, aber zugleich war es auch eine lebendige, aufregende und provokante Tagung. Ich glaube, dass sie viel dazu beitragen wird, dieser Seite Newtons genauer nachzugehen, die Veröffentlichung seiner alchemistischen und theologischen Schriften voranzutreiben und ein in sich schlüssiges Bild von Newton zu entwerfen (wie auch ein ebensolches von Leibniz), das ihn sowohl als großartigen Wissenschaftler und Mathematiker als auch als bedeutenden religiösen Denker zeigt. Sarah Hutton stellte in ihrem Vortrag den Unterschied zwischen Newtons und Henry Mores Interpretation der Johannes-Offenbarung dar und zeigte eindrucksvoll, wie man Newtons Diagramm für Locke fruchtbar machen kann. Jim Force versuchte zu zeigen, wie der ›ganze‹ Newton – der Wissenschaftler und der Theologe – aussehen könnte. Andere diskutierten seinen Anti-Katholizismus, seinen Platz in der Reihe der Kirchenhistoriker wie in der Geschichte der Mythenauslegung und viele weitere faszinierende Themen mehr. Das außerordentlich reichhaltige Bündel an Beiträgen wird derzeit korrekturgelesen und im Frühjahr 1999 veröffentlicht.[24]

[23] Allison P. Coudert, Richard H. Popkin und Gordon M. Weiner (Hgg.): Leibniz, Mysticism and Religion (Dordrecht 1998) [Anm. d. Hg.].

[24] James E. Force und Richard H. Popkin (Hgg.): Newton and Religion: Context, Nature, and Influence (Dordrecht 1999) [Anm. d. Hg.].

Mein früherer Student José Maia Neto hatte mich eingeladen, einen Monat oder länger in Brasilien zu verbringen, um dort Seminare zum Skeptizismus abzuhalten. Ich konnte keine definitive Zusage machen, weil ich durchgehend zu krank zum Reisen war. Als ich José schließlich endgültig Bescheid geben musste, entschloss ich mich, das Angebot besser abzulehnen, und schlug vor, statt meiner Red Watson einzuladen. Eine weitere Einladung, die ich lange vor mir herschob, war ein Besuch in Puerto Rico, wo ich mit dem Department für Philosophie der dortigen Universität René Descartes' 400. Geburtstag feiern sollte. Wegen meiner Krankheit schob ich meine Anreise immer wieder hinaus. Während jener Tage erreichte mich eine Einladung, im Juni am Collège de France an einem Kolloquium zum Skeptizismus teilzunehmen, bei dem der erste Tag ganz meiner Arbeit gewidmet sein sollte. Mein Arzt fand, dass ich unbedingt fahren und den Flug nach Puerto Rico als Probelauf ansehen sollte. Wir einigten uns darauf, es bei der Reise nach Puerto Rico mit kurzen Etappen zu versuchen, mit nur je zwei Flugstunden am Stück – erst nach Dallas, am nächsten Tag nach New Orleans, dann nach Miami und San Juan. Ich würde auf jedem Abschnitt im Flugzeug Sauerstoff benutzen und dazwischen lange Ruhezeiten haben. Für alle Fälle nahm ich eine ziemlich große Reiseapotheke mit. Gleichzeitig trafen wir sorgfältige Vorbereitungen für eine geruhsame Reise nach Paris, über New York und London.

Anfang April reiste ich ab. Julie sollte mit einem anderen Flugzeug nachkommen und mich in Puerto Rico treffen. Weil es mir nicht gut ging, nahm ich ein Antibiotikum. Als ich in San Juan ankam, ging es mir ziemlich schlecht, trotzdem schaffte ich es, drei Vorträge zu halten, mir die Wunder der Altstadt von San Juan anzusehen und mich mit den dortigen Philosophen zu treffen, die ich zum Teil schon bei anderen Tagungen kennengelernt hatte. Als ich auf dem Rückweg New Orleans erreichte, hatte ich einen Flüssigkeitsstau in der Lunge, Hustenanfälle und ähnliche Symptome. Am nächsten morgen rang ich plötzlich nach Luft und war unfähig zu atmen. Mein Arzt hatte mir in einem Umschlag einige Tabletten gegeben, die ich bei Atemnot sofort nehmen sollte. Ich tat, wie mir geheißen, überstand die Krise, machte mich auf nach Dallas und am gleichen Tag weiter nach Los Angeles, ließ mich im Rollstuhl zum Taxi fahren und fuhr, von meinen Symptomen gezeichnet, nach Hause. Julie war zu diesem Zeitpunkt in Washington, wo sie eine Woche lang auf eines unserer Enkelkinder aufpasste.

Als ich meinen Arzt aufsuchte, sagte er mir, dass ich keine Lungenentzündung hatte, sondern ziemlich viel Wasser in der Lunge. Ich bekam ein harntreibendes Mittel verschrieben, das das Wasser ausschwemmen sollte. Der Arzt und die Krankenschwester taten alles, sie baten mich, redeten auf mich ein, versuchten mich zu zwingen, damit ich ins Krankenhaus ginge. Ich hatte Angst, dass Julie mich niemals finden würde und ich auf ewig im St. John Hospital von Santa Monica schmachten würde. Also blieb ich lieber die meiste Zeit in meinem Bett und wurde unter dem beständigen Flüssigkeitsverlust meines Körpers schwächer und schwächer. Es waren sehr schwarze Tage. Gelegentlich schaffte ich es, mich ans andere Ende unserer Wohnung zu begeben und eine E-Mail zu verschicken oder mir etwas zum Essen zu holen.

Ich wusste weder, wie ernst mein Zustand war, noch, welche Prognose ich hatte. Als ich das nächste Mal beim Arzt war, wurde der Sauerstoffwert in meinem Blut bestimmt. Es hieß, er sei »unbefriedigend«. Umgehend wurde ich mit zusätzlichem Sauerstoff versorgt. Ein Sauerstoffkompressor wurde in unserem Schlafzimmer installiert, und ich war über einen fünfzehn Meter langen Plastikschlauch vierundzwanzig Stunden am Tag an ihn angeschlossen. Mein ganzes Leben spielte sich jetzt innerhalb dieses Radius ab. Ich musste die Reise nach Paris absagen, was die Veranstalter und ich gleichermaßen bedauerten.

Die meiste Zeit war ich bettlägerig, musste husten, niesen und eine Menge Medikamente schlucken. Mitten in dieser frühen Phase, in der ich nur sporadisch wach war, bekam ich einen Anruf des ehemaligen Präsidenten der University of California, der mir gratulierte, dass ich in die American Academy of Arts and Sciences gewählt worden war. Ich verstand kaum, wovon er sprach, und gab den Hörer an Julie weiter. Am nächsten Tag kam eine Rechnung über einhundert Dollar Mitgliedsbeitrag; es stimmte also wirklich.

Es war nur allzu offensichtlich, dass ich extrem schwach und müde war, absolut unfähig, mich auf meine Forschungsprojekte zu konzentrieren. Ich hatte keine Ahnung, wie lange diese Phase dauern würde und ob ich mich an dieses neue Leben gewöhnen müsste, angeschlossen an einen blauen Plastikschlauch, der permanent an den Möbeln hängen blieb und über den ständig alle stolperten, mich selber eingeschlossen. Ich sagte alle Veranstaltungen in naher Zukunft, wie die Tagung über die Kabbalah in Tucson oder das Kolloquium in Paris, ab.

Ich bekam einen mobilen Sauerstofftank auf Rollen, mit dem ich ins Sprechzimmer des Arztes fahren konnte. Im Mai erhielt ich zum ersten Mal Ausgang für einen akademischen Termin: Ich leitete die Vorstandssitzung des *Journal of the History of Philosophy*, bei der ich als Präsident zurücktrat. Das Treffen fand in einem Hotel in Westwood statt, und ich fuhr mit meinem Sauerstofftank hin. Zum ersten Mal seit meinem Zusammenbruch würde ich vier oder fünf Stunden lang funktionieren und mich auf zum Teil komplizierte Fragen konzentrieren müssen. Ich überlebte und fuhr erschöpft nach Hause.

Einige Wochen später sollte ich an der Gedenkkonferenz für Amos Funkenstein an der Clark Library teilnehmen, die Bob Westman und ich organisiert hatten. Die erste Hürde war, meinen Vortrag zu formulieren, das erste akademische Unterfangen seit meinem Zusammenbruch. Es gelang mir, einen Vortrag zur Frage zu verfassen, wie der Skeptizismus Teil der Philosophie der Neuzeit geworden ist. Dabei stellte ich Amos' Ansichten meinen eigenen Gedanken gegenüber. Bei der Tagung hatte ich einen zweiten Sauerstofftank als Reserve dabei. Ein Tank reichte für ungefähr sechs bis acht Stunden. Am Anfang dieses neuen Lebens war das Auswechseln des Tanks eine Riesenaktion. Zu Hause half mir ein äußerst liebenswürdiger Nachbar, der Techniker beim Raumfahrtprogramm der USA gewesen war. Der Kampf dauerte jedes Mal ungefähr eine halbe Stunde. Wenn er wegfuhr, machte er sich Sorgen, wie ich zurechtkommen würde. Ich fand heraus, dass es, wenn ich den Tank während der Installation kippte, viel leichter ging.

Nach der Funkenstein-Konferenz im Juni 1996 hatte ich viel Zeit, in der ich versuchte, mich an meine neue Lage zu gewöhnen. Ich machte eine Videoaufzeichnung eines Vortrags, den ich im Salon der Clark Library hielt und der auf der Skeptizismus-Konferenz in Paris gezeigt werden sollte. Dank der Hilfe meiner Mitarbeiter kam ich mit der *Columbia History of Western Philosophy* ebenso voran wie mit meinem Buch zur *Messianic Revolution*. Ich hatte

Schwierigkeiten, in die Bibliothek zu kommen, weil es ein logistisches Problem darstellte, mich selbst und meinen Tank vom Auto in die Bibliothek zu befördern. Bei Veranstaltungen in der Clark Library war es enorm anstrengend, den Tank über das Gelände zu schleppen, selbst wenn ich nur leicht bergauf gehen musste.

Meine gesundheitliche Entwicklung war nicht gut. Ich hatte eine Atemwegsinfektion nach der anderen. Langsam gewöhnte ich mich an den Gedanken, dass ich wohl kein Wandergelehrter und Ewiger Jude mehr, sondern nur noch mit meinem Computer zu Hause eingesperrt sein würde. Meine Arbeitsgeschwindigkeit sank auf die Hälfte oder ein Viertel.

Ende 1996 wollten wir unbedingt der Zeremonie beiwohnen, bei der in Berkeley Amos Funkensteins Grabstein enthüllt wurde. Nach langen Konsultationen mit meinem Arzt beschloss ich, es mit dem Auto zu versuchen, mit vielen Sauerstofftanks im Kofferraum. Wir bewältigten die Strecke in zwei Abschnitten, da ich Julie am Steuer nicht ablösen konnte. Wir blieben zwei Tage, bevor wir uns auf den Heimweg machten. Später erfuhren wir etwas, was uns seither das Leben sehr erleichtert hat. Wenn wir ihn rechtzeitig informierten, lieferte der Hersteller der Sauerstofftanks einige Tanks und einen Kompressor an jedes beliebige Hotel. Auf diese Weise konnten wir kleine Ausflüge machen, etwa zwei Stunden von zuhause, und über Nacht bleiben.

Das Jahr 1997 begann mit einer Tagung über den Abbé Henri Grégoire, die ich zusammen mit meinem Sohn Jeremy auf die Beine stellte – etwas, was wir schon seit zwanzig oder dreißig Jahren vorhatten.[25] Vor langer Zeit war es mir dank der Mithilfe von Leonora Cohen Rosenfield einmal gelungen, eine Sitzung der American Society for Eighteenth Century Studies zu organisieren, die sich mit Grégoire befasste. Jeremy und ich hatten mehrmals versucht, ausreichend Interesse zu wecken. Grégoire spielte eine entscheidende Rolle während der Französischen Revolution, und er befürwortete die Emanzipation der Juden und der Schwarzen. Er kämpfte für eine ganze Reihe guter und liberaler Ideen, wurde aber von der französischen Geschichtsschreibung übergangen, und zwar als ab-

[25] Vgl. Jeremy D. Popkin und Richard H. Popkin (Hgg.): The Abbé Grégoire and his World (Dordrecht 2000) [Anm. d. Hg.].

trünniger katholischer Priester sowohl von katholischen wie von sozialistischen Historikern. Während der Zweihundertjahrfeiern der Revolution im Jahr 1989 erfuhr er endlich eine gewisse Würdigung in Frankreich, in Form einer Briefmarke zu seinen Ehren und der Aufnahme ins Pantheon. Jeremy war dort gewesen und hatte einige der jüngeren Grégoire-Forscher kennengelernt. Bevor meine Krankheit ausbrach, schlugen wir deshalb Peter Reill eine Tagung vor, und er nahm sie gerne in das Programm der Clark Library auf. Als Gäste kamen Gelehrte aus Frankreich, Deutschland und Amerika. Ich schaffte es, einen Beitrag zu einem Thema zu schreiben, das mich schon lange interessierte: zur Rolle Grégoires beim Vorhaben, Anfang des 19. Jahrhunderts in Amerika in der Gegend von Buffalo einen jüdischen Staat zu gründen. Es war eine aufregende Konferenz in der angenehmen Atmosphäre der Clark Library, mit vielen neuen Erkenntnissen und formellen wie informellen Diskussionen. Das Abendessen fand am Meer statt, in Malibu, und am nächsten Tag gaben wir einen Empfang in unserem Haus. Nach dem Empfang war ich vollkommen erschöpft, und mir wurde klar, dass wir so etwas nicht mehr veranstalten konnten.

Zu den wichtigen Ereignissen des Jahres 1997 gehörten die Fahrt zum Philosophentreffen in Berkeley, wo ich vom *Journal of the History of Philosophy* geehrt werden sollte, und der Beginn einer Tagungsreihe in der Clark Library, fünf Konferenzen zur Jahrtausendwende. Aus diesem Anlass wurde ich zum zweiten Mal zum Clark-Professor ernannt.

Das Treffen in Berkeley war für Ende März angesetzt. Den ganzen Winter hindurch hatte ich eine Atemwegsinfektion nach der anderen und war alles andere als gut in Form. Wir überlegten, ob wir auf zwei Etappen nach Berkeley fahren sollten. Julie zögerte, denn sie würde wieder die ganze Strecke über am Steuer sitzen müssen. Angesichts meines Zustands war ich drauf und dran, das Handtuch zu werfen und zu sagen, dass ich es leider nicht schaffen würde. Jemand schlug vor, mit dem Zug zu fahren, im Behindertenabteil, wo es für Leute wie mich ein Bett, ein eigenes WC und Zimmerservice gab. Die Fahrt dauerte von Los Angeles aus elf oder zwölf Stunden, und wir mussten um neun Uhr los. Wir hatten massenweise Sauerstofftanks dabei. Als wir spät abends im Claremont-Hotel ankamen, war in unserem Zimmer bereits ein Sauerstoffkompressor installiert. Wir bekamen ein behindertengerechtes Zimmer mit Haltegriffen überall. Als ich so unterwegs war, mit meinem Sauerstofftank im Schlepptau, traf ich eine Frau namens Anita Silvers, die von ihrem elektrisch betriebenen Rollstuhl aus die ganze Philosophiekonferenz organisierte. Sie kam überall hin und schien geradezu von Ort zu Ort zu fliegen. Ich erkannte, dass ich die engen Grenzen meiner Welt, die mir durch die Sauerstofftanks gesetzt waren, überwinden konnte. Sie erklärte uns, welche Ausrüstung wir besorgen mussten und welche Unterstützung uns nach den Gesetzen zur Förderung Behinderter zustand.

Der Empfang und das Abendessen zu meinen Ehren waren sehr bewegend. Wir trafen viele alte Freunde sowie ehemalige Studenten und Kollegen. Die Tischgespräche wärmten einem das Herz. Mir wurde eine goldene Armbanduhr überreicht, Julie ein goldenes Armband. Meine ehemalige Sekretärin, die jetzt Mary Davies Scott heißt und Bundesrichterin in Little Rock ist, hatte alles geplant und arrangiert. Als es vorbei war, hatte ich das Gefühl, dass ich in Zukunft nicht mehr zu den Vorstandssitzungen würde fahren können, weil die Logistik so aufwändig war. Es wurde beschlossen, dass die nächste Versammlung in Los Angeles stattfinden sollte, was für mich einfacher sein würde.

Nach der Sitzung genossen wir die Annehmlichkeiten im Claremont. Ich konnte sogar in dem herrlichen Swimmingpool schwimmen gehen. Wir fuhren mit dem Zug nach Hause und nahmen uns vor, im Oktober mit dem Zug an die Ostküste zu reisen. Wir wollten in die Gegend von Washington D.C. fahren, um möglichst viele unserer Verwandten dort zu besuchen und die Möglichkeit eines Umzugs auszuloten. Wenn ich schon körperlich so sehr beeinträchtigt war und auf Julies Schultern so viel Last lag, für mich zu sorgen und mich bei der Fortbewegung zu unterstützen, dann wäre es vielleicht hilfreich, im Kreis der Familie zu sein, so dass unsere Kinder und später unsere Enkel Julie etwas von der Last abnehmen könnten. Und ich könnte eventuell die Folger Shakespeare Library und die Library of Congress benutzen, weil diese Bibliotheken für mich und meine Sauerstofftanks barrierefreie Zugänge hatten.

Wir erkundigten uns halbherzig nach elektrisch betriebenen Rollstühlen und einem behindertengerechten Zugang zur UCLA. Im Sommer 1997 konnte ich noch selbst zur Clark Library fahren und ein Büro in einem Nebengebäude nutzen, bei dem ich keine Treppen und keinen leicht ansteigenden Rasen überwinden musste. Mit meiner Assistentin Anna Suranyi habe ich dort ziemlich viel an der endgültigen Textfassung des Bandes *Scepticism in the Enlightenment* gearbeitet, der Aufsätze von Tonelli, Olaso und mir enthält. Außerdem sahen wir die lektorierte Fassung der *Columbia History of Western Philosophy* durch. Anna und ich entdeckten, dass man im Lektorat einige überraschende Veränderungen vorgenommen und an manchen Stellen falsche Informationen eingefügt hatte. Wir kamen nicht umhin, alles an Columbia zurückzuschikken, damit sie die Artikel noch einmal von den einzelnen Autoren überprüfen ließen.

Im Spätsommer 1997 lernte ich Sally Jenkinson kennen, eine britische Politologin, die einen Sommerkurs an der UCLA abhielt. Sie bestand darauf, sich auf heimischem Boden mit mir zu treffen, im Mort's Deli, gleich um die Ecke von unserem Wohnblock. Sie saß im Rollstuhl, den sie aus eigener Kraft fortbewegte. Wir verbrachten einige äußerst angenehme Stunden mit ihr und Chris Laursen und diskutierten dies und das. Wir hatten viele gemeinsame Bekannte und Interessen. Als wir uns begegneten, war ich zutiefst deprimiert, weil ich nicht wusste, ob ich jemals wieder irgendwo hinfahren können würde. Und gerade dann traf ich sie, ein Opfer der Polio-Krankheit, die nicht mehr laufen konnte, seit sie dreißig war und trotzdem überall hinfuhr. Sie hatte ihr Leben so eingerichtet, dass sie immer noch überall dabei sein konnte. Sie hat mir sehr geholfen, darüber nachzudenken, wie ich aus meiner Niedergeschlagenheit herauskommen und wieder am geistigen Leben teilhaben könnte. Sally war dieses Jahr noch einmal hier und stellte überrascht fest, wie sehr ich mich verändert hatte, nicht zuletzt durch ihr Beispiel, das mir Inspiration und Ermutigung war.

Im Lauf des Sommers organisierte ich die fünf Konferenzen in der Clark Library unter anderem dadurch, dass ich stellvertretende Vorsitzende gewann: Matt Goldish für die Tagung über den Messiasglauben im Judentum, mit der die Reihe im November 1997 beginnen würde, Jim Force, der sich um die meisten Redner für die dritte Konferenz über den Millenarismus im englischen Protestantismus kümmern würde, und meinen Sohn Jeremy, der die

Leitung der letzten Tagung über den Millenarismus und die Revolution übernahm. Ich erledigte den Großteil der Vorbereitung für die Konferenz über den katholischen Millenarismus und den Millenarismus im übrigen Europa.[26]

Als es Herbst wurde und die Konferenzzeit an der Clark Library anbrach, wurde mir klar, dass ich einen Arzt brauchte. Meine Augen waren nicht mehr gut genug, als dass ich sicher auf der Autobahn hätte fahren können. Ich wurde vom führenden Spezialisten für Grünen Star an der UCLA untersucht, der eine Stagnation auf dem damaligen Niveau prognostizierte. Aber im Laufe des Jahres wurde das Sehen und Lesen immer mehr zum Problem. Ich brauchte ein starkes Vergrößerungsglas, um Zeitung zu lesen, und las meist nur noch die Überschriften. Meine jüngere Tochter schickte mir einige Detektivgeschichten in Großdruck, und ich dachte nur: ja, so wird es enden. Ich ließ mir eine Brille anfertigen, die schlicht aus zwei starken Vergrößerungsgläsern bestand. Ich konnte nichts mehr lesen, was ich am Computer geschrieben hatte, außer alles war fett gedruckt und mit dreifachem Zeilenabstand. Julies Assistent sorgte dafür, dass alle ankommenden E-Mails in fetten Buchstaben angezeigt wurden.

Die Reise nach Washington im Oktober machten wir wieder mit dem Zug. Julie kam für den Abschnitt von Chicago nach Washington dazu, den Rest der Strecke fuhr ich alleine. Mein Behindertenabteil war prachtvoll ausgestattet, mit einem fünfunddreißig Kilo schweren Sauerstofftank in der Mitte. Die Fahrt war langweilig, aber es war auszuhalten – abgesehen von einigen unerwarteten Schreckensmomenten, z.B. als wir am Bahnhof von Los Angeles den Sauerstofftank nicht finden konnten oder als die Firma für die Rückreise den falschen Tank nach Washington lieferte. Beide Probleme konnten gelöst werden, kosteten aber viel Kraft. Auf der Fahrt hatte ich mehrere Stunden Aufenthalt in Chicago, aber die Träger waren so freundlich, die Sauerstoffausrüstung vom Zug in den Aufenthaltsraum und zurück in den Zug zu verfrachten. Wir blieben ungefähr zwei Wochen in Washington, besuchten alle

[26] Die Veröffentlichung der Konferenzen umfaßt vier Bände unter dem Titel: Millenarianism and Messianism in Early Modern European Culture (Dordrecht 2001). [Anm. d. Hg.].

möglichen Verwandten und lernten unsere soeben adoptierte neue Enkelin aus Korea kennen, Rachel Tang Popkin Hall.

Ich konnte also ganz gut mit dem Zug hierhin und dorthin fahren, wenn ich einen Weg fand, die Logistik des Sauerstofftransports hin und zurück zu bewältigen. Ich begann, mir über weitere derartige Reisen Gedanken zu machen, eventuell auch per Schiff über das Meer. Die Kosten waren enorm, höher als bei einem Flug erster Klasse, aber immerhin sah es so aus, dass ich doch kein an Los Angeles gebundener Gelehrter bleiben musste.

Wieder zuhause, fuhr mich mein neuer Assistent Tim Correll, der Freund meiner vorherigen Assistentin Anna, in die Clark Library. Gemeinsam machten wir uns auf die Suche nach einem elektrisch betriebenen Rollstuhl, den ich für die Dauer der Clark-Konferenzen ausleihen konnte. Julie hatte die Geschäfte rund um das St. John Hospital ausgekundschaftet, wo meine Ärzte praktizieren. Für die erste Konferenz mieteten wir einen großen Rollstuhl. Tim konnte ihn auseinandernehmen. Er hatte Batterien, die jeweils über fünfzehn Kilogramm wogen. Man konnte ihn zerlegen, ins Auto einladen, zur Clark Library fahren und dort wieder zusammenbauen. Mittlerweile war eine Zufahrt vom Parkplatz bis zur Bibliothek gebaut worden, die sonst nur über Treppen zugänglich war. Es gab sogar eine Rampe vom Eingang hinunter in das wundervolle Konferenzzimmer.

Für die erste Tagung im November 1997 brachten wir den Rollstuhl mit, bauten ihn zusammen, und ich fuhr damit zum Bibliotheksgebäude und nahm ihn mit ins Konferenzzimmer. Tim brachte die Sauerstofftanks, und dann konnte es losgehen. Die erste Konferenz beschäftigte sich mit Messias-Theorien im Judentum von der Renaissance bis ins 18. Jahrhundert. Matt Goldish hatte eine hervorragende Gruppe von Wissenschaftlern aus Israel und Amerika versammelt. Wir hatten sehr lebhafte Diskussionen darüber, wie sich die verschiedenen Messiasbilder im Judentum entwickelt haben. Ich hatte einen Beitrag über englische und französische Berichte zur messianischen Bewegung des Sabbatai Zevi verfasst. Auf den französischen war ich in der Clark Library gestoßen, in der irgendwie auch eine deutsche Übersetzung der französischen Fassung gelandet war. Im Gegensatz zu den drei englischen Berichten war dieser dezidiert antisemitisch, und es war zugleich die ausführlichste Darstellung vor der von Gershom Sholem im 20. Jahrhundert. Ich konnte mein Manuskript nicht lesen, also sprach ich mehr oder weniger frei. Für Zuhause hatte ich von Julie einige Halogenlampen, mit denen ich lesen konnte, wenn ich meine Vergrößerungsbrille aufsetzte. Normales Licht reichte dazu nicht mehr aus.

Von den Vortragenden der Ersten Konferenz hatte ich vorher nur die Hälfte gekannt. Immer wieder hat man Angst, dass die Teilnehmer sich nicht verstehen und womöglich Blut fließt. Insofern war ich sehr angenehm überrascht, dass alle von Anfang an gut miteinander auskamen und mit dem formellen wie dem informellen Teil der Tagung sehr zufrieden schienen. Die Chemie in der Clark Library stimmte wieder einmal, und die Folge war eine sehr fruchtbare Konferenz. Es wurden neue, aufregende Entdeckungen und Interpretationen vorgestellt. Matt Goldish und ich sind dabei, die Beiträge herauszugeben, und, wie ich hoffe, werden sie nächstes Jahr erscheinen.[27]

Da sich herausstellte, dass der elektrische Rollstuhl für unsere Wohnung zu groß war, mussten wir ihn zurückgeben. Tim und ich würden für die nächste Konferenz im Januar etwas Beweglicheres finden. Davor sollte ich auf Anfrage von David Myers, dem Leiter des Instituts für Judaistik an der UCLA, den Einführungsvortrag zu einer von ihm ausgerichteten Tagung über die Marranos halten. Wegen meiner Krankheit und dem Druck, in so kurzer Zeit einen Text für diesen Anlass vorzubereiten, schob ich eine definitive Zusage lange vor mir her. Nur wenige Tage vorher sagte ich David Myers, dass ich kommen würde. Beim Vortrag hatte ich einen Sauerstofftank in der Hand. Ich hatte den Text fett und mit dreifachem Zeilenabstand ausgedruckt, aber als ich am Pult stand, konnte ich ihn nicht entziffern und musste einmal mehr überwiegend frei sprechen.

Im Januar fand am Centre Alexandre Koyré in Paris eine Tagung unter der Überschrift »Journée Richard Popkin« statt. Acht französische Gelehrte hielten Vorträge über meine Arbeit auf dem

[27] Matt Goldish und Richard H. Popkin (Hgg.): Jewish Messianism in the Early Modern World (Millenarianism and Messianism in Early Modern European Culture Vol. I) (Dordrecht 2001) [Anm. d. Hg.].

Gebiet des Skeptizismus. Offenbar hatte die französische Übersetzung meines Buches in Frankreich reges Interesse an einer Reihe geistesgeschichtlicher Fragestellungen ausgelöst. Leider konnte ich nicht teilnehmen. Die Beiträge, von denen ich bis jetzt erst drei zu Gesicht bekommen habe, werden im Lauf des Jahres in der *Revue de Synthèse* publiziert. Ich habe ein kleines Vorwort zu dieser Aufsatzsammlung geschrieben. Für die Januartagung an der Clark Library haben Tim und ich einen Rollstuhl-Scooter gemietet, ähnlich dem des Anklägers im McVeigh-Prozess. In dem Geschäft, wo ich ihn auslieh, hörte ich zum ersten Mal, dass die Gesundheitsfürsorge unter Umständen die Kosten für den Scooter und für anfallende Leihgebühren übernehmen würde. Meinem Arzt war das neu. Im Geschäft bekam ich die Formulare, der Arzt musste meinen Gesundheitszustand begutachten, und wenige Monate später war ich stolzer Besitzer eines leuchtend blauen Rollstuhl-Scooters der Marke PRIDE, der auch in unseren Hausflur passte. Er ist bis zu acht Kilometer pro Stunde schnell und hat eine Hupe. Damit konnte ich zu Geschäften und Restaurants in der Nähe fahren. Für den Transport zur Clark Library hat Tim ihn immer auseinandergebaut, so dass es zum vertrauten Bild wurde, wie ich mit meinem blauen Rollstuhl-Scooter auf dem Gelände herumflitzte.

Während die Konferenzen zum Millenarismus weitergingen, im Januar die zum katholischen, im Februar die zum protestantischen in England, im März zu dem auf dem Kontinent und im April zu Millenarismus und Revolution, verschlechterte sich mein Gesundheitszustand zusehends. Meine Augen ließen immer stärker nach. Ich konnte die vorher eingesandten Beiträge nicht mehr lesen; ich war immer weniger in der Lage, Menschen zu erkennen, selbst aus einem halben Meter Entfernung. Nach jeder Tagung war ich so erschöpft, dass ich drei Tage das Bett hüten musste. Viele Teilnehmer waren alte Bekannte, ehemalige Studenten oder Kollegen, die überzeugt waren, dass dies wohl unser letztes Zusammentreffen sein würde. Mein Lungenarzt wies bei jedem Besuch darauf hin, dass es mit mir bergab gehe und dass ich mich auf weitere Verschlechterungen einstellen müsse. Meine Mutter und der Mann ihrer Schwester hatten schon an sich intensivierender Lungenaufblähung gelitten. Ich wusste also, was auf mich zukam, und stellte mich darauf ein.

Trotzdem war ich sehr zufrieden mit den Konferenzen, die alle ausgesprochen gut verliefen. Der Austausch zwischen den Teilnehmern war sehr anregend, und es herrschte eine geradezu magische Atmosphäre. Mein Beitrag bestand im wesentlichen darin, zu allem Anmerkungen zu machen und notfalls einzuspringen, wenn jemand ausgefallen war. Martin Mulsow aus München und Susanne Åkermann aus Stockholm präsentierten einige besonders spannende Forschungsergebnisse. David Katz blieb eine Woche, damit wir über unser Buch *Messianic Revolution* beraten konnten. Das war alles sehr berauschend, und doch dachte ich und alle anderen, dass es mein Abgang sein würde. Während der letzten Tagung hielt ich eine Rede, die ich als meine Abschiedsrede betrachtete, und Peter Reill und mein Sohn lobten meine Verdienste. Es schien, als ob der alte Gelehrte seine Fußnoten an den Nagel hängen und sich langsam verabschieden würde. Von jetzt an würde ich über gar nichts mehr Konferenzen organisieren.

Davon bin ich ernsthaft ausgegangen. Auch war ich überzeugt, dass wir nach Washington würden ziehen müssen, damit ich meinen Lebensabend im Schoß der Familie verbringen könnte. Im Juni wollte Julie nach Washington fliegen und sich nach einer Wohnung umsehen. Ich vereinbarte mit Peter Reill und Bruce Whiteman, dass ich meine Bücher der Clark Library vermachen würde, weil ich dachte, dass es dort in Zukunft am ehesten Leser geben würde, die an meinen Forschungsgebieten interessiert sind.

Angesichts dieses wohlbegründeten Pessimismus sah ich schwarz, was meine Zukunft als Wissenschaftler wie als Mensch betraf. Ich hatte immer noch drei Verträge gegenüber Verlagen zu erfüllen, einen für die eine Hälfte eines neuen Lehrbuchs, das ich mit Avrum Stroll für Oxford schrieb, den zweiten für eine Anthologie skeptischer Schriften von der Antike bis zur Gegenwart und einen dritten für die endgültige Version meiner Geschichte des Skeptizismus, die ebenfalls bei Oxford erscheinen soll, diesmal von Savonarola bis hin zu Pierre Bayles Artikel über Savonarola. Diese Verpflichtungen würden dafür sorgen, dass mein Leben trotz der immer größeren Einschränkungen nicht langweilig werden würde.

Doch dann trat zur Überraschung aller eine Veränderung meines Gesundheitszustands ein. Bei einer Routineuntersuchung Anfang April war mein Augenarzt ganz erschrocken, weil ich nicht einmal mehr erkennen konnte, wo die Tafel mit den Symbolen hing. Er verschrieb mir Tabletten für die Entwässerung des Gewebes hinter meinen Augen und warnte mich, dass sie seltsame Nebenwirkungen haben könnten. In der Woche vor der letzten Clark-Konferenz begann ich, sie einzunehmen. Als ich am darauffolgenden Montag zum Arzt musste, fragte Julie, ob sie mich fahren solle. Ich blickte auf und sagte, wieso, ich könne doch sehen. Und plötzlich wurde mir bewusst, was ich da gesagt hatte: Ich konnte tatsächlich sehen. Ich konnte viel besser Zeitung lesen. Ich konnte Dinge am anderen Ende des Zimmers deutlich erkennen. Also fuhr ich mit dem Auto nach Santa Monica zum Augenarzt. Er war angenehm überrascht, dass es mir so viel besser ging, und verschrieb mir eine neue Brille, keine Vergrößerungsgläser mehr. Beim Augenoptiker waren alle verblüfft. Sie hatten die Gläser angefertigt und konnten gar nicht glauben, dass sie für mich sein sollten. Mit der neuen Brille kann ich wieder gut Auto fahren, nur auf die Autobahn traue ich mich noch nicht, und ich habe Schwierigkeiten, wenn ich gegen die Sonne fahre.

Jetzt, da ich wieder mobiler war, erkundigte ich mich nach Möglichkeiten, wie ich mit meinem Rollstuhl-Scooter und meinen Sauerstofftanks noch mehr Bewegungsfreiheit bekommen könnte. In der Praxis meines Arztes konnte man mir nicht weiterhelfen; aber in dem Sanitätshaus, das mir den Scooter verschafft hatte, erzählte man mir von Access, einem staatlichen Transportdienst, der behinderte Menschen von A nach B bringt. Als ich dort anrief, wurde ich mit Scooter und Sauerstoff zu einem Termin in ein Krankenhaus in der Innenstadt von Los Angeles bestellt. Ich wurde mit einem innen umgebauten Kleinbus abgeholt, der über Platz für Leute wie mich und ihre Hilfsmittel verfügte. Ich konnte direkt in den Bus hineinfahren und später wieder heraus. Bei dem Gespräch im Krankenhaus brachte ich es zwar fertig, die Büromöbel umzuwerfen, wurde aber trotzdem als ein Mensch mit einer Behinderung anerkannt, der die Bedingungen für den Transport erfüllt. Sie sagten, ich müsse fünf Stunden vor jeder Fahrt Bescheid geben; ich würde also jeden Tag sorgfältig planen müssen. Bevor es jedoch soweit kam, dass ich den Service in Anspruch nahm, rief mich jemand an, der Minivans für Behinderte umbaute. Er kam vorbei und zeigte, wie sich ein Ford-Lieferwagen für ungefähr 40.000 Dollar entsprechend umbauen ließ. Noch ehe ich mir ernsthaft Gedanken darüber machte, erfuhr ich von unserem Computerspezialisten, dass seine Ex-Frau sich eine Hebevorrichtung angeschafft hatte, mit der man einen Rollstuhl in einen Minivan heben konnte und die nur ein oder zwei Tausend mehr kostete als der Minivan. Ich fand die Aussicht überwältigend, mich völlig frei bewegen zu können. Die Werkstatt, die solche Hebevorrichtungen einbaute, war in Long Beach. Der Mechaniker sagte mir, dass Dodge-Lieferwagen für solche Zwecke am besten geeignet seien, weil sie eine etwas breitere Hecktür hätten. Wir machten uns sofort auf zum nächsten Dodge-Händler, kauften einen schönen neuen weißen Lieferwagen und brachten ihn nach Long Beach für den Umbau. Mein Freund Andrew Charwhat, ein Maschinenbauingenieur an der UCLA, überwachte den ganzen Vorgang. Er entwarf einen neuen Hebel für die Hebebühne, der mir die Bedienung erleichterte, sowie eine Halterung für den Scooter, in die der Sauerstofftank hineinpasste. Damit war alles bereit, und es konnte losgehen. Tim und ich fuhren mit der Vorrichtung samt Minivan zur UCLA. Ich konnte den Rollstuhl-Scooter allein ausladen und zur Bibliothek fahren; es war mein erster Besuch seit zwei Jahren. Ich fuhr im Magazin herum, lieh einige Bücher aus, kam zurück zum Wagen, lud den Scooter ein, und fuhr nach Hause. Julie und ich nahmen den Scooter mit ins Los Angeles County Museum of Art, gelangten mit dem Aufzug für Behinderte nach oben, aßen in der Cafeteria zu Mittag, sahen uns eine Ausstellung an – und als wir wieder gehen wollten, war der Behindertenaufzug außer Betrieb. Der andere Zugang zum LA County Museum führte über eine lange Treppe, die für den Scooter und mich ungeeignet war. Also schon wieder ein Problem. Schließlich mussten wir in einem versteckten Aufzug hinuntergebracht werden, versteckt für Besucher, aber offen für Mitarbeiter, und dann durch einen Irrgarten von Gängen und endlich nach draußen.

Im Juni 1998 hatte ich also alle Voraussetzungen für ein neues Leben mit mehr Bewegungsfreiheit. Dann gab es eine weitere Überraschung: Als ich meine regelmäßige Lungenuntersuchung hatte, atmete ich viel freier als sonst. Der Arzt war überrascht und unterzog mich einer umfangreichen Lungenfunktionsprüfung, um meinen Zustand einschätzen zu können. Ich blies in alle möglichen Schläuche, und am Ende sagte man mir, dass meine Werte sehr viel besser geworden seien und ich tagsüber keinen Sauerstoff mehr zu benutzen brauche. Keine Sauerstofftanks mehr herumschleppen! Der Arzt zeigte mir, dass die Ergebnisse besser waren als in den letzten viereinhalb Jahren. Ich stellte fest, dass mir das Gehen ohne Sauerstoff leichter fiel; ich konnte sogar wieder Treppen steigen. Und ich brauchte auch den Rollstuhl-Scooter und die ganzen Sauerstofftanks nicht mehr, die jetzt bei uns im Flur stehen. Der Arzt meinte, ich könne einen kurzen Flug riskieren. Im Sommer kamen viele unserer Kinder und Enkel zu Besuch, und danach flogen Julie und ich für vier Tage nach San Francisco. Es klappte wunderbar. Wir hatten ein Zimmer im Hyatt Regency-Hotel, gingen in zwei Museen, ins Theater und waren zwei Mal Abendessen – mehr als ich in den vergangenen Jahren unternehmen konnte. Da ich keinen Sauerstoff mehr brauchte (außer nachts beim Schlafen) und keine Hilfe beim Hinsetzen, konnten wir ohne logistische Probleme ins Theater, ins Kino usw. gehen. Am Tag nach unserer Rückkehr aus San Francisco musste ich zur Untersuchung; alles war in Ordnung. Ich wäre dem Arzt am liebsten um den Hals gefallen, als er meinte, ich könne es mit einem Flug an die Ostküste versuchen, und im nächsten Jahr vielleicht über den Atlantik. Im Dezember machen wir uns auf nach Osten. Ich bin eingeladen, nach den Winterferien einen Vortrag am Institute for Jewish Studies an der University of Pennsylvania zu halten. Die ganze Familie wird sich in Washington versammeln, um den fünfzigsten Geburtstag meines Sohnes Jeremy zu feiern, und am 27. Dezember meinen Fünfundsiebzigsten.

Als ich mit diesen Aufzeichnungen begonnen habe, dachte ich, sie würden in tiefster Traurigkeit enden, als Abschiedsworte auf mein Leben als Gelehrter. Jetzt, da eine Art Lazarus-Erlebnis eingetreten ist, bin ich geradezu euphorisch. Die Ärzte sind sich nicht einig, was passiert ist. Der Augenarzt meint, dass das Medikament, das das Gewebe hinter meinen Augen entwässert, auch anderswo in meinem Körper Flüssigkeit abbaut, unter anderem im meinen Lungen. Mein Lungenarzt zieht es vor zu glauben, dass es an seiner Behandlung und Fürsorge liegt. Beide verdienen den Nobelpreis für Medizin, ebenso wie ihr wiederauferstandener Patient, der nun weiterhin die unterschiedlichsten Fragen der Geistesgeschichte der Neuzeit untersuchen wird. Ich habe keine Ahnung, ob die derzeitige Verbesserung meines Gesundheitszustandes anhalten wird, aber ich würde gern weiter erforschen, wie die Skeptiker der Antike die Entwicklung der Philosophie in der Neuzeit beeinflusst haben und welche Rolle jüdisches Gedankengut für das Denken im 17. und 18. Jahrhundert gespielt hat. Ich hoffe, dass dies zu einem besseren Verständnis der besonderen Position Spinozas wie seines Einflusses auf die Entwicklung des Denkens auch jenseits religiöser Fragestellungen führt. Wie gesagt, alles hängt irgendwie mit allem zusammen, und es steht zu hoffen, dass all dies zu einem besseren Verständnis unserer gegenwärtigen geistigen Lage beiträgt. Wenn ich die Zeit und die Energie habe, würde ich gerne die ultraradikalen Spielarten des Skeptizismus untersuchen, wie sie bei postmodernen Denkern und den extremen Anhängern des sehr konservativen Christian Reconstructionism im Entstehen begriffen sind. Schließlich, so Gott will, würde ich auch gerne ein wenig Zeit damit verbringen, tiefer über meine eigenen religiösen Überzeugungen nachzudenken wie auch über meine Haltung zum Judentum und zu Israel. Ich glaube, dass in einer Zeit, in der mit wachsender Hektik immer mehr orthodoxe jüdische Traditionen wiederbelebt werden, auch eine Erneuerung der großen Werte stattfinden muss, für die sich säkularisierte sozialistische Juden in der Ära vor dem Zweiten Weltkrieg eingesetzt haben, denn diese können Hoffnung machen auf eine bessere Zukunft.

Es gibt also noch viel zu tun und viel nachzudenken. Ob sich das alles weiterhin im Rahmen von Konferenzen abspielen wird, die für mich immer so fruchtbar gewesen sind – ich weiß es noch nicht.

Anhang

Die dritte Kraft im Denken des 17. Jahrhunderts: Über Skeptizismus, Wissenschaft und Millenarismus

übersetzt von Birke Bossmann und Christel Klink

Der große philosophische Streit im siebzehnten Jahrhundert wird immer gerne als Schlagabtausch zweier Philosophien dargestellt, die man damals beide zur Rechtfertigung der »neuen Wissenschaft«, der *new science*, ins Feld führte: die des cartesianischen Rationalismus und des britischen Empirismus.* Denker, die nicht in dieses Schema passen, werden üblicherweise ignoriert oder als merkwürdige Randfiguren behandelt, wie man in Abhandlungen über Herbert of Cherbury, Gassendi, Hobbes, die Cambridge Platonists, Kenelm Digby, John Seargent und Comenius beobachten kann.

In den vergangenen dreißig Jahren habe ich zu zeigen versucht, dass sich die neue Philosophie als Reaktion auf eine skeptizistische Krise entwickelte, die das europäische Denken der Reformation zutiefst beeinflusste und durch das Wiederaufleben des antiken griechischen Skeptizismus, zeitgemäß präsentiert durch Montaigne, erheblich an Schwung gewann. Bei meiner Spurensuche nach dieser neuen skeptizistischen Bewegung, angefangen bei Montaigne und seinem Cousin Francisco Sanches bis hin zu Bayle, Hume und verschiedenen Vertretern der französischen Aufklärung, bekam ich bald Unterstützung von anderen Wissenschaftlern. Viele Philosophen von Descartes bis Kant haben nachweislich die skeptizistische Herausforderung angenommen und gingen in ihrem Denken zum Gegenangriff über.

Aufgrund neuerer Forschungen bin ich zu der Ansicht gelangt, dass es damals noch eine andere Denkrichtung gab, die auf die skeptizistische Krise reagierte. Sie brachte im Laufe des Jahrhunderts einige merkwürdige Allianzen zwischen der neuen Wissen-

* An dieser Stelle gilt mein besonderer Dank James Force für die anregenden Diskussionen bei der Entstehung dieses Aufsatzes. Ferner danke ich Harry Brakken, Amos Funkenstein, Richard Kroll und Robert Westman für die fruchtbare Auseinandersetzung mit meinen Ideen, für ihre Vorschläge und Kritik.

schaft und Theologie zuwege, vor allem unter den Organisatoren von Englands ehrgeizigen naturwissenschaftlichen Bestrebungen, und fand schließlich ihren Höhepunkt im Denken Sir Isaac Newtons. Charles Webster prägte für einige Philosophen dieses Kreises, mit denen ich mich im folgenden beschäftigen werde, den Begriff der ›geistigen Bruderschaft‹.[1] Ich bin mir nicht sicher, ob diese Bezeichnung ganz glücklich gewählt ist, denn einige von ihnen waren weder besonders vergeistigt noch brüderlich. Weil mir aber auch nichts besseres eingefallen ist, habe ich sie die ›Dritte Kraft‹ genannt. Wie wir noch sehen werden, verbinden sie gerne Elemente empirischen wie rationalistischen Gedankenguts mit theosophischer Spekulation und millenaristischer Bibelauslegung. Das alles wurde bemüht, weil man der skeptizistischen Herausforderung Paroli bieten wollte.

Einer der führenden Köpfe dieses Kreises, John Dury, formulierte seine Antwort auf den Skeptizismus genau zeitgleich mit Descartes. Sie sind sich persönlich begegnet und haben einander anscheinend gründlich missverstanden. Fast dasselbe geschah bei einem Gipfeltreffen von Descartes und Comenius, oder, um ein weiteres Beispiel zu nennen, als Pater Mersenne versuchte, die kursierenden wissenschaftlich-religiösen Ideen mit seinen eigenen bzw. denen seines engen Freundes, Pater Gassendi, zu verbinden. Der herausragendste Theoretiker des Kreises, Henry More von den Cambridge Platonists, machte einen erstaunlichen Gesinnungswandel durch. Er begann als überzeugter Skeptiker, glaubte dann unbeirrbar an biblische Prophezeiungen, wandte sich daraufhin dem cartesianischen Denken zu, um schließlich zu einer Kombination aus Neo-Platonismus und Kabbala zu gelangen. Aus all dem kristallisierte sich eine Richtung des Immaterialismus heraus, die seine Freunde Lady Anne Conway und Isaac Newton am treffendsten formuliert haben. Unter anderem machte Leibniz ausgeprägte Anleihen bei den Ideen dieser Gruppe.

Die Philosophen, mit denen ich mich beschäftigen will, betätigten sich vor allem in protestantischen Ländern wie England, Holland, Teilen Deutschlands und Skandinavien. Sie teilten bestimmte religiöse Überzeugungen, die vor allem mit dem unmittelbar be-

[1] Charles Webster, *The Great Instauration* (New York 1975), chap. II.

vorstehenden Beginn des Millenniums zusammenhingen. Die Entwicklung der modernen Wissenschaft war in ihren Augen der wichtigste Teil der Vorbereitung auf jenes vollkommene Zeitalter, das in unmittelbarer Zukunft anbrechen sollte. Die Bibelauslegung, die auch ihre anderen intellektuellen Aktivitäten entscheidend prägte, entstand zum Teil in direkter Auseinandersetzung mit dem neuen Skeptizismus. Einige rechtfertigten sich in ihren Schriften für den Anspruch, das sichere Zukunftswissen gepachtet zu haben. Andere fanden Gewissheit in dem individuellen, von jeglicher Institution unabhängigen Mystizismus eines Jakob Böhme (1575–1624) und einiger seiner deutschen Vorgänger, die einen einfachen und unmittelbaren Weg zu Gott gefunden hatten. Mindestens zwei Mitglieder aus dieser Gruppe der Dritten Kraft, der Reverend William Twisse und Jan Amos Comenius, veröffentlichten Ansichten, in denen sie den Standpunkt vertraten, dass die wissenstheoretischen Grundlagen ihrer empirischen und rationalistischen Zeitgenossen nur auf den Skeptizismus zurückführbar seien. Darauf bauten Henry More und Lady Conway eigene metaphysische Theorien auf und verteidigten sie gegenüber Descartes, Spinoza und Hobbes. More und William Law, der Böhme ins Englische übersetzt hatte, zeigten, wie erhellend diese neuen metaphysischen Ansätze sowie Böhmes Ideen für Sir Isaac Newton waren und wie prägend sie für einen Teil seines großartigen wissenschaftlichen Weltbildes gewesen sind.

Ich habe das Schicksal dieser Dritten Kraft nur bis zum Ende des siebzehnten Jahrhunderts verfolgt. Die Ideen der Gruppe wurden auf verschiedenste Weise im wissenschaftlichen Millenarismus weiterentwickelt, von Denkern wie William Whiston, David Hartley und Joseph Priestley; in der theosophischen Metaphysik von Andrew Michael Ramsey, Humes Gönner, und Emmanuel Swedenborg sowie vielen anderen. Mit dem weiteren Schicksal dieser Geistesströmung zur Zeit der Aufklärung und danach werden sich andere Untersuchungen beschäftigen müssen.

Wir für unseren Teil wollen mit der intellektuellen Karriere von Joseph Mede (1586–1638) beginnen. Mit seiner Entschlüsselung des Buchs der Offenbarung revolutionierte er die Bibelauslegung. Zu seiner revolutionären Sichtweise war er erst nach zähem Ringen mit dem Skeptizismus gelangt. Mede hatte zuerst am Christ College in Cambridge studiert, war dann Mitglied des Kollegiums und schließlich Professor geworden. Als Tutor betreute er Henry More, Isaac Barrow (Newtons Lehrer), John Milton und viele andere berühmte Persönlichkeiten. Sein Entschlüsselungsansatz zum Buch der Offenbarung ist bis in die Gegenwart ein zentraler Teil des Interpretationssystems millenaristischer Philosophen geblieben. Er entwickelte eine Tabelle, anhand derer man berechnen konnte, wann die Prophezeiungen aus dem Buch Daniel und der Offenbarung eintreffen würden.[2]

Die gängigste Ausgabe von Medes Werken, aus dem Jahre 1672, erwähnt nur am Rande, dass er als Student Pyrrhonist gewesen ist, diese skeptizistische Phase aber später überwand.[3] Eine frühere Ausgabe aus dem Jahr 1664, herausgegeben von Medes ehemaligem Studenten und langjährigem Vizekanzler der Universität Cambridge, John Worthington, gibt auf der Grundlage persönlicher Unterlagen[4] einen ausführlichen biographischen Überblick zu Medes Entwicklung. Als Mede im Jahre 1602 oder 1603 sein Studium in Cambridge aufnahm, so ist dort zu lesen, war er »besorgt über den *Scepticisme*, diese Unruhe stiftende und immer wieder aufflammende Krankheit der Pyrrhonischen Schule aus alten Zeiten«. Im Zimmer eines Mitstudenten fiel ihm offenbar zufällig ein Exemplar der Schriften des Sextus Empiricus in die Hände. Aufgrund dieser Lektüre begann er, merkwürdige Fragen zu stellen und sogar ganz grundlegend an der Existenz von allem und je-

[2] Zu Medes Werdegang und Bedeutung siehe auch: Katherine R. Firth, *The Apocalyptic Tradition in Reformation Britain* 1530–1645 (Oxford 1979), Kap. VI; Leroy Froom, *The Prophetic Faith of our Fathers* (Washington 1948), Bd. II, S. 542 ff. und Ernest Lee Tuveson, *Millennium and Utopia* (Gloucester, Mass. 1972), S. 76–85.

[3] Joseph Mede, *The Works of Joseph Mede*, B.D. (London 1672), »The Author's Life«, S. ii.

[4] John Worthington, »The Life of the Reverand and most learned Joseph Mede«, in: *The Works of the Pious and Profoundly-Learned Joseph Mede* (London 1664). Zu Worthington selbst, den Vizekanzler in Cambridge, und seine Rolle in der Philosophie des siebzehnten Jahrhunderts siehe auch *The Diary and Correspondence of John Worthington, in: Remains Historical and Literary connected with the Palatine Countries of Lancaster and Chester*, hrsg. James Crossley, publiziert von der Chetham Society, Bde. XIII (1847), XXXVI (1855) und CXIV (1886).

dem zu zweifeln. Er fragte sich, ob »die ganze äußere Gestalt der Dinge, so wie sie uns erscheint, nicht bloß ein reines Trugbild oder Phantasiegebilde sei.« (Zu diesem Zeitpunkt war Descartes gerade mal sechs oder sieben Jahre alt.) Dort erfahren wir, dass »jene vertrackten Ideen, mit denen Pyrrho emsig zu zeigen getrachtet hatte, dass der Hort der Wahrheit uneinnehmbar sei«, Mede das Leben schwer machten.[5]

Doch zum Glück fand Mede »schnell einen Ausweg aus diesem Sorgenlabyrinth«. Er wurde zum scharfsinnigen Logiker, treffsicheren Philosophen, hochbegabten Mathematiker, hervorragenden Anatom und großartigen Philologen, Linguisten und Historiker und beschäftigte sich intensiv mit Astrologie (S. III–IV). Schließlich fand er in den Wahrheiten aus dem Buch der Offenbarung seinen persönlichen Weg zur Bewältigung der skeptizistischen Krise. Da sich einige von Medes Vorhersagen zum Eintreffen von in der Offenbarung beschriebenen Ereignissen bereits als falsch erwiesen hatten, wollte Dr. Worthington Medes Auslegungen dieses Textes keineswegs als unfehlbar hinstellen. Stattdessen beharrte er darauf, dass Medes Auslegung »unendlich wahrscheinlicher sei als die irgendeines seiner Vorgänger in ihrem Bemühen, die Bedeutung der Prophezeiungen herauszufinden«. Und so vertrat er den Standpunkt, Medes *Clavis Apocalyptica* sei es im Vergleich mit den anderen Deutungsansätzen, »in höchstem Masse wert, als *Clavis non errans* zu gelten« (S. XII–XIII).

Mede veröffentlichte zu Lebzeiten nur ein einziges Buch, besagte *Clavis Apocalyptica*.[6] Sein unmittelbarer Einfluss ist daher wohl eher auf den persönlichen Kontakt zu Studenten sowie führenden Gelehrten in England und Holland zurückzuführen.[7]

Einer seiner Studenten war Henry More (1614–1687), der am 31. Dezember 1631 das Studium in Cambridge aufnahm und ein Leben lang dort blieb. In einer knappen autobiographischen Skizze berichtet More, dass er sich zunächst mit den Philosophien eines Aristoteles, Cardano, Julius Scaliger auseinandersetzte, um nur

[5] Worthington, »Life of Mede«, in: *Works*, Ausg. 1664, S. III.

[6] Joseph Mede, *Clavis Apocalyptica* (s.l. 1627) und (s.l. 1632).

[7] Der größte Teil der Korrespondenz ist in Buch IV der Ausgabe der *Works* von 1664 erschienen.

einige zu nennen. Die meisten ihrer Aussagen »erschienen mir entweder grundfalsch oder vage oder triviale Binsenweisheiten«. Von vier Jahren Philosophiestudium (bis 1635) »blieb in gewisser Weise nichts anderes als bloßer Skeptizismus«. In dieser Phase verfasste More ein griechisches Gedicht, das er selbst folgendermaßen übersetzte:

[...] Know I

Nor whence, nor who I am, poor Wretch! Nor yet, O Madness ! Whither I must goe: But in Grief's crooked Claws fast held I lie; And Live, I think, by force tugg'd to and fro. Asleep or wake all one, O Father *Jove*, 'Tis brave, we Mortals live in Clouds like thee. Lies, Night-dreams, empty Toys, Fear, fatal Love, This is my Life, I nothing else do see[8]

[...] Weiß ich

doch weder, woher, noch wer ich bin, ich arme Seele! Noch auch, welch Wahnsinn! wohin mein Weg mich führen soll: in des Kummers gekrümmten Klauen bin ich festgehalten; Und lebe, scheint mir, gewaltsam hin- und hergestoßen. Schlafend, wachend, einerlei, Ach Gottvater, wir tapferen Sterblichen leben in Wolken gleich Dir. Lügen, Nachtmahre, eitle Spielzeuge, Furcht, zerstörerische Liebe, dies ist mein Leben, nichts anderes vermag ich zu erkennen.

An diesem Punkt fragte sich More, »ob das höchste Glück des Menschen tatsächlich im Wissen über die Dinge zu finden sei oder nicht vielmehr auf einer erhabeneren, göttlicheren Ebene« (S. 12), oder aber ob man es nicht durch das Studium verschiedener Autoren und eine kontemplative Weltbetrachtung erlangen könne oder vielleicht auch durch einen von allen Lastern geläuterten Geist. More begann mit der Lektüre platonischer, hermetischer und mystischer Autoren, die ihm den Gedanken nahelegten, dass der Weg zu göttlicher Erkenntnis über die Buße führte. Dies wurde ihm zur Gewissheit, als ihm zufällig »jenes goldene Büchlein« (S. 12) in die Hände fiel, das den jungen Martin Luther von Grund auf gewandelt hatte, die *Theologica Deutsch*. Es heilte More von seiner tiefen Melancholie, lehrte ihn, seinen Willen auszulöschen und alles in Demut als gottgegeben hinzunehmen. Indem er sich

[8] Richard Ward, *The Life of the Learned and Pious Dr. Henry More* (London 1710), S. 10.

dem Willen Gottes unterwarf, begann er ein neues Leben, fühlte sich wie neugeboren und entdeckte bei sich »größere Zuversicht, als er je zu hoffen gewagt hatte«. Er erlangte eine »überaus heitere und klarsichtige Geistesverfassung, die sich einfach nicht in Worte fassen lässt« (S.15). Nun konnte er seine philosophische Theologie weiterentwickeln, die zur theoretischen Grundlage seiner dritten Sichtweise werden sollte.

Eine weitere bewegende Schilderung der Bewältigung einer skeptizistischen Krise gibt es bei John Dury (1596–1680), einem der aktiven Mitglieder des wissenschaftlich-religiös geprägten Kreises. Er stammte aus einer schottisch-protestantischen Familie und hatte zur gleichen Zeit wie Peter Serrarius, einem späteren Förderer Spinozas, am reformierten französischen Seminar in Leiden studiert. Dury wurde zunächst Pfarrer in Köln, später in Elbing, einer alten Hansestadt bei Danzig. Dort traf er auf Comenius, Samuel Hartlib und Johann Valentin Andreae. Comenius, Kopf der Mährischen Bruderschaft, lebte in der Nähe als Flüchtling aus den katholischen Eroberungen im Dreißigjährigen Krieg. Hartlib, der schon bald nach England ging, um dort unermüdlich wissenschaftliche und religiöse Aktivitäten zu organisieren, stammte aus einer Elbinger Kaufmannsfamilie. Andreae war der mutmaßliche Begründer der Rosenkreuzer und Verfasser der *Chymischen Hochzeit*, einer ihrer Hauptschriften.

Einige Jahre später wurde Dury der Kaplan und Seelsorger von Prinzessin Maria der Niederlande, der Tochter von James I. von England. Überall in der protestantischen Welt war Dury in der millenaristischen Politik aktiv. Fast fünfzig Jahre lang versuchte er mit großem persönlichen Engagement, in Vorbereitung auf die zweite Wiederkehr Christi alle evangelischen Kirchen Europas und Nordamerikas zu vereinigen. Er stand in Verhandlungen mit zahlreichen geistlichen und politischen Führern verschiedenster Länder, in denen der Protestantismus florierte. Er war auch eine der führenden Persönlichkeiten in den Reihen derer, die Wissen und Bildung förderten und die an der Konversion der Juden arbeiteten. Beide Betätigungsfelder betrachtete er als weitere Vorbereitung auf das nahende Millennium. Man kannte Dury quer durch die Gelehrtenrepublik. Er verkehrte freundschaftlich mit Menasse ben Israel, einem der wichtigsten Rabbis von Amsterdam und Lehrer

Spinozas. Von den frühen dreißiger Jahren des 16. Jahrhunderts bis zu seinem Tod eilte er rastlos von einer Konferenz zur nächsten, um seine millenaristischen Projekte voranzutreiben. Während der puritanischen Revolution kehrte er zurück nach England, wo er sich besonders stark für die Umsetzung verschiedener Reformprojekte auf dem Gebiet von Erziehung und Religion einsetzte und bei den Vorbereitungen für die Einrichtung der wissenschaftlichen Organisation half, die zum Vorläufer der Royal Society of England wurde. Er war mit Robert Boyles Tante verheiratet, und seine Tochter wiederum heiratete Henry Oldenburg, Spinozas Freund und Briefpartner und späteren Sekretär der Royal Society.[9]

Samuel Hartlib war der zentrale Verbindungsmann für zahlreiche Anhänger der Dritten Kraft in und außerhalb Englands und führte eine unglaublich umfangreiche Korrespondenz. Sie wird gerade von mehreren Forschern gesichtet, die sich mit der Ideengeschichte des siebzehnten Jahrhunderts beschäftigen.[10] In Hartlibs Papieren befindet sich ein Bericht über ein Treffen zwischen Descartes und Dury in Holland im Winter des Jahres 1634–1635. Beide waren mit Prinzessin Elisabeth von der Pfalz bzw. Böhmen befreundet und trafen sich oft bei ihr.[11] Das Hartlib-Dokument präsentiert uns Descartes zu einer Zeit, als er gerade an seiner *Abhandlung über die Methode* arbeitete.

»Er diskurrierte mit Herrn Dury, indem er die Ungewissheit aller Dinge beklagte, was Dur. mit den Wahrheiten und Gewissheiten der einschlägigen Berichte der Heiligen Schrift und einer unfehlbaren Auslegungsmethode zu widerlegen trachtete, was wie-

[9] Zu Dury und seiner Karriere siehe J. Minton Batten, *John Dury, Advocate of Christian Reunion* (Chicago 1944); G.H. Turnbull, *Hartlib, Dury and Comenius* (London 1947) und Charles Webster, *The Great Instauration.* Durys Beziehung zu Rabbi Menasse ben Israel wird erörtert bei Cecil Roth, *A Life of Menasseh ben Israel* (Philadelphia 1934), S. 181 ff. und bei David S. Katz, *Philo-Semitism and the Readmission of the Jews to England 1603–1655* (Oxford 1982).

[10] Zu Hartlib siehe Turnbull, *op. cit.*, Charles Webster, Introduction to *Samuel Hartlib and the Advancement of Learning* (Cambridge 1970) und H. Dircks, *Biographical Memoir of Samuel Hartlib, Milton's Familiar Friend* (London 1865).

[11] Batten, op.cit., S. 95.

derum er [Descartes] bestritt. Doch nachdem er in so manchem *ad absurdum* geführt war, gab er nach. Tatsächlich war D. [Dury] selbig [selbst] in größter Verlegenheit bei genau diesen besonderen Fragen. Es gab kaum etwas, in dem er Gewissheit finden konnte, auch wenn er natürlich alles und jedes tiefgründig zu erörtern imstande war. Doch unumstößlich und anschaulich wusste er nichts zu nennen; bis er sich schließlich auf die Heilige Schrift berief und eine unfehlbare Auslegungsweise erhellend darlegte. Er bekannte, dass er den Menschen sehr gewogen sei und ihnen beträchtliches Urteilsvermögen und differenziertes Denken zugestehe, so sie nur aufrecht und gottesfürchtig seien.«[12]

In diesem Bericht steckt Descartes noch mitten in seiner skeptizistischen Krise, während Dury zwar bereits einen Weg zur Bewältigung seiner eigenen gefunden hatte, ohne ihn jedoch gegenüber Descartes' Kritik verteidigen zu können. Aufgrund anderer Quellen scheint es, als habe Dury die Anregung zu seiner unfehlbaren Bibelauslegungsmethode von Joseph Mede erhalten.

Mede führte ein beschauliches Leben in Cambridge und unternahm keine größeren Anstrengungen, um Anhänger für seine millenaristischen Ansichten zu gewinnen. Anhand seiner Korrespondenz kann man feststellen, dass er seine Botschaft anhand eines langsam, aber stetig wachsenden Personenkreises verbreitete. Einige seiner Briefpartner, vor allem ein puritanischer Geistlicher namens Dr. William Twisse, lockten ihn mit Fragen aus der Reserve und gaben seine Antworten zum Buch Daniel und der Offenbarung an Interessierte weiter. Schon bald nach seinem Umzug nach England im Jahr 1630 bekam Samuel Hartlib Kontakt zu Dr. Twisse und über ihn offenbar auch zu Mede persönlich. Im März 1634 schrieb Hartlib an Mede, dass es in Leiden jemanden gebe, dem sein Buch *Clavis Apocalyptica* sehr gut gefiele.[13] Daraufhin schickte Mede einige Unterlagen an Hartlib, in denen er die Grundlage seiner Auslegungen erläuterte. Im Begleitschreiben heißt es »So Herr

[12] Dieser Text wurde bei Turnbull, op. cit., S. 167, veröffentlicht. Ebenfalls erschienen ist er in Cornelis de Waard, »Un Entretien avec Descartes en 1634 ou 1635«, *Archives Internationales d'Histoire des Sciences* VI (1953), S. 14–16.

[13] Samuel Hartlib an Joseph Mede, 6. März 1634, Epistel XLIV, in: Mede, *Works*, Ausg. von 1664, S. 984.

Dury mein Buch gelesen hat, mag Er sie [die Unterlagen] mit ihm austauschen.«[14] Kurz darauf schrieb Dury an Mede und bemühte sich, ihn für die Kampagne zur Einigung der evangelischen Kirchen zu gewinnen.[15]

Es scheint, dass Dury durch Medes veröffentlichte wie unveröffentlichte Schriften auf seine unfehlbare Auslegungsmethode der Heiligen Schrift gestoßen ist. Offenbar hatte Descartes diesen Unfehlbarkeitsanspruch mit den üblichen rhetorischen Schachzügen des Skeptizismus in Frage gestellt, die Dury damals nicht zu kontern wusste. Hartlib ermutigte seinen Freund, eine Abhandlung zur Festlegung von Regeln für unfehlbare Bibelauslegung zu vollenden und im Anschluss eine Erwiderung auf Descartes zu verfassen.[16] Dury brachte weder das eine noch das andere zu Ende, doch im Jahr 1651 unternahm er im Vorwort zur Übersetzung eines deutschen Textes von Abraham von Frankenberg, Jakob Böhmes Biographen und wichtigstem Schüler, das ebenfalls den Titel *Clavis Apocalyptica* trug, den Versuch, Beurteilungskriterien zur Auslegung biblischer Prophezeiungen abzufassen. Er stellte ein paar empirisch-historische Regeln auf, nur um dann festzustellen, dass diese nichts ohne den Segen Gottes seien, der allein erst vollkommene Gewissheit garantieren könne.[17]

Henry More und die anderen Mitglieder der Cambridge Platonists trafen klarere und präzisere Aussagen über die Grundlagen für diese Gewissheit. Und eine sehr ausgefeilte Analyse der Natur menschlichen Wissens, die in dem Anspruch gipfelt, dass Medes Methode der Bibelauslegung unfehlbar sei, wurde von Dr. Twisse vorgelegt.

More und seine Mitstreiter in Cambridge, John Smith und Benjamin Whichcote, waren Zeugen der puritanischen Revolution. Ihnen wurde nur allzu deutlich vor Augen geführt, dass jeder der

[14] Mede an Hartlib, Epistel XLV, *Works*, S. 985.

[15] John Dury an Mede, 4. März 1634/5, Epistel XLVI, *Works*, S. 985.

[16] Hartlibs Entwurf für Durys Abhandlung über die unfehlbaren Regeln der Bibelinterpretation stehen in Turnbull, *op. cit.*, S. 169.

[17] John Dury, »An Epistolical discourse, from Mr. John Durie to Mr. Sam. Hartlib, concerning this Exposition of the Revelation, Nov. 28, 1650«, Vorwort zu *Clavis Apocalyptica* (London 1651), S. 12–17

zahlreichen, untereinander zerstrittenen Sektierer in dieser Zeit Anspruch auf die alleinseligmachende Wahrheit erhob. Gerade More hatte seine Vorbehalte hinsichtlich der Art und Weise, in der Jakob Böhmes Mystizismus von vielen klugen Köpfen in England und Holland in den 1640er und 1650er Jahren aufgegriffen und zur Rechtfertigung verschiedener neuer Religionsbewegungen, wie etwa der Quäker, angeführt wurde.[18] Viele appellierten an eine innere, individuelle Gewissheit, die auf einem angenommenen direkten Kontakt zu dem Geist im Inneren, oder wie Böhme es ausdrückte, zum inneren Gott, beruhte. Mores Freundin, Lady Anne Conway, und ihr Arzt, Franciscus Mercurius van Helmont, wurden Quäker. 1656 unternahm More den zaghaften Versuch einer kritischen Bewertung etlicher zeitgenössischer Religionsbewegungen in seinem *Enthusiasmus Triumphatus: or a Brief Discourse of the Nature, Causes, Kinds and Cure of Enthusiasm.*[19]

Für More war Enthusiasmus das Gegenteil von göttlicher Inspiration und musste in Atheismus enden. Den Unterschied erklärte er folgendermaßen: Inspiriert sein bedeutet, auf außergewöhnliche Weise durch die Kraft oder den Geist Gottes dazu bewegt zu werden, fromm, gerecht und wahrhaftig zu handeln, zu sprechen und zu denken; Enthusiasmus dagegen sei »die inbrünstige, aber irrige Überzeugung eines Menschen, er sei »inspiriert«. (Abschn. II, S. 2) Diese Betrachtung wäre gut und schön, wenn man bloß genau unterscheiden könnte, ob man wahrhaft inspiriert oder lediglich begeistert ist. Wie wir noch sehen werden, war More zwar in der Lage zu erkennen, dass man scheinbar unumstößlichen mathematischen Wahrheiten durchaus mit skeptischem Zweifel begegnen

[18] Margaret Lewis Bailey, *Milton and Jakob Boehme* (New York 1914), bes. S. 91–93. Vgl. auch Serge Hutin, *Les Disciples anglais de Jacob Boehme* (Paris 1960). Zu More siehe Hutin, *Henry More* (Hildesheim 1966) sowie Marjorie Hope Nicolson, *Conway Letters. The Correspondence of Anne Viscountess Conway, Henry More and their Friends* 1642–1684 (New Haven 1930), Kap. 2, S. 39 ff. In seinem kurzen Text über Böhme, *Philosophiae Teutonicae Censura* (London 1679), in: Mores *Opera Philosophia* (London 1689), Bd. I, stellt More die Frage 1 a »Utrum Jacobus Behmen infallibite inspiratus esset?« und weist darauf hin, dass er seine Zweifel hat. Siehe S. 536.

[19] Henry More, *Enthusiasmus Triumphatus; or, a Brief Discourse on the Natural Causes, Kinds and Cure of Enthusiasm* (London 1662).

kann, einen solchen aber genau seinen eigenen inspirierten religiösen Ansichten gegenüber nicht aufbringen konnte.

Zwei Gefährten Mores in Cambridge, John Smith und Benjamin Whichcote, versuchten es mit einer umfassenderen Darstellung des Unterschiedes zwischen Enthusiasmus und göttlicher Inspiration. In seinem Traktat »Of Prophesie« suchte Smith »Rechenschaft abzulegen über den Unterschied zwischen dem wahren prophetischen Geist und enthusiastischen Betrügereien«. Der »pseudo-prophetische Geist existiert nur in der Einbildung und in Kräften, geringer als der Verstand«, wogegen »der wahre prophetische Geist ebenso in den Kräften der Ratio wie der Sinne haust und niemals den Verstand befremdet, sondern diesen unterrichtet und erhellt«.[20] Auch wenn sich Smiths Erklärung nur auf die Gabe der Prophezeiung bezieht, so scheint die Darstellung des Unterschiedes zwischen inspirierter Prophezeiung und Enthusiasmus allgemein geeignet, um zwischen göttlicher Inspiration und deren menschlicher Imitation, dem Enthusiasmus, zu unterscheiden. Wie More erklärt Smith letzteren als durch »melancholische und aufgebauschte Grillen« (ibid.) verursacht. Die Erklärung, wie sie zu irrigen, manierierten Vorstellungen, sog. *conceits*, führten, leitete er aus Maimonides' *Führer der Unschlüssigen* ab.

Ein typisches Erkennungsmerkmal des Enthusiasmus sah Smith darin, dass er »weder der Vernunft dient, noch zu einem wahren Verständnis der Dinge in ihrer Stimmigkeit und in ihrem Gesamtzusammenhang erhebt«. Aufgrund dieses Versagens könnten Enthusiasten »ohne Schwierigkeiten Dinge freudig begrüßen, die dem wahren und nüchternen Verstand absurd erscheinen«.[21] Es werde lediglich die Einbildungskraft stimuliert, nicht aber rationale Fähigkeiten. Ein rational denkender Mensch könne vermutlich beurteilen, inwiefern seine rationalen Verstandeskräfte befremdlich vernebelt würden. Der prophetische Geist »bewahret sich immerfort eine Folgerichtigkeit und Klarheit in der Vernunft, Stärke und

[20] John Smith, *Selected Discourses* (London 1660), Discourse VI, »Of Prophesie«, S. 190.

[21] Ibid., S. 93. Im November 1982 wies Sarah Hutton in einem Vortrag in Amsterdam anlässlich des 350. Geburtstages von Spinoza auf einige frappierende Parallelen zwischen Smiths Erörterung der prophetischen Gabe und Spinozas Anfang des *Tractatus Theologico-Politicus* hin.

Stichhaltigkeit im Urteilsvermögen [...] er *verzücket* nicht den Geist«, sondern unterrichtet und erhellt ihn. Ein pseudo-prophetischer Geist erreicht niemals diesen luziden Zustand, sondern bleibt gefangen in den Leidenschaften unserer Phantasien.[22] Er werde vom Fürsten der Finsternis geleitet, der die helle Welt des Lichtes und des Verstandes scheut. Der wahre Prophet weiß demnach, wann er eine himmlische Botschaft erhalten hat. Auch der falsche Prophet könne wahr und falsch unterscheiden, wenn es ihm nur gelänge, seine Selbsttäuschung zu überwinden. Andernfalls werde er Trugbildern erliegen. Man könne annehmen, dass sich die göttliche Inspiration auf diese Weise der Vernunft offenbare – anders als der Enthusiasmus; und ein rational denkender Mensch erkenne den Unterschied genau (S. 203, 206 f.).

In einem Traktat, in dem Benjamin Whichcote den Standpunkt vertritt, dass alle wahrhaft Gläubigen vor allen gefährlichen Irrtümern über die Religion erlöst werden, betont er jedoch auch, wie wichtig es sei, besonders auf der Hut zu sein, damit »wir dem Teufel und seinen Verführungskünsten keine Flanke bieten«, uns zu Enthusiasten zu machen.[23] Am Anfang dieser Vorsicht sollte die Erkenntnis der eigenen Unzulänglichkeit stehen. Erst wenn wir demütig und bescheiden sind, könne unser Geist »darauf eingestimmt und vorbereitet werden, all die göttliche Wahrheit zu empfangen« (S. 9–12). Mit Vorsicht und ohne überzogene Erwartungen ließe sich der Geist gegen den Enthusiasmus feien, gegen hitzige, wilde Phantasien sowie verstörende Melancholie, und könne in ruhiger und klarer Vernunftanwendung ruhen. In diesem Zustand »sprechen Menschen reinen Herzens und gottgefälligen Lebens mit großer Gewissheit die Wahrheit über heilige Dinge« (S. 19).

Smith und Whichcote liefern sehr detaillierte Betrachtungen über die rationalen Aspekte der Inspiration und den irrationalen Charakter des Enthusiasmus. Aber wer ist schon wirklich imstande zu unterscheiden, ob er eine rationale oder eine enthusiastische Ansicht äußert? Eine viel umfassendere epistemologische Antwort auf diese immer noch offene skeptizistische Frage bietet Dr. Wil-

[22] Smith, op. cit., S. 197.

[23] Benjamin Whichcote, *The Works of the Learned Benjamin Whichcote*, D. D. (London 1761), Bd. II, S. 7.

liam Twisse in *The Doubting Conscience Resolved. In Answer to a pretended perplexing Question, etc. Wherein it is evidently proved, that the holy Scriptures (not the Pope) is the Foundation whereupon the Church is built. Or, That a Christian may be Infallibly certain of his Faith and Religion by the Holy Scripture.* (Zur Zerstreuung jeglicher Gewissenszweifel. Eine Antwort auf eine scheinbar unentwirrbare Frage, etc. Worin der klare Beweis geführet wird, dass die Heilige Schrift [und nicht der Papst] der Fels sei, auf dem die Kirche gebaut ist. Oder, dass ein Christ dank der Heiligen Schrift seines Glaubens und seiner Religion unfehlbar gewiss sein kann.) Der Text wurde auf Wunsch von Samuel Hartlib verfasst und erschien posthum im Jahr 1652.[24] Twisse (1578[?]–1648) wurde in Oxford zum Theologen ausgebildet und verfasste eine packende Verteidigungsschrift für den strikten Calvinismus gegen den Arminianismus. Als bekannter puritanischer Anführer trat er vor allem in der Religionspolitik nach 1640 in Erscheinung. Und gerade wegen seiner wichtigen Rolle in der puritanischen Revolution entfernte man während der Restauration seine Gebeine auch wieder aus der Westminster Abbey.[25]

Offenbar war Twisse der erste, dem die ungeheure Tragweite von Medes Entdeckung klar wurde: dass nämlich die im Buch Daniel und in der Offenbarung prophezeiten Ereignisse in der geschichtlichen Gegenwart einzutreffen begannen und dass der Beginn des Millenniums unmittelbar bevorstand. In fünfzehn Briefen an Mede aus den Jahren 1629–38 entlockte er dem Verfasser der *Clavis Apocalyptica*, was er da tatsächlich für eine Entdeckung gemacht hatte.[26]

[24] William Twisse, *The Doubting Conscience Resolved. In Answer to a pretended perplexing Question, etc. Wherein it is evidently proved, that the holy Scriptures (not the Pope) is the Foundation whereupon the Church is built. Or, That a Christian may be Infallibly certain of his Faith and Religion by the Holy Scripture* (London 1652). Das Imprimatur von Edmund Calamy trägt das Datum 3. Mai, 1652. Der Text wurde im 18. Jahrhundert wieder aufgelegt.

[25] Twisse war Prolocutor (Versammlungssprecher) der Westminster Assembly. Sein genauer Werdegang ist in einem Artikel des *Dictionary of National Biography* nachzulesen.

[26] Diese Briefe sind erschienen in Mede, *Works*, Buch IV, S. 927–1054. Prof. Mayir Vereté von der Hebrew University stieß mich als erster darauf, wie wich-

Nach Medes Tod veröffentlichte Twisse etliche seiner Werke, die bereits als Manuskripte im Umlauf waren. In seinen Vorworten verdeutlichte er die unglaubliche Tragweite von Medes Entdeckungen für die Zukunft der Menschheit.

Die Übersetzung der *Clavis Apocalyptica. The Key of the Revelation* (Der Schlüssel zur Offenbarung) wurde im Jahr 1643 auf Anordnung des Unterhauskomitees veröffentlicht. Im Vorwort kommentiert Twisse eine Auslegung von *Daniel 12:4*, auf die er (vermutlich dank Mede) gestoßen war. In der Bibelstelle heißt es in der englischen Version: »Many shall run to and fro, and knowledge shall be increased.« Seiner Ansicht nach bedeute dies, dass die Erschließung der Welt durch Schifffahrt und Handel mit einem Wissenszuwachs Hand in Hand gehen sollten, was auch genau jetzt der Fall sei, wie jeder aufmerksame Beobachter unschwer feststellen könne. Ein Meilenstein auf dem Gebiet des wachsenden Wissens sei Medes Auslegung des Buches der Offenbarung.[27] Ihm seien schon vor Jahren Gerüchte zu Ohren gekommen, dass Mede behauptete, die Herrschaft Christi auf Erden stehe unmittelbar bevor. Daraufhin habe er begonnen, mit Mede zu korrespondieren, der ihm schrieb, erst mit Beginn der Reformation, d.h. erst seit der Antichrist in Gestalt der römisch-katholische Kirche in seine Schranken verwiesen worden sei, seien die Menschen überhaupt erst in die Lage versetzt worden, die Bedeutung der Prophezeiungen im Buch Daniel und in der Offenbarung zu entschlüsseln. Schon seit Anbeginn habe die römisch-katholische Kirche den Millenarismus, den Glauben an die Tausendjährige Herrschaft Christi auf Erden, als übelste Ketzerei gebrandmarkt. Aber nun könne diese Glaubensrichtung wieder aufleben, da die Tage der Herrschaft des Antichrist gezählt seien.[28] (Nach Henry Mores Einschätzung gebührte dieser

tig es war, dass Twisse Mede dazu bewegte, seine Ansichten zu formulieren und den Bezug zu zeitgenössischen Ereignissen herzustellen.

[27] Siehe hierzu Twisses Vorwort zu Joseph Mede, *The Key of the Revelation, searched and demonstrated out of the Naturall and proper Characters of the Visions* [Der Schlüssel zur Offenbarung, gesuchet und demonstrieret aus dem natürlichen und eigenthümlichen Charakter der Visionen], (London 1643), S. A3–3v. (Hier handelt es sich um die englische Übersetzung von Medes *Clavis Apocalyptica*).

[28] Siehe auch Twisses Vorwort zu Medes *Apostacy of the Latter Times* (Lon-

neuen Sicht millenaristischer Prophezeiungen »ebensoviel Lob und Anerkennung in der Theologie, wie den Schriften *Über den Blutkreislauf* in der Biologie oder *Die Bewegung der Erde* in der Naturphilosophie«.)[29]

In Weiterentwicklung seiner Erkenntnistheorie warf Twisse die Frage auf, ob der Mensch durch die Heilige Schrift zu unfehlbarer Glaubensgewissheit gelangen und somit ein unerschütterliches Glaubensfundament aufbauen könne. Kritiker hatten Zweifel bekundet, verwiesen auf die Bandbreite der Antworten von Katholiken und Anhängern verschiedener protestantischer Richtungen. Doch Twisse beharrte auf seinem Standpunkt, dass trotz aller Schwierigkeiten eine unfehlbare und Gewissheit verschaffende Bibelauslegung möglich sei.[30] Diese Methode sei grundverschieden von der Wahrnehmung konkreter Gegenstände. Ein Scharlatan und selbst der Papst könne vielleicht über Bibelkenntnis verfügen, »doch die Bibel als Wort Gottes zu erfahren, als Gottes Weisheit und Gottes Kraft – dies ist einem erneuerten Geist vorbehalten, in dem der Geist Gottes waltet als die Gestalt gewordene lebendige Gnade«.[31] Durch göttliche Inspiration seien die Auserwählten imstande, die Bedeutung von Prophezeiungen und Offenbarungen zu erkennen »wenn die Zeit reif ist für die Mitteilung dieses Wissens«. (S. 86f.). Diese Zeit sei offenbar nah. Daniels Prophezeiung erfülle sich. Die Menschen bewegten sich überall auf der ganzen Welt, und das Wissen wachse stetig. Ein Aspekt des Wissenszuwachses sei »ein merkwürdiger Fortschritt in der Erschließung der Geheim-

don 1641), S. A2v. Twisse berichtet, dass er erst Kontakt zu Mede aufnahm, als »er gerüchteweise von dessen Überzeugung erfuhr, das herrliche Reich Christi hier auf Erden betreffend, welche vor vielen hundert Jahren als Irrglaube der Millenarier angeprangert worden war«. In einem Brief, datiert vom 11. November 1629, hatte Mede Twisse erklärt, dass die Gläubigen Stillschweigen über das Millennium bewahren müssten, solange der Antichrist herrsche.

[29] Henry More, *An Explanation of the Grand Mystery of Godliness* (London 1660), S. xvi. Mores Äußerung bezieht sich auf Cudworths Vorlesungen zum bevorstehenden Millennium.

[30] Twisse, *The Doubting Conscience Resolved*, S. 1–15.

[31] Ibid., S. 74. Twisse hatte früher bereits gesagt, dass naturbegabte Vernunft und Unterweisung wohl ausreichen könnten, um von Menschen verfasste Schriften zu begreifen, »doch vermag es göttliche Eingebung allein, den Menschen göttliche Dinge erkennen zu lassen«, S. 32.

nisse der Offenbarung und anderer mysteriöser Prophezeiungen des Alten Testamentes«. (S. 87) Als Beispiel führt Twisse die damals erst kürzlich gewonnene Erkenntnis an, die Zahl 666 auf der Bestie in der Offenbarung sei ein Hinweis darauf, dass es sich beim Papst um den Antichrist handle. (Laut Mede war diese »Entdeckung« von Francis Potter »die größte Entdeckung seit Anbeginn der Erde«.[32]) Er wies auch auf die Anzeichen für den unmittelbar bevorstehenden Beginn des Millenniums hin. Selbst die Propheten hätten von diesen Mysterien nichts gewusst, weil die Zeit dafür noch nicht reif dafür gewesen sei. Denn »Gott hatte einen Zeitpunkt bestimmt, an dem ihr Licht hell erstrahlen sollte, um seine Kirche mit unaussprechlichem Trost zu erleuchten, wenn sie es am verzweifeltsten brauchten, sollte die Vollkommenheit dieser Prophezeiungen in greifbare Nähe rücken«.[33] Jetzt, unmittelbar vor dem Höhepunkt der Weltgeschichte, seien die Auserwählten in der Lage, mehr und mehr von der Natur und der Heiligen Schrift zu begreifen. »Und so, wie das natürliche Licht immer stärker wird, bis es vollkommen helllichter Tag ist, so verhält es sich auch mit dem Licht der Spiritualität.«(S. 91–94; das Zitat steht auf S. 93–94)

Wir erfahren den wahren Glauben durch spirituelle Erleuchtung, die vom Geist Gottes ausgeht. Jeder Mensch erlebt die Erleuchtung individuell für sich und kann sie anderen nicht mitteilen. (S. 100) Die Erleuchtung ist wahrhaftig, weil sie von Gott kommt. »Nun, da in mir der Geist Gottes leuchtet, existieren die greifbaren Dinge nicht durch meine Wahrnehmung, sondern durch meinen Glauben, und meine Überzeugung hierein ist unerschütterlich und dem natürlichen Wissen nicht unterlegen, sondern vielmehr überlegen [...] denn es ist ein Ding, die Stimme des Menschen, ein ander Ding, die Stimme Gottes zu vernehmen«. (S. 101–102)

Es mag vielleicht nicht möglich sein, in der Heiligen Schrift greifbares Wissen zu finden. Doch können wir genug Gewissheit in Bezug auf theologische Wahrheiten gewinnen, sodass wir sie annehmen und Ketzerei zurückweisen können. Darüber hinaus gibt

[32] Ibid., S. 89–90. Medes Äußerung, die in seiner *Apostacy of the Latter Times*, S. a3, zu finden ist, wurde als Vorwort in Potters Buch, *The Number of the Beast* aufgenommen.

[33] Twisse, *The Doubting Conscience Resolved*, S. 91.

es »die Erleuchtung durch den Geist, die mir gewissermaßen neue Augen verleiht und mir die Augen meines Begriffsvermögens öffnet, auf dass ich das Göttliche sehen und erkennen möge, und dieser Heilige Geist vermag mich von jeglichem Zweifel zu erlösen«. (S. 104–105, das Zitat auf S. 105) Durch diese göttliche Erleuchtung wird der Skeptizismus überwunden. Sie nimmt allen Zweifel und schenkt unfehlbares Wissen. Dieses Wissen wächst, je näher das Millennium rückt. Doch da die Quelle dieses Wissens die Erleuchtung durch den Heiligen Geist ist, bleibt es individuell und kann anderen nicht mitgeteilt werden (S. 121).

Indem Twisse die Zusicherung dieses Wissens an die persönliche göttliche Erleuchtungs-Erfahrung des Einzelnen knüpft, entwickelt er daraus eine Epistemologie, wie sie auch aus den Schriften Jakob Böhmes hätte abgeleitet werden können, des sogenannten »gottbegnadeten Philosophen«, der behauptet hatte, alles Wissen aus dem Geist Gottes in seinem Inneren zu schöpfen – »wir mögen aus gutem Grunde sagen, dass ich in Christus bin, und Christus in mir Mensch geworden ist«. Unser ganzes Wissen lebt aus dem Geist und Willen Gottes und ist in uns selbst zu finden. Die göttliche Tragödie, das Leben Christi, beschreiben, was im Inneren eines geistig erneuerten Menschen vor sich geht. Böhme fühlte sich berufen, diese Botschaft zu verkünden und die Menschen von ihrer Wahrhaftigkeit zu überzeugen. Der erste englische Übersetzer drückte es 1649 so aus, dass in Böhmes Werk »die Spuren und Zeichen göttlichen Lichts und göttlichen Wissens dortselbst abgedruckt sind«.[34] Böhme verlieh seiner persönlichen Erfahrung göttlicher Erleuchtung Ausdruck.

Die Frage, ob göttliche Inspiration auch eine reine Illusion sein könne, wischte Twisse ebenso vom Tisch wie zuvor schon die Cambridge Platonists. Enthusiasmus sei falsche Inspiration, ausgelöst durch Phantasien oder Melancholie. Jeder vernünftige und/oder gottesfürchtige Mensch könne aus und für sich beurteilen, ob er

[34] Siehe Franz Hartmann, *The Life and Doctrine of Jacob Boehme, the God-Taught Philosopher* (Boston 1891), S. 261. Dazu auch die ausgezeichnete Studie von Alexandre Koyré, *La Philosophie de Jacob Boehme* (Paris 1929). In den englischen Ausgaben des siebzehnten Jahrhunderts finden sich ziemlich überspannte Behauptungen über den Autor.

wahrhaftig inspiriert worden sei. (Henry More hatte so seine Zweifel, ob Böhme unfehlbare Inspiration zuteil geworden war, aber bei sich selbst war er sich da ganz sicher). Ein halbes Jahrhundert später konnte der Earl of Shaftesbury, Anthony Ashley Cooper, in »A Letter concerning Enthusiasm« ausführen: »Auch vermag man göttliche Inspiration nicht anhand äußerlicher Merkmale klar von [Enthusiasmus] unterscheiden«. Um zu wissen, ob eine Inspiration von Gott kommt, müssen wir kraft unseres eigenen Geistes urteilen, der »gemäßigt, kühl und unparteiisch« sein kann oder auch nur leidenschaftlich und melancholisch getrübt.[35] Genau hier scheint uns die Gewissheit zu entgleiten. Als Individuum mögen wir uns damit zufrieden geben, aber können wir sicher sein, dass wir richtig urteilen?

In England und Holland tummelten sich im siebzehnten Jahrhundert alle möglichen Religionsprediger und Propheten, die davon überzeugt waren, im Besitz der alleinseligmachenden Wahrheit zu sein und einen direkten Draht zur göttlichen Sphäre zu besitzen. Manche waren durchaus geneigt, die Bibel als bloßes Menschenwerk abzutun, das somit nicht so verlässlich war wie unmittelbare religiöse Erfahrungen. Der gelehrte Quäker Samuel Fisher suchte das Vertrauen in die Texte oder den Wortlaut der Heiligen Schrift zu unterwandern, indem er alle möglichen skeptischen Probleme aufwarf, gleichzeitig jedoch steif und fest behauptete, dass man sich auf das Wort Gottes, wie es den Menschen in aller Welt verkündet werde, absolut verlassen könne.[36]

[35] Anthony Ashley Cooper, »A letter concerning Enthusiasm«, *Characteristicks of Men, Manners, Opinions, Times*, 2nd edition (London 1714), S. 54: »Um zu wissen, ob es sich um göttliche Eingebungen handelt, müssen wir zuvor unseren eigenen Geist prüfen, ob er auf Vernunft und gesundem Menschenverstand gründet, ob er überhaupt zu Einschätzungen befähigt sei, indem er ausgeglichen, kühl und unparteiisch ist: frei von ablenkenden Leidenschaften, allen schwindeln machenden Dämpfen und dem Nebel der Melancholie [...] Dieses Wissen kommt an erster Stelle vor jeglicher Urteilsbildung.«

[36] Vgl. Samuel Fisher, *The Rustic Alarm to the Rabbies* (London 1660). Christiopher Hill bezeichnete Fisher in seinem Überblick über die vielen kursierenden Ansichten dieser Zeit in *The World Turned Upside Down* (London 1972), S. 213–215, als den radikalsten Bibelkritiker dieser Zeit. Höchstwahrscheinlich kannte Fisher Spinoza. Siehe R.H. Popkin, »Spinoza, the Quakers and the Millenarians 1656–1658«, *Manuscrito* VI (1982), S. 113–133.

Für viele bestand ein Zusammenhang zwischen der Widerlegung des Skeptizismus durch Bitten um göttliche Inspiration und wissenschaftlicher Forschung, sie sahen darin eine Triebfeder, um Bildung durch wissenschaftliche Arbeit zu fördern. Dury, Hartlib und Comenius waren treibende Kräfte bei der Entfaltung wissenschaftlicher Aktivitäten, wie Charles Webster in seiner Schrift *The Great Instauration* gezeigt hat.[37] Ihre Bemühungen führten direkt oder indirekt zur Gründung der Royal Society, zu deren Mitgliedern alle Großen der *new science* gehörten: Robert Boyle, Robert Hooke, Isaac Newton und Gottfried Wilhelm Leibniz.[38]

Einer der bedeutendsten Theoretiker dieser neuen zukunftsweisenden wissenschaftlichen Sichtweise war Johann Amos Comenius (1592–1670), der Führer der Mährischen Brüder. Er wurde in Tschechien geboren und verbrachte die meiste Zeit seines Lebens im westeuropäischen Exil, zuerst wegen des Dreißigjährigen Krieges, später wegen der schwedischen Invasion Polens.[39] Höchstwahrscheinlich traf er im Jahr 1630 mit Dury und Hartlib zusammen, als Dury noch Pastor in Elbing war und Hartlib zu seinen Gemeindemitgliedern zählte. Von dort aus ging Hartlib nach England, wo er schnell zu einer zentralen Gestalt des dortigen Geisteslebens wurde. Er machte die Bekanntschaft führender Wissenschaftler, Theologen und Politiker und organisierte schon bald Projekte aller Art. Er traf Twisse und Mede, auch wurde der Kontakt zu Dury vermittelt, der bereits nach Holland gegangen war. Comenius bereiste Deutschland, Skandinavien und Holland und begann mit der Veröffentlichung seiner Schriften, die das Bildungswesen revolutionieren sollten. Man schätzt, dass bis zum Jahr 1650 die Hälfte aller in Europa und Amerika verwendeten Schulbücher von ihm stammten. Im Jahr 1641 berief man ihn nach England, wo er seine Theorien in die Praxis umsetzen sollte.[40] Diese Theorien waren sowohl pädagogisch als auch millenaristisch, wie wir noch sehen wer-

37 Webster, *The Great Instauration.*

38 Was genau die Royal Society Dury, Hartlib und Comenius verdankte, darüber diskutiert man schon die letzten drei Jahrhunderte.

39 Zu Comenius' Werdegang siehe Matthew Spinka, *John Amos Comenius, that Incomparable Moravian* (Chicago 1943).

40 Zu diesem Abschnitt von Comenius' Karriere siehe Webster, *The Great Instauration*; und Turnbull, *Hartlib, Dury and Comenius.*

den, und sie waren Teil einer theosophischen Vision. Auch empfing er besondere Informationen über den voraussichtlichen Beginn des Millenniums von seinem ganz persönlichen Spezialpropheten.

Comenius' Theorie des Wissens erschien in zwei Büchern, die 1651 in englischer Sprache in England publiziert wurden. Eines trägt den Titel *Naturall Philosophie Reformed by Divine Light: or A Synopsis of Physicks by J.A. Comenius; Exposed to the censure of those that are lovers of Learning, and desire to be taught by God. Being a view of the World in general, and of particular Creatures therein containded, ground upon Scripture Principles.*[41] (Naturphilosophie, im göttlichen Lichte erneuert: oder ein Abriss der Physik von J.A. Comenius; allen Freunden des Lernens, die danach streben, von Gott unterrichtet zu werden, zur kritischen Beurteilung vorgelegt. Eine Betrachtung der Welt im allgemeinen, und im besonderen der darin enthaltenen Kreaturen, aufbauend auf Prinzipien der Heiligen Schrift.) Bei dem zweiten Werk handelt es sich um *A Pattern of Universal Knowledge In a plaine and true Draught; or a Diatyposis*[42] (Ein Schema vom universellen Wissen. In einem einfachen und wahrhaftigen Entwurf; oder eine Diatyposis.) Darin formulierte Comenius seine Antwort auf den Pyrrhonismus mit der These, dass man sehr wohl mathematische Gewissheit erlangen könne, wende man nur die richtige Methode an. Jede Wahrheit könne aus ihrer eigenen Natur heraus bewiesen werden. Jeder pansophische Gegenstand (d.h. Teil gesamtwissenschaftlichen, universalen Wissens) ist kraft der Methode beweisbar. Diese Methode besteht darin, Wahrheiten so lange fein abzustufen, bis sie sich durch ihre Ursachen ergründen lassen.[43]

[41] Johann Amos Comenius, *Natural Philosophie Reformed by the Divine Light [...]* (London 1651). Das Buch trägt als Widmung »To the truly studious of wisdome, from Christ the fountain of wisdome, greeting« (»Als Gruß von Christus, der Quelle der Weisheit, an alle wahrhaft nach Weisheit Strebenden.«).

[42] Comenius, *A Pattern of Universal Knowledge. In a plaine and true Draught: or a Diatyposis* [Ein Schema vom universellen Wissen. In einem einfachen und wahrhaftigen Entwurf: oder auch Diatyposis/Handlungsanleitung] (London 1651), übersetzt von Jeremy Collier.

[43] Ibid., S. 144 f. Der folgende Abschnitt beschreibt detailliert, wie dabei vorzugehen sei.

Die dazugehörige Methode wird in der *Natural Philosophie Reformed by Divine Light* entwickelt. Comenius berichtet, dass ihn die Lektüre von Luis Vives, Tommaso Campanella und Francis Bacon dazu angeregt habe. Vives griff die Scholastiker an, ohne jedoch eine adäquate Alternative anzubieten. Campanella stellte eine neue Theorie der Welt vor und verteidigte Galileo, doch waren seine Ansichten zu dubios. In Bacons *Instauratio Magna* sah Comenius »einen hellen Lichtstrahl in einer gerade anbrechenden neuen Ära der Philosophie«. Bacon habe den wahren Schlüssel gefunden, aber die Geheimnisse der Natur noch nicht damit entschlüsselt. Comenius berichtet jedoch, dass ihn Bacons Werk so erleuchtet habe, »dass einige große Naturgeheimnisse und sehr dunklen Textstellen der Heiligen Schrift nun ganz klar geworden seien«.[44] Im Ergebnis erkannte er drei wesentliche Punkte: (1) »Dass die einzig wahre, aus der Quelle schöpfende und klare philosophische Methode alles aus den Sinnen, dem Verstand und der Heiligen Schrift ableite«, (2) dass die scholastische Philosophie unzulänglich sei, und (3) »dass alle Dinge, die existieren und erschaffen wurden, für die Sinne, den Verstand und die heilige Schrift soviel Beweiskraft und Gewissheit in sich tragen [...] dass jeder sehende und fühlende Sterbliche, der wirklich sehen und fühlen will, die Wahrheit in allem und jedem findet«.[45]

Am Anfang allen Wissens steht die Sinneswahrnehmung, doch wie Illusionen und Täuschungen zeigen, können die Sinne oftmals verwirrt werden. Daher müssen wir den klaren Verstand gebrauchen, »um die Unzulänglichkeit der Sinne auszugleichen und ihre Irrtümer zu korrigieren«. Doch entzieht sich vieles sowohl den Sinnen als auch der Vernunft. In diesen Fällen verdanken wir es der Gnade Gottes, dass er uns durch sein Wort einige Geheimnisse enthüllt hat, die wir kennen müssen. Es geht also darum, Sinne, Verstand und die Heilige Schrift in Einklang bringen (Vorwort, S. 10). Verließen wir uns ausschließlich auf unsere Sinneswahrnehmung, so wären wir nicht klüger als jeder gewöhnliche Sterbliche. Wir könnten uns nicht vorstellen, dass der Mond kleiner ist als

[44] Comenius, *Naturall Philsophie Reformed by the Divine Light*, Vorwort. Die Zitate stehen auf der siebten und achten nicht nummerierten Seite.

[45] Ibid., Vorwort, S. 8, 9.

ein Stern, oder dass die Sonne größer ist als die Erde. Verließen wir uns ausschließlich auf den Verstand, würden wir uns nur mit Abstraktionen beschäftigen, mit »meer phastasmes« – bloßen Kopfgeburten – und eine Welt erschaffen, die nur in unserer Vorstellung existiert. Würden wir nur auf die Bibel hören, ohne Sinne und Verstand zu gebrauchen, könnten wir uns zu sehr hinreißen lassen oder in Dinge verstrickt werden, die unser Begriffsvermögen übersteigen (Vorwort, S.11). Daher vertrat Comenius den Standpunkt, wir müssten Göttliche Offenbarung, Vernunft und Sinneswahrnehmung in Einklang bringen, um zu Glauben, Verständnis und Gewissheit zu gelangen. Die Sinne vermitteln das Konkrete. Der Verstand gewinnt umso mehr Gewissheit, je mehr er sich auf die Sinne verlässt. Andererseits korrigiert er die Sinne, wenn die Sinne aufgrund trügerischer Angaben falsch urteilen. Auf die gleiche Weise korrigiert die *Offenbarung* den Verstand, wenn letzterer falsche Schlüsse über nicht greifbare Dinge zieht. Diese Korrekturen bedeuten aber nicht, dass der Verstand in Opposition zu den Sinnen steht, ebenso wenig wie der Glaube zum Verstand (Vorwort, S.12, 14).

Comenius war fest davon überzeugt, dass die Sinne Quelle allen Wissens und aller Gewissheit in Bezug auf die natürlichen Dinge sind, während der Verstand der Schlüssel zu Wissen und Gewissheit über das Offenbarte ist. Sinne und Verstand können zur Kontemplation der wunderbaren göttlichen Schöpfung dienen, aber sie lehren uns nichts über die Ewigkeit. Darüber kann allein das Wort Gottes Aufschluss geben. Die Heilige Schrift sagt uns zwar nichts über Grammatik, Logik, Mathematik und Physik, aber sie vermittelt eine andere Art von Weisheit. Daher kann man sagen, dass »Philosophie ohne göttliche Offenbarung lahmt« (Vorwort, S.23). Deshalb sollten wir dem Diktat der Sinne, des Verstands und der Heiligen Schrift folgen (Vorwort, S.15–33).

Ebenso wie Twisse verwies auch Comenius auf den Fortschritt, den die Wissensentwicklung in jener Zeit machte. Zur Zeit von Aristoteles hatte die Welt noch in den Kinderschuhen gesteckt. Ganz gleich, wie scharf sein Intellekt auch gewesen sein mochte (selbst als »Generalissimo der Philosophen«), so habe er gar nicht alle Wahrheiten erkennen können (Vorwort, S.24f.). Campanella und Bacon hätten gezeigt, dass er in vielen Dingen irrte. Er sei eben doch nur ein Heide gewesen. »Ist das Licht Hierusalems so verdunkelt, dass wir uns Lampen in Athen borgen müssen?«[46] Als Aristoteles' Ansichten in Europa vorherrschend wurden, so ermahnt Comenius seine Leser, habe es nur unnötige Dispute und unzählige Ketzereien gegeben, und der Antichrist habe die Welt regiert (Vorwort, S. 28).

Einige Menschen fürchteten sich wohl davor, der aristotelischen Philosophie den Rücken zu kehren, weil ihnen dann nichts mehr bliebe, an das sie glauben könnten. Aber »so wir nur auf Gott hören, der durch die Natur und durch sein Wort zu uns spricht [...] wie fest, leicht und wunderbar uns doch alles erscheint! wenn Philosophie nicht auf Meinungen gründet, sondern auf Tatsachen« (Vorwort, S. 30).

Um das zu erreichen, bedurfte es der Methode. Dinge sollten erst dann begriffen werden, wenn sie klar sind. Nur die Methode Bacons und die Anleitung durch die Heilige Schrift sollten angewendet werden. Dabei sollten »*Gottes Lenkung, das Licht der Vernunft und die Eindrücke der Sinne*« als Richtschnur dienen (Vorwort, S. 35). Viele Zweifel und Streitigkeiten würden dann aus dem Weg geräumt, unser Verständnis erweitert und neue Ideen geboren (Vorwort, S. 35–38).

Der größte Teil dieses Werks von Comenius befasst sich mit der detaillierten Darstellung seiner Naturphilosophie. Die meisten Informationen werden mit den Sinnen und dem Verstand aufgenommen, doch es gibt Dinge, die mit ihnen nicht fassbar sind, so zum Beispiel, wie die Welt entstanden ist und woraus unsichtbare Dinge bestehen. Deshalb sollte die Schöpfungsgeschichte nach Moses akzeptiert werden, aber auch, was uns Sinne und Verstand mitteilen. »So wollen wir denn beschließen, dass nach unserem Verständnis alle natürlichen Dinge auf keiner anderen Autorität beruhen, als auf der des Schöpfers der Natur und der Natur selbst (so wie sie sich ertasten und erfühlen lässt). Die Heilige Schrift, Sinne und Verstand seien unsere Lehrer, Zeugen und Herrscher, gegen deren Zeugnisse sich ein jeder, der ihnen nicht zustimmt, als närrisch und eitel erweist.«[47]

[46] Ibid., Vorwort, S. 26, 27; das Zitat steht auf S. 27.

[47] Ibid., Text, S. 5–8; das Zitat steht auf S. 8.

Comenius vertrat millenaristische Ansichten und ähnliche Ideen, die in dieser Abhandlung diskutiert wurden. Er sandte ein Manuskript an Hartlib und Dury, in dem er die Meinung vertrat, dass die vorausgesagten Ereignisse im Jahre 1655 ihren Anfang nehmen würden.[48] Wie auch Dury und Hartlib glaubte er, dass man sich darauf vorbereiten müsse. 1641 reiste er zu einem Treffen mit Dury, Hartlib, John Wilkins, Robert Boyle und anderen nach London, um die anstehenden großen Ereignisse vorzubereiten.[49] Am 1. Oktober 1641 verfasste er ein Dokument, in dem er fünf Fragen zur Debatte stellte: (1) Welche Änderung zum Guten wird speziell erhofft? (2) Von woher kann diese Änderung herbeigeführt werden? (3) Was umfasst diese Änderung und welchen Anteil davon kann man dem menschlichen Fleiße anvertrauen? (4) Ob es wohl recht und billig sei, weltliche Kräfte dazu einzusetzen, diese Dinge zu fördern? (5) Was genau gebieten uns, die wir diese Dinge bedenken, unsere Kräfte und Möglichkeiten, jetzt anzugehen?[50]

Comenius' Antwort lautete: (1) Wir hoffen darauf, dass die Zeit naht, in der die frohe Botschaft von Gottes Reich in aller Welt verkündet wird und Friede wird auf Erden. (2) Der Wandel lässt sich erhoffen, wenn ein Licht aufgeht, auf das sich die Augen der Menschen in aller Welt richten. Dieses Licht besteht aus dem Strahlen des menschlichen Gewissens, aus vernunftbasierter Überlegung über Gottes Schöpfung, Gesetz und Wille. (3) Der menschliche Fleiß kann Gebete und Fürbitten an Gott senden und Frömmigkeit unter den Menschen verbreiten. (4) »Es ist recht und billig, die weltlichen Mächte zu diesen Zwecken einzusetzen«, aber bis die Gesellschaft soweit ist, sollte die Arbeit von jenen angegangen werden, die

[48] Das ist das Manuskript, das Dury und Hartlib in der englischen Übersetzung unter dem Titel *Clavis Apocalyptica* veröffentlichten. Hugh Trevor-Roper vertrat die Ansicht, dass diese Arbeit von Abraham von Frankenberg stammt, Böhmes Schüler, Biograf und Herausgeber, der gleichzeitig eng befreundet war mit Rabbi Menasse ben Israel. Vgl. Trevor-Roper, »Three Foreigners: the Philosophers of the Puritan Revolution«, in: *Religion, the Reformation and Social Change* (London 1967), S. 292 ff.

[49] Vgl. dazu Webster, *The Great Instauration*, S. 48–51; sowie Trevor-Ropers »Three Foreigners«. Vgl. ebenfalls Robert F. Young, *Comenius in England* (New York 1971).

[50] Turnbull, *op. cit.*, Seite 358.

wissen, dass das Reich Christus auf Erden bald beginnt. (5) Diese Menschen sollten es unternehmen, die Jugend in einem bestimmten Königreich auf christlichere Weise sowohl in Frömmigkeit als auch in richtiger Lehre zu erziehen. Diese Erziehungsreform sollte in England begonnen werden. Gleichzeitig sollten die Gläubigen auf kirchlichen Frieden hinwirken. Und sie sollten den Dingen auf den Grund gehen und die gefundene Wahrheit verbreiten. Sie sollten Pansophie, also Universalwissen, erlangen (S. 358f.).

Comenius schlug vor, die gewaltigen Arbeiten dieses Projekts aufzuteilen. Er selbst würde die Erziehung reformieren. Hartlib solle in London eine Akademie errichten, in der unter der Leitung von Comenius alles Universalwissen zusammengetragen würde. Hartlib solle alle Wissenschaftler für eine Zusammenarbeit gewinnen, damit dieses Universalwissen erlangt würde. Und Dury solle alle evangelischen Kirchen friedlich unter einem Dach vereinen und die Konversion der Juden vorbereiten.

Trevor-Roper schilderte Comenius, Dury und Hartlib als drei Ausländer, die »zusammen vielleicht, sowohl was ihre begrenzten praktischen Ziele als auch ihren wilden und rastlosen Mystizismus betrifft, als die wahren und einzigen Philosophen der puritanischen Revolution angesehen werden können.«[51] Damit wird ihnen vielleicht zuviel Gewicht beigemessen, doch stimmt es, dass sie vom Parlament nach England zusammen berufen und von den führenden politischen und kirchlichen Amtsträgern der puritanischen Welt gefördert wurden.

Das Parlament hat tatsächlich die Einrichtung der vorgeschlagenen Akademie mit einer internationalen Fakultät in Betracht gezogen. Aufgrund der Unruhen, die durch Ereignisse in Irland entstanden, wurde jedoch nichts aus der Sache. Anscheinend bot Gouverneur Winthrop von der Massachusetts Bay Kolonie Comenius einige Monate später die Präsidentschaft des neuen Harvard College an, um es zum Zentrum der Erziehungsrevolution zu machen, in dem sowohl Indianer als auch Kolonisten zum Universalwissen hin erzogen würden. Comenius entschied sich, aus welchen Gründen auch immer, in der Alten Welt zu bleiben, und begann unter schwedischer und holländischer Schirmherrschaft mit der

[51] Trevor-Roper, »Three Foreigners«, S. 240.

Arbeit an neuen Lehrbüchern für alle Arten von Fachgebieten. Kurz bevor er England verließ, unterzeichneten er, Dury und Hartlib eine Übereinkunft, wonach sie ihr bestes dareinsetzen sollten, den Kirchenfrieden zu fördern, eine christliche Jugend zu erziehen und das Bildungswesen zu reformieren.[52]

Auf dem Rückweg traf sich Comenius auf Schloss Endegeest bei Leiden mit Descartes.[53] Einige Jahre zuvor hatte man versucht, Descartes' Freund Mersenne für die Bewegung der Dritten Kraft zu gewinnen. Nachdem sich Mersenne Comenius' Programm zur Erreichung des Universalwissens angesehen hatte, hatte er an Theodore Haak, einen Verbündeten Hartlibs, in London geschrieben: »Was die Philosophie von Herrn Amos betrifft, können Sie ihm ausrichten, dass wir in der Provence Herrn Gassendi haben, der bereits eine Philosophie ausarbeitet, die alles erdenkliche Wissen umfasst, und dass er sich auch Herrn Descartes Methode ansehen kann [...] die das heldenhafteste Unterfangen ist, das meiner Meinung nach je angegangen wurde.«[54] Während Mersenne das umfassende Wissen Gassendis und Descartes' Methode den Vorschlägen des Comenius vorzog, verteidigte Descartes bei dem vierstündigen Treffen mit Comenius sein System. Wir erfahren, dass Descartes seine Physik und Metaphysik verteidigte, und mehr noch sogar seine Theorien über ewige Wahrheiten und die rationale Grundlage des Glaubens. Comenius dagegen argumentierte, dass die menschliche Intelligenz zu unvollkommen sei, um Wahrheiten selbst zu erkennen, weshalb alle Gewissheit denn endlich doch auf göttlicher Offenbarung beruhte. Als die beiden großen Denker sich trennten, beklagte Descartes, dass Comenius Religion und Wissenschaft vermische, während Comenius seinerseits fürchtete, dass Descartes Ansichten zu Skeptizismus und Religionslosigkeit führ-

[52] Turnbull, *op. cit.*, S. 359–70; und Trevor-Roper, *op cit.* S. 262–74.

[53] Vgl. H.-J. De Vleeschauer, »Descartes et Comenius«, *Travaux du IXe Congrès International de Philosophie* (Paris 1937), S. 109–114; sowie C. Louise Thijssen-Schoute, *Nederlands Cartesianisme* (Amsterdam 1954), S. 615–618. Young, *op. cit.*, zitiert Comenius' Beschreibung des Treffens ebenso wie Thijssen-Schoute.

[54] Marin Mersenne an Theodore Haak, 1. November 1639, in: *Correspondance des Mersenne*, hrsg. Cornélis de Waard (Paris 1963), Band VIII, S. 583.

ten.[55] Von da an entwickelten sich ihre Ansätze in unterschiedliche Richtungen.

Unterdessen publizierten Dury und Hartlib ein Pamphlet für den Religionsausschuss am obersten Gerichtshof, dem High Court of Parliament, mit dem Titel *Englands Thankfulnesse*, gegen den Katholizismus und arbeiteten Pläne aus für die Einheit der Kirche, die Vertiefung religiösen Wissens und zur Vorbereitung der Konversion der Juden, die ihrer Meinung nach 1656[56] stattfinden sollte. Ein Vorschlag befasste sich damit, »Anstrengungen zu unternehmen, das Christentum den Juden weniger anstößig und besser bekannt zu machen, als es heute ist, und Staat und Religion der Juden im heutigen Zustand den Christen näher zu bringen«. Wenn beide Seiten mehr übereinander wüssten, dann würden die Juden besser behandelt und somit erleuchtet werden und konvertieren.[57] Im Laufe der darauf folgenden Jahre unterstützten sie die Veröffentlichung und Übersetzung vieler der wichtigsten religiösen jüdischen Werke. Außerdem waren sie sehr aktiv in den Bemühungen von 1655, den Juden wieder die Einreise nach England zu gestatten (wo, wie die Millenaristen meinten, die Juden sicher

[55] Comenius beschreibt das Treffen in seiner Antwort an Samuel Desmarets, *Continuatio admonitionis fraternae de temperando charitate zelo ad S. Maresius* (Amsterdam 1669). Wie von Young zitiert, *op. cit.*, S. 50, sagte Comenius: »Wir tauschen uns etwa vier Stunden lang aus, wobei er uns die Mysterien seiner Philosophie darlegte und ich die Ansicht verteidigte, dass alles menschliche Wissen, das von den Sinnen alleine und aufgrund von Folgerungen daraus abgeleitet wird, unvollkommen und fehlerhaft sei. Wir verabschiedeten uns freundlich, und ich bat ihn, die Grundzüge seiner Philosophie zu veröffentlichen (diese Grundzüge wurden im folgenden Jahr veröffentlicht), während er mich in gleicher Weise bat, meine eigenen Gedanken reifen zu lassen und die folgende Maxime hinzufügte: ›Ich befasse mich nicht mit Dingen jenseits der Philosophie, weshalb mein Werk nur ein Teil ist, während Ihres das Ganze betrifft‹.«

[56] *Englands Thankfulnesse, or An Humble Remembrance presented to the Committee for Religion in the High Court of Parliament* […] (London 1642). Es besteht einige Ungewissheit darüber, ob Hartlib oder Dury der Verfasser ist. Die Schrift ist sehr selten und wurde neu aufgelegt in Webster, *Samuel Hartlib and the Advancement of Learning*, S. 96 f.

[57] Webster, *Samuel Hartlib*, S. 95. Ich habe eine Studie über Durys Pläne zu einer Akademie für das Studium der Judaistik verfasst: »The First College for Jewish Studies«, *Revue des Études Juives* 143 (1984), S. 351–364.

konvertieren würden, wenn sie erst merkten, welcher Art das reine protestantische Christentum war).[58] Sie arbeiteten aktiv mit den holländischen Philosemiten zusammen, die Spinoza nach seiner Exkommunizierung bei sich aufnahmen.[59]

Hartlib blieb in England und bemühte sich während des Bürgerkriegs und während Cromwells Herrschaft, die wissenschaftliche Gesellschaft ins Leben zu rufen, die das Universalwissen erlangen konnte. Er pflegte umfangreiche Korrespondenz mit den Menschen, die diesem millenaristischen wissenschaftlichen Vorhaben verbunden waren, sowohl innerhalb Englands als auch im Ausland. Zu Beginn der Restauration, als Hartlib schon auf dem Todesbett lag, bewilligte Charles II. die königliche Charta der Royal Society. Durys Schwiegersohn Henry Oldenburg übernahm Hartlibs Rolle und wurde der erste Sekretär dieser wissenschaftlichen Vereinigung. 1661 besuchte Oldenburg Spinoza in Holland; in der anschließenden Korrespondenz, die sich über fünfzehn Jahre hinzog, berichtete er ihm über die wichtige Arbeit der Society und bemühte sich um Spinozas Anerkennung und Unterstützung.[60] Dury verbrachte den Rest seines Lebens größtenteils damit, Verhandlungen zur Vereinigung der protestantischen Kirchen zu führen. Außerdem arbeitete er an verschiedenen Hilfsprogrammen zur Konversion der Juden und konnte führende Hebraisten zur Zusammenarbeit bewegen. Mit Menasse ben Israel verband ihn ein enges, freundschaftliches Verhältnis, und er verwendete einiges aus dessen Unterlagen als brisantes Beweismaterial dafür, dass man

[58] Vgl. David S. Katz, *Philosemitism and the Readmission of the Jews*, Hinweise auf Dury und Hartlib; sowie meine Studie über »The First College of Jewish Studies«.

[59] Sie waren eng verbunden mit Adam Boreel, dem Anführer der Freikirchler in Amsterdam, sowie mit Peter Serrarius, einem der führenden Millenaristen in Holland. Boreel kannte Boyle und Oldenburg, die Durys Neffe und Schwiegersohn waren, und Serrarius stellte den Kontakt zwischen Spinoza und Oldenburg bzw. Boyle her. Vgl. R. H. Popkin, »Spinoza and the Conversion of the Jews«, in: C. De Deugd, *Spinoza's Political and Theological Thought* (Amsterdam 1984).

[60] Vgl. Briefe von Henry Oldenburg an Spinoza 1661–1662, in: A. Rupert Hall und Marie Boas Hall, *The Correspondence of Henry Oldenburg*, Band I (Madison and Milwaukee 1965), insbesondere Brief Nr. 245 vom Juli 1662, S. 470–473.

die verlorenen Stämme Israels in Amerika wiederentdeckt habe, was wohl als untrügliches Zeichen für den baldigen Eintritt des Millenniums anzusehen sei.[61]

Mit ihrem unerschütterlichen Vertrauen in die Unfehlbarkeit biblischer Prophezeiungen, das darauf basierte, dass diesen der Geist Gottes innewohnte, überwanden diese Denker ihre skeptischen Zweifel. Es spornte sie an, in Vorbereitung auf das Millennium ihr Wissen zu vertiefen; und dies wiederum spielte eine wichtige Rolle in der Entwicklung organisierter, wissenschaftlicher Aktivitäten in England und anderen protestantischen Regionen Europas.

Den meisten bislang behandelten Denkern mangelte es weitgehend an einer metaphysischen Theorie. Sie arbeiteten eher eklektisch und schöpften aus vielen Quellen, indem sie verschiedene theosophische Ideen mit Material aus den Werken Böhmes, Bacons und anderer zusammenfügten. Dury soll einige Anstrengungen unternommen haben, eine Antwort auf Descartes' Theorie zu finden, doch blieben die Ergebnisse bislang verschollen. In seinem »Essay of a Modell of said Body of Divinity« bot er den Ansatz eines Entwurfs zu einer metaphysischen Theorie.[62]

Eine voll ausgereifte metaphysische Theorie, die das Weltbild der Dritten Kraft untermauert, wurde von Henry More entwickelt. Er hatte bei Joseph Mede studiert und war anschließend sein Kollege am Christ's College in Cambridge geworden. Wie früher schon angemerkt, hatte er, nachdem er seine eigene Krise des Skeptizismus durch religiöse Findung überwunden hatte, eigene philosophischen Ansichten aus platonischem und neo-platonischem Gedankengut entwickelt sowie aus Ideen seines Kollegen Ralph Cudworth und aus der Kabbala und darüberhinaus Ansichten, die

[61] Vgl. Katz, *op. cit.*, Kapitel 4, bes. S. 142–57; Lucien Wolf, *Menasseh ben Israel's Mission to Oliver Cromwell* (London 1901), S. xxiii–xxviii; und Cecil Roth, *Life of Menasseh ben Israel*, S. 182–186.

[62] Alles, was wir über Durys Antwort auf Descartes wissen, erscheint in Turnbull, op. cit., S. 168 und S. 301. Durys »And an Essay of a Modell of said Body of Divinity« erscheint in seinem *The Earnest Breathings of Foreign Protestants, Divines & Others: to the Ministers and other able Christians of these three Nations, for a Compleat Body of Practicall Divinity* (London 1658). Hier führte er die metaphysischen Annahmen auf, die ein vernunftbegabter Mensch akzeptieren müsse, um zu beweisen, dass Gott existiert.

er als Antwort auf Descartes selbst entwickelt hatte. Anfangs war More enthusiastischer Anhänger Descartes' gewesen, wahrscheinlich sogar sein erster Anhänger in England. Er korrespondierte mit Descartes, kurz bevor dieser von Holland aus nach Schweden zog. Allmählich begann er jedoch, Descartes' Theorie der Materie abzuklopfen und dahingehend zu befragen, ob Ereignisse in der physikalischen Welt tatsächlich erklärt werden konnten, wenn Materie nur aus Ausdehnung bestand.

More rechnete damit, dass seine Kritik des Materialismus den Ansichten von Hobbes, Gassendi und Spinoza widersprechen würde.[63] Da er selbst ein großer Anhänger der neuen Wissenschaft war, trachtete er danach, eine passende Metaphysik für sie zu finden, eine geistige Interpretation der Welt, die die Verbindung zwischen dem Wirken eines lebendigen Gottes, einer Welt aktiver Geister und den mathematischen Gesetzmäßigkeiten der neuen Wissenschaft herstellt. More bewahrte sich einen gesunden Skeptizismus gegenüber dem Grad an Gewissheit, den man über wissenschaftliche oder philosophische Angelegenheiten erreichen konnte. Er vertrat sogar die Meinung, man könne geltende mathematische Folgerungen anzweifeln, da unsere Fähigkeiten wahrscheinlich nicht verlässlich genug sind (ein Punkt, der von seinem noch skeptischeren Freund Joseph Glanvill erarbeitet worden war). Für More war die eigene Weltsicht lediglich eine Mutmaßung, die auch nicht mehr Gewissheit bieten konnte als die Mathematik.[64]

[63] Vgl. Hutin, *Henry More*, S. 90–108, Henry More, »The Preface General« zu *A Collection of Several Philosophical Writings of Dr. Henry More* (London 1662), *An Antidote to Atheism, The Immortality of the Soul*, und die *Letters to Descartes*, die in der *Collection* enthalten sind.

[64] Vgl. Brian P. Copenhaver, »Jewish Theologies of Space in the Scientific Revolution: Henry More, Joseph Raphson, Isaac Newton and their Predecessors«, *Annals of Science 37* (1980), S. 515 f. In Mores *An Antidote to Atheism. Or, An Appeal to the Natural Faculties of the Minde of Man whether there be not a God* (London 1655) sagte er aus, dass sein Argument für die Existenz Gottes angezweifelt werden kann, ebenso wie mathematische Beweise angezweifelt werden können. »Denn es ist möglich, dass der mathematische Beweise selbst nichts weiter ist als eine Täuschung, die nicht aufgehoben werden kann, da sie zwangsläufig und für immer gegen unsere Natur gerichtet ist.« Buch I, Kapitel ii, S. 3. Wenn man jedoch die Hypothese akzeptiert, dass unsere Fähigkeiten verlässlich sind, dann sollte man bereit sein, Mores Beweis für die Existenz Got-

Mores kritisches Werk ist äußerst beeindruckend. Er wies die Unzulänglichkeiten der Anschauungen vieler seiner Zeitgenossen nach und bot eine bemerkenswerte Alternative. Trotzdem fragt sich ein Leser von Mores Werken heutzutage, ob More geistig wohl ganz auf der Höhe war, denn in seinen Schriften verteidigt er alle möglichen abergläubischen Ansichten über Hexerei, Geister und ähnliches; er entwickelt höchst merkwürdige Lesarten von Bibeltexten und beschreibt Ursprung und Wesen der Welt auf der Basis der Kabbala. Eine Übersicht über sein Gesamtwerk weist solide philosophische Arbeiten ebenso auf wie abstruse Ausflüge in das Okkulte, Mystische und Unfassbare. In diesen Werken definierte er eine Metaphysik der geistigen Welt, in der sowohl wissenschaftliche Ansichten als auch die biblischen Glaubenssätze seiner Zeitgenossen aus der Dritten Kraft vertreten sind.

Während Mores cartesianischer Periode schrieb Descartes einen Brief an den englischen Botschafter in Holland, in dem er ausführte, wie gut der Cartesianismus mit der Kosmologie der biblischen Schöpfungsgeschichte übereinstimmt. Descartes schrieb: »Ich beschäftige mich gerade mit einer Beschreibung über die Entstehung der Welt, in der es mir hoffentlich gelingt, den größten Teil der Physik unterzubringen. Nun muss ich Ihnen sagen, dass, nachdem ich vier oder fünf Tage später das erste Kapitel der *Genesis* wieder las, es mir wundersamer Weise klar wurde, wie das alles in meinem Sinne erklärt werden kann [...] Meine neue Philosophie stimmt viel besser mit den Wahrheiten des Glaubens überein als die des Aristoteles.[65] More hat diesen Brief oft zitiert,

tes zu akzeptieren. Vgl. Vorwort, S. B3v–B4. Sowohl Glanvill als auch Wilkins versuchten, den extremen Skeptizismus, der in Mores Zweifeln über die Verlässlichkeit unserer Fähigkeiten herrscht, zu entschärfen.

[65] Dieser Brief wurde wahrscheinlich 1646 an William Boswell geschickt. Vgl. C. Adam und P. Tannery, *Œuvres de Descartes*, Band IV, S. 694–701. Über Mores sich ändernde Meinung über Descartes siehe Alan Gabbey, »Philosophia Cartesiana triumphata: Henry More 1646–1671«, in: *Problems of Cartesianism*, Hrsg. T. Lennon, J. Nicholas und J. Davis (Montreal 1982). More kritisierte Descartes im »Preface general« zu *A collection of Several Philosophical Writings* dafür, »die wahre und natürliche Idee der Bewegung« zu verzerren, als er über Galileos »Unglück« erfuhr. Galileos Einkerkerung »jagte Des-Cartes eine solche Furcht ein, dass er eine so verzerrte Beschreibung der Bewegung zusammen-

aber er hat auch darauf hingewiesen, dass sich Descartes' Hoffnungen leider nicht erfüllt hatten aufgrund des strikten Materialismus seiner Physik. Das war es eben, was die echte Metaphysik von der neuen Wissenschaft unterschied. More versuchte, beide in seiner *Conjectura Cabbalistica* von 1653 wieder zu vereinen, die er Cudworth widmete.[66] Dieses Werk ist ein Kommentar zu *Genesis 1–3* in einer Untersuchung auf drei Ebenen, der semantischen, der philosophischen und der moralischen. Beim Übergang von der semantischen zur philosophischen Ebene behauptete More, dass man die grundlegenden Glaubenssätze des Christentums (wie zum Beispiel die Dreieinigkeit) ebenso wie die Grundanschauungen der Metaphysik und der neuen Wissenschaft (wie die Präexistenz der Seelen und die Bewegung der Erde) bereits in den Büchern Mose finden könne. Daher verteidige die philosophische Kabbala »diese edleren Ergebnisse der freien Vernunft und Philosophie gegen den niederen Verdacht der Ungläubigkeit und Religionslosigkeit« und stelle eine Rechtfertigung der neuen Wissenschaft dar.[67]

Im Abschnitt »Defence of the Threefold Cabala« interpretierte More Moses in erster Linie als Politiker oder Gesetzgeber. Aus diesem Blickwinkel betrachtet scheint Moses seine Version der Schöpfungsgeschichte als Mittel zum Zweck einzusetzen, die Akzeptanz der Israeliten für die von ihm gegebenen Gesetze und Vorschriften zu gewinnen. More stellte das als die beste Art und Weise dar, wie

stellte, so dass keine vernünftiger Mensch sie verstehen kann.« S. xi. More hatte kurz zuvor Descartes Briefe an Mersenne zu Gesicht bekommen und verstanden, wie sehr Galileos Fall Descartes eingeschüchtert hatte.

66 Henry More, *Conjectura Cabbalistica, Or, a Conjectural Essay of Interpreting the minde of Moses, according to the Threefold Cabbala: viz Literal, Philosophical and Mystical, or Divinely Moral* (London 1653). Dieses Werk trägt eine Widmung »an seinen bedeutenden gelehrten und wahrhaft religiösen Freund Dr. Cudworth«.

67 Siehe Copenhaver, *op. cit.*, S. 516 ff. und die darin angegebenen Hinweise. Das Zitat befindet sich auf S. 518 n. 17. Mores »The Preface general« zu *A Collection of Several Philosophical Writings* nannte seine Anschauungen »die am besten akzeptierbare philosophische Interpretation der ersten drei Bücher *Genesis*, die je der Welt geliefert wurden seit dem Verlust der alten jüdischen Kabbala.«

Moses die Israeliten dazu bewegen konnte, diese ausgezeichneten Gesetze zu akzeptieren.[68]

More schrieb an seine Freundin Lady Anne Conway über diesen Teil seines Buchs und sagte: »Mir ist vollkommen klar, wie sehr diese Darstellung der Schöpfungsgeschichte, wenn sie dazu auch noch erzwungenermaßen wortwörtlich aufgefasst werden soll, dazu beigetragen hat, den Atheismus in der Welt zu fördern und gottlose Menschen darin zu bestätigen, dass diese ganze Religionsgeschichte nichts weiter ist als eine offensichtliche Fabel.[69] Die Schöpfungsgeschichte, wörtlich genommen, würde im Widerspruch zur modernen Wissenschaft stehen. Doch Mores ›philosophische‹ Lesart entdeckte die Prinzipien der modernen Wissenschaft in den Büchern Mose. Seine ›Moral‹ präsentierte die Bücher Mose als segensreiche politische Vorgehensweise, um die Menschen zur Anerkennung guter Gesetze zu bewegen. Auf dieser Ebene konnte die Geschichte als Fabel angesehen werden, die dazu diente, den Zehn Geboten und den 613 Gesetzen Mose Autorität zu verleihen. (More erkannte nicht, dass durch diese Art der Darstellung die Basis für die weniger harmlose deistische Interpretation geschaffen wurde ebenso wie für die atheistische, die in *Die drei Betrüger: Moses, Jesus und Mohammed* ausgearbeitet wurde.)[70]

Später, irgendwann nach 1670, machte More Bekanntschaft mit den neueren kabbalistischen Schriften von Isaak Luria und seinen Anhängern in Safed im Heiligen Land. Der europäische Herausgeber dieser Werke, Knorr von Rosenroth, schickte More die Manuskripte in Paketen zu. More, Cudworth und Anne Conway untersuchten sie zusammen mit einem bislang unbekannten Rabbiner. More hatte das Gefühl, dass sich »reines Gold in diesem

[68] More, *Conjectura Cabbalistica*, »Defense of the Threefold Cabbala«, S. 94–98.

[69] Henry Mores Brief an Lady Anne Conway, 4. Juli 1653, in: M. Nicolson, *The Conway Letters*, S. 82. Siehe auch Mores Brief an Lady Conway vom 28. März 1653, ibid., S. 74 f.

[70] Die Interpretation von Moses' Rolle als die eines Politikers, der eine Fabel dazu benutzt, die Israeliten zu überzeugen, spielt eine wichtige Rolle in *Les Trois Imposteurs*. Die politische Interpretation der Rolle von Moses, Jesus und Mohammed wurde anscheinend in den 1650er Jahren ausformuliert und von Oldenburg, Boreel, Spinoza und anderen diskutiert.

kabbalistischen Zeug« befand, was einige der göttlichen Mysterien vielleicht erklären und Juden und Christen zusammen bringen könnte. Die Juden könnten erkennen, dass die grundlegenden christlichen Glaubenslehren schon in der Kabbala auftauchten.[71] In diesem neuen kabbalistischen Material fand More eine Basis für seine Theorie, dass der Geist eine Ausdehnung hat und dass Gott auf gewisse Weise einen Körper besitzt. Der Raum ist das Sensorium Gottes.

In diesem neuen Material fand More ebenfalls Gründe für seine Interpretation der Prophezeiungen in den Büchern Daniel und der Offenbarung. Sein enger Freund Isaak Newton griff einiges aus dieser kabbalistischen Metaphysik und aus Mores Bibelinterpretationen auf. Sie arbeiteten jahrelang zusammen und entschlüsselten die Bedeutung verschiedener biblischer Prophezeiungen.[72] More beschrieb dies 1680 recht nett in einem Brief: »Ich kann mich daran erinnern, [...] dass Sie mich über Herrn Newtons und meine Übereinstimmung bei den Vorstellungen über die Apokalypse befragten. Und ich kann mich daran erinnern, [...] wie groß doch unsere Übereinstimmung war [...] Denn nach der Lektüre meiner Auslegung der Apokalypse kam er zu mir in meine Kammer, und es schien mir, als wolle er meiner Darstellung nicht nur zustimmen als durchgehend schlüssig und verständlich, vom Anfang bis zum Schluss, sondern (von der Art seiner Miene, die für gewöhnlich melancholisch und gedankenversunken ist, und dann plötzlich hell und freundlich aufleuchtet, und von der Art, wie er mir frei heraus sagte, wie zufrieden er damit war), als sei er auch noch richtig hingerissen von ihr.«[73]

Trotz alledem sagte More, dass Newton seine eigenen »conceits« über die sieben Schalen und die sieben Posaunen und weitere in der *Offenbarung* beschriebenen Symbole nicht aufgeben wollte. More fuhr fort: »Herr Newton hat ein seltenes Genie für Mathematik, und ich halte ihn für einen guten und ernsthaften Mann. Aber er spricht über die sieben Kirchen [ein weiteres Symbol], ohne vorher

[71] Vgl. Copenhaver, *op. cit.*, S. 522 f.

[72] Ibid., S. 540–547; und Hutin, *Henry More*, S. 185–193.

[73] Henry More an Dr. John Sharp, 16. August 1680, in: Nicolson, *Conway Letters*, S. 478 f.

meine Ausführungen darüber gelesen zu haben […] Ich hege aber keinen Zweifel, dass er, wenn er erst einmal den dreifachen Anhang zu meinen Erläuterungen der Prophezeiung Daniels gelesen hat […] mit mir einer Meinung sein wird.« More fügte in einem Postskriptum zu seiner Korrespondenz hinzu, dass er hoffe, Newton würde einsehen – nachdem Mores Erläuterungen über das Buch Daniel herauskämen – dass er mit seinen Vorstellungen zu vorschnell gewesen sei (S. 479).

Mores Brief wurde geschrieben, kurz nachdem Newton das Universalprinzip der Schwerkraft entdeckt hatte, doch einige Jahre, bevor er es veröffentlichte. Newton war damals 38 und litt nicht unter vorzeitiger Senilität, sondern befand sich ganz im Gegenteil auf dem Höhepunkt seiner kreativen Begabung. Seine ganze Aufmerksamkeit war auf die Interpretation des Millenniums, auf biblische Prophezeiungen und naturwissenschaftliche Untersuchungen gerichtet. Er beschäftigte sich ausgiebig mit Kirchengeschichte und Bibelkommentaren und schrieb selbst bedeutende Werke über die Bibelgeschichte und das Verständnis des Buchs Daniel und der Offenbarung. Newton war insoweit Teil der Dritten Kraft, als er einen Teil von Mores Metaphysik akzeptierte und in der Interpretation biblischer Prophezeiungen nach einer Art Gewissheit suchte.

Es wurde die Behauptung aufgestellt, dass seine größte wissenschaftliche Leistung, das Gravitationsgesetz, sich aus einigen Passagen in Böhmes mystischen Schriften herleite.[74] Bis alle der über die ganze Welt verstreuten religiösen Schriften Newtons untersucht sind, kann diese Behauptung nicht bewertet werden, geschweige denn der Umfang, in dem Newton der Dritten Kraft zugerechnet werden kann.[75] Zumindest war er jedoch insoweit in-

[74] Ursprünglich wurde diese Behauptung von William Law aufgestellt, der Böhmes Werke im 18. Jahrhundert ins Englische übertrug und herausgab. Der angeführte Beweis wird in *Selected Mystical Writings of William Law* (New York und London 1948) von Stephen Hobhouse diskutiert, in: Anhang Vier, »Isaak Newton and Jacob Boeme. An Enquiry«, S. 397–422. Hobhouse ist diesbezüglich recht skeptisch. B. J. Dobbs, die viele von Newtons alchemistischen Schriften untersucht hat, erzählte mir, dass ihrer Meinung nach Newton zwar von Böhme beeinflusst gewesen sein mag, dass aber die von Law beschriebenen Schriften wahrscheinlich nicht existierten.

[75] Professor B. J. Dobbs, Richard S. Westfall und ich organisieren die Veröf-

volviert, als er Mores Ideen und Interessen teilte. Das Manuskript Newtons, das von Frank Manuel aus der Sammlung Newtonscher Schriften an der Nationalbibliothek von Israel veröffentlicht wurde, beweist, dass Newton versuchte, eine Basis für Gewissheit in der Interpretation von Prophezeiungen der Offenbarung zu finden.[76] Es existieren noch weitere Schriften Newtons über dasselbe Thema sowie die posthum veröffentlichten *Observations upon the Prophecies of Daniel and the Apocalypse of St. John*.

Um diese Geschichte abzuschließen, möchte ich kurz auf den Beitrag von Mores guter Freundin Lady Anne Conway (1631–79) zu dieser Bewegung eingehen. Sie war zu dieser Zeit wahrscheinlich die scharfsinnigste Metaphysikerin Englands. Ihr Bruder war einer von Mores Schülern in Cambridge, und sie studierte bei ihm privat. Ihr Anwesen, Ragley Hall, wurde zum Zentrum für intellektuelle Diskussionen unter den Cambridge Platonists mit dem Skeptiker Joseph Glanvill und dem Mystiker Franciscus Mercurius van Helmont, ihrem Arzt. Ihr Leben lang litt sie an einer schmerzhaften Krankheit. Sie und van Helmont untersuchten Böhmes Mystizismus wie auch den der Quäker entgegen Mores Rat. Schließlich traten sie und der Arzt den Quäkern bei und wurden Mitautoren einer Arbeit über Quäkertheorie. Nachdem Anne Conway gestorben war, nahm Van Helmont ihr philosophisches Manuskript mit ins Ausland und publizierte es in Holland auf Latein und Englisch. Bis vor kurzem war diese Arbeit Van Helmont zugeschrieben und zusammen mit all seinen anderen kabbalistischen und pseudo-wissenschaftlichen Schriften ignoriert worden.[77]

Ihr Meisterwerk trägt den passenden Titel *The Principles of the Most Ancient and Modern Philosophy, Concerning God, Christ and*

fentlichung von Newtons religiösen und alchemistischen Schriften. Die Van Leer Foundation hat uns zu diesem Vorhaben angeregt und es in die Wege geleitet. Wir denken (oder hoffen), dass wir bis zum Ende dieses Jahrhunderts alle Manuskripte veröffentlicht haben, die zwischen Jerusalem und Amerikas Westküste verteilt sind.

[76] Isaac Newton, »Fragment from a Treatise on Revelation«, in: Frank Manuel, *The Religion of Isaac Newton* (Oxford 1974), S. 107–125.

[77] Bezüglich Anne Conway siehe Marjorie Nicolsons Bericht in den *Conway Letters* und die neuere Darstellung in Carolyn Merchant, *The Death of Nature: Women, Ecology and the Scientific Revolution* (New York 1979), S. 253–268.

the Creatures, viz. of spirit and matter in general, whereby may be resolved all those problems or difficulties which neither by school nor common modern philosophy nor by the Cartesian, Hobbesian or Spinosian could be discussed. (Prinzipien der großen alten und modernen Philosophie über Gott, Christus und die Schöpfung, also über Geist und Materie im Allgemeinen, mit denen all jene Probleme oder Schwierigkeiten gelöst werden können, die weder in der Schul- noch mit der allgemeinen modernen Philosophie noch durch die Philosophien von Descartes, Hobbes oder Spinoza diskutiert werden können). Auf brillante Art und Weise zeigte sie, dass die Materialismustheorien von Descartes, Hobbes und Spinoza weder Aktivität noch Kausalität erklären. Dann ging sie über die Anschauungen der Cambridge Platonists hinaus und entwickelte einen durch und durch monistischen Vitalismus, in dem Geist und Körper eine Substanzeinheit bilden. Der Körper besteht aus konzentriertem Geist, während der Geist subtiler, flüchtiger Körper ist. Doch die Substanz der beiden, lebendig und aktiv, ist dieselbe. Hobbes und Spinoza irrten, indem sie weder erkannten, dass die gesamte Schöpfung lebendig sei noch dass zwischen Schöpfer und Schöpfung ein radikaler Unterschied bestehe.

In Anne Conways monistischem Vitalismus wird alles von einer unendlich vollkommenen Gottheit geleitet, die ebenfalls ganz Geist ist.[78] Als nächstes folgt eine Hierarchie geistiger oder körperlicher Wesen, die durch mittlere Geister zusammengeführt werden. Nach dieser Theorie ist Jesus Christus ein Vermittler, der die menschliche Seele mit Gott verbindet. Ihre Theorie läuft auf einen vollkommenen Immaterialismus hinaus und hat höchstwahrscheinlich in der nächsten Generation George Berkeley bei der Entwicklung seiner eigenartigen Philosophie beeinflusst.

Den wichtigsten Einfluss übte sie jedoch auf Leibniz aus. Van Helmont gab Leibniz eine Kopie ihres Buchs. Dieser sagte später, dass er sein metaphysisches System auf dem ihren aufgebaut habe

[78] Anne Conway, *The Principles of the Most Ancient and Modern Philosophy, Concerning God, Christ and the Creatures, viz. of spirit and matter in general* (London 1692), Kap. IX. Eine Neuausgabe dieser Arbeit wurde zweisprachig in Latein und Englisch kommentiert und herausgegeben von Peter Lopston (Den Haag 1982). Siehe auch Nicolson, *Conway Letters*, S. 453 f., sowie Merchant, *op. cit.*, S. 258–264.

(und ganz offensichtlich hat er den Begriff ›Monade‹ von ihr übernommen). Leibniz sagte in einem Brief an Burnet, in dem er seine von Locke abweichenden Ansichten erklärte: »In der Philosophie nähern sich meine Ansichten viel eher denen der verstorbenen Lady Conway«.[79] Leibniz akzeptierte in seinem System mechanistische Erklärungen unter gleichzeitiger Geltendmachung eines vollen Vitalismus. Alle Monaden sind lebendig und aufnahmefähig; sie agieren zielgerichtet.[80]

Die Philosophie der Dritten Kraft erreichte ihren Höhepunkt im 17. Jahrhundert in den metaphysischen Anschauungen Mores und anderer Cambridge Platonists sowie denjenigen von Lady Conway. Sie boten eine metaphysische Basis für die neue Wissenschaft in spiritueller und vitalistischer Hinsicht, und sie beharrten darauf, wie wichtig die bevorstehende Erfüllung der biblischen Prophezeiungen sei.[81] Sowohl More als auch Cudworth trachteten danach, die Konversion der Juden in Gang zu bringen. More versuchte die Juden davon zu überzeugen, auf der Basis der Kabbala

[79] Siehe Leibniz' Brief an Thomas Burnet, zitiert von Nicolson, *Conway Letters*, S. 456.

[80] Über Leibniz' Anleihen bei Lady Conway siehe Nicolson, Conway Letters, S. 454–456, Merchant, op. cit., S. 264–68, und die Lopston-Ausgabe (Hinweise auf Leibniz).

[81] Ein interessanter Hinweis darauf erscheint in dem extrem millenaristischen Werk des Anführers der französischen Protestanten, Pierre Jurieu, *The Accomplishment of the Scripture Prophecies, or the Approaching Deliverance of the Church* (London 1687). In the »Advice to all Christians, concerning the approaching End of the Antichristian Empire of the Papacy, and of the coming of the Kingdom of Christ« (Rat an alle Christen in Bezug auf das nahende Ende des antichristlichen Reichs des Papsttums) behauptet Jurieu, dass das Wiederaufleben der Wissenschaften, die Kentnis des Griechischen und Hebräischen und die Verbreitung der neuen Philosophie »doth help very much to scatter that darkness which the Philosophy of the Schools had cast upon the Doctrines of religion« (sehr hilfreich darin ist, die Dunkelheit zu vertreiben, welche die Philosophie der Schulen über die religiösen Doktrinen gebreitet hat), S. 6v. Jurieu sah die modernen Entwicklungen in Naturwissenschaft und Navigation als Teil des Wegs hin zum Millennium. Und er fand, dass die Interpretation der Geschehnisse am besten beschrieben war in Dr. Mores Kommentar zur Apokalypse, der seiner Meinung nach Medes Ansichten am ehesten entsprach. Jurieus großer Gegenspieler Pierre Bayle verspottete ohne jede Gnade verschiedene Figuren der Dritten Kraft, wie z. B. Comenius, Dury und Serrarius.

die christliche Religion anzunehmen. Cudworth war Mitglied der Kommission Cromwells, die entscheiden sollte, ob die Juden in England wieder einreisen durften, und hatte dies ernsthaft unterstützt. Er hatte Menasse ben Israel in London besucht und versucht herauszufinden, warum der große Rabbiner nicht zum Christentum konvertiert war. Er verfasste einige (nicht publizierte) Werke als Antwort auf jüdisches, anti-christliches Material, das er von Menasseh erhalten hatte, und er versuchte das Buch Daniel und das der Offenbarung als Beweis dafür zu interpretieren, dass die Juden am Ende doch konvertieren würden.[82] More und Newton versuchten herauszufinden, wann das Millennium beginnen würde. More, Cudworth, Lady Conway und andere formulierten metaphysische Theorien, um aufzuzeigen, wie ihre religiösen und wissenschaftlichen Anschauungen Teil eines rationalen Systems sein konnten, in welchem Ausmaß also die Akzeptanz der neuen Wissenschaft und der Glaube an die Prophezeiungen der Heiligen Schrift mit einem spirituellen Entwurf der Welt in Einklang gebracht werden konnte.

Die Denker der Dritten Kraft wie auch andere moderne Philosophen fingen an, den Skeptizismus zu überwinden. Als sich Descartes und Dury im Winter 1634–35 trafen, boten sie sich gegenseitig zwei mögliche Lösungsvorschläge zur Krise des Skeptizismus an – Vertrauen in die Mathematik oder in die unfehlbaren Interpretationen biblischer Prophezeiungen. Die überwältigende Gewissheit der Millenaristen von Mede bis Newton war ebenso unerschütterlich wie Descartes' Glaube an die Wahrheit von klaren und präzisen Ideen. Wenn die Leser der Heiligen Schrift nur Herz und

[82] Cudworths Beziehungen zu Menasse ben Israel werden beschrieben in Richard Kidder, *A Demonstration of the Messias. In which the Truth of the Christian Religion is proved especially against the Jews*, 3 Bände (London 1684–1700) Band II, S. A4–A4v, und Band III, S. iii–iv. Im Vorwort zur Ausgabe von 1743 von Cudworths *True Intellectual System* beschreibt ein Brief Cudworths an Thurloe von 1658 seine Reaktion auf die von Menasse erhaltenen Manuskripte, S. x. Auf S. xx werden zwei unveröffentlichte Schriften von Cudworth aufgezeigt, eine über die »siebzig Wochen« in Daniel und die andere »Of the Verity of the Christian Religion against the Jews« (Über die Wahrheit der christlichen Religion gegenüber den Juden). Ersterer befindet sich in der British Library, Addit. Mss 4978–4987, doch die andere wurde noch nicht aufgefunden.

Verstand Gott öffneten, so wie Jakob Böhme das tat, dann würde ihnen unfehlbare Inspiration zuteilwerden, die ein jeder von ihnen sicherlich von Enthusiasmus unterscheiden konnte. Aufgrund ihrer Überzeugungen davon, was ihnen die nächste Zukunft bringen würde, unterstützten sie tatkräftig die Verbreitung von Wissen, um Universalwissen zu erlangen, wie auch die Versuche zur Einigung der evangelischen Kirchen und die Konversion der Juden. Ihr Einsatz für die Verbreitung von Wissen spielte eine sehr wichtige Rolle für die Entwicklung der modernen Wissenschaften.

Comenius schrieb eine Geschichte der Zukunft Europas und sah darin voraus, dass große intellektuelle Entwicklungen stattfinden würden, je näher der Beginn des Millenniums rückte.[83] Es war dieser feste Glaube an eine glorreiche Zukunft, der dazu führte, dass diese Denker der Dritten Kraft eine sehr einflussreiche Rolle im Gedankengut des siebzehnten Jahrhunderts spielten. Von Mede bis Newton und Leibniz (der in seinen Ägyptischen Vorschlägen und anderen Schriften starke millenaristische Tendenzen zeigte) bildeten sie die Avantgarde des modernen Denkens. Die meisten dieser Denker überwanden den Skeptizismus, indem sie auf ihre unfehlbaren Interpretationen der biblischen Prophezeiungen verwiesen. Diese Prophezeiungen ließen sie das Aufkommen der modernen Wissenschaften als entscheidenden Auftakt des Millenniums betrachten. Einige von ihnen entwickelten eine spirituelle Metaphysik, in der sie ihre religiösen Überzeugungen mit dem neuen wissenschaftlichen Bild der Welt vereinten.

Diese erstaunliche Kombination millenaristischer, mystischer, rationalistischer und wissenschaftlicher Ansichten, die auf der ernsten Überzeugung basierte, dass es bald einen neuen Himmel und eine neue Erde geben werde, wurde von vielen Denkern im achtzehnten Jahrhundert als unglaubwürdig abgetan, als die Deisten und Materialisten Verstand und Wissenschaft der Religion entgegenstellten. Wir, die wir in der Tradition der Aufklärung erzogen wurden, haben die ›Entwicklung des modernen Denkens‹ immer im Zusammenhang mit den Entwicklungen betrachtet, die zum Zeitalter der Vernunft führten – also mit wissenschaftlichem

[83] J. A. Comenius, *A General Table of Europe, Representing the Present and Future State thereof* (s. l. 1670).

Empirismus und Rationalismus im Gegensatz zur jüdisch-christlichen Tradition. Ein Raster wurde aufgestellt, in das Descartes, Hobbes, Spinoza und Locke passten, andere ihrer Zeitgenossen jedoch nicht. Ob wir nun wollen oder nicht, wir müssen die Denker der Dritten Kraft ernst nehmen, wenn wir die Veränderungen verstehen wollen, die zu Newtons Weltsicht führten. Wenn es uns gelingt, diese uns heute so fremd anmutende Mischung aus religiösem und wissenschaftlichem Gedankengut als wichtige historische Kraft vor drei Jahrhunderten anzuerkennen, dann können wir deren Fortsetzung im achtzehnten Jahrhundert und später im wissenschaftlichen Millenarismus von Whiston, Hartley und Priestley verfolgen, ebenso im romantischen, mystischen Millenarismus von Swedenborg, Blake, Wordsworth und Coleridge. Wenn wir bereit sind, diesen wichtigen Aspekt unserer Geistesgeschichte anzuerkennen, dann können wir vielleicht besser begreifen, wo wir heute stehen und wie wir hierher gelangt sind.

Bücher von Richard Popkin

The Neo-Intuitivist Theory of Mathematical Logic, New York: Diss. Columbia University, 1960

The History of Scepticism from Erasmus to Descartes, Assen 1960

Introduction to Philosophy (Avrum Stroll und R.P.), New York 1962

The Second Oswald, New York 1966

Pierre Bayle: Historical and Critical Dictionary – Selections (Hg.), Indianapolis 1965

The Philosophy of the Sixteenth and Seventeenth Centuries (Readings in the History of Philosophy) (Hg.), New York 1966

20th Century Philosophy: The Analytic Tradition (Readings in the History of Philosophy) (Hg. Morris Weitz, Paul Edwards und R.P.), New York 1966

The History of Scepticism from Erasmus to Spinoza, Berkeley 1979

The High Road to Pyrrhonism, Austin Hill 1980

David Hume: Dialogues Concerning Natural Religion (Hg.), Indianapolis 1980

Philosophy Made Simple (Avrum Stroll und R.P.), London 1982

Philosophy and Contemporary Problems: A Reader (Hg. mit Avrum Stroll), New York 1984

Isaac La Peyrère (1596–1676): His Life, Work, and Influence, Leiden 1987

Scepticism from the Renaissance to the Enlightenment (Hg. mit Charles B. Schmitt), Wiesbaden 1987

Spinoza's Earliest Publication? (Hg.), Assen 1987

Millenarianism and Messianism in English Literature and Thought 1650-1800 (Hg.), Leiden 1988

Blaise Pascal: Selections (Hg.), New York 1989

Menasseh Ben Israel and His World (Hg. Yosef Kapan, Henri Méchoulan und R.P), Leiden 1989

Essays on the Context, Nature, and Influence of Isaac Newton's Theology (Hg. James E. Force und R.P.), Dordrecht 1990

The Third Force in Seventeenth-Century Thought, Leiden 1990

The Shapes of Knowledge from the Renaissance to the Enlightenment (Hg. Donald R. Kelley und R.P.), Dordrecht 1991

Scepticism and Irreligion in the Seventeenth and Eighteenth Centuries (Hg. mit Arjo Vanderjagt), Leiden 1993

Jewish Christians and Christian Jews. From the Renaissance to the Enlightenment (Hg. mit Gordon M. Weiner), Dordrecht 1994

The Books of Nature and Scripture: Recent Essays on Natural Philosophy, Theology, and Bible Criticism in the Netherlands of Spinoza's Time and the British Isles of Newton's Time (Hg. James E. Force und R.P.), Dordrecht 1994

Scepticism in the History of Philosophy. A Pan-American Dialogue (Hg.), Dordrecht 1996

Heterodoxy, Spinozism, and Free Thought in Early Eighteenth-Century Europe: Studies on the Traité des Trois Imposteurs (Hg. Silvia Berti, Françoise Charles-Daubert und R.P.), Dordrecht 1996

Scepticism in the Enlightenment (Hg. mit Ezequiel de Olaso und Giorgio Tonelli), Dordrecht 1997

The Skeptical Tradition Around 1800. Skepticism in Philosophy, Science, and Society (Hg. Johan van der Zande und R.P.), Dordrecht 1997

Leibniz, Mysticism and Religion (Hg. Allison P. Coudert, R.P. und Gordon M. Weiner), Dordrecht 1998

The Columbia History of Western Philosophy (Hg.), New York 1999

Newton and Religion: Context, Nature, and Influence (Hg. James E. Force und R.P.), Dordrecht 1999

Judaeo-Christian Intellectual Culture in the Seventeenth Century. A Celebration of the Library of Narcissus Marsh (1638-1713) (Hg. Allison P. Coudert, Sarah Hutton, R.P. und Gordon Weiner), Dordrecht 1999

Messianic Revolution. Radical Religious Politics to the End of the Second Millenium (mit David S. Katz), New York 1999

The Abbé Grégoire and his World (Hg. Jeremy D. Popkin und R.P.), Dordrecht 2000

Jewish Messianism in the Early Modern World (Hg. Matt Goldish und R.P.) (Millenarianism and Messianism in Early Modern European Culture Vol. I), Dordrecht 2001

The Millenarian Turn: Millenarian Contexts of Science, Politics and Everyday Life in the Seventeeth and Eighteenth Centuries (Hg. James E. Force und R.P.) (Millenarianism and Messianism in Early Modern European Culture Vol. III), Dordrecht 2001

Continental Millenarians: Protestants, Catholics, Heretics (Hg. John C. Laursen und R.P.) (Millenarianism and Messianism in Early Modern European Culture Vol. IV), Dordrecht 2001

Sceptical Philosophy for Everyone (mit Avrum Stroll), Amherst 2002

The History of Scepticism from Savonarola to Bayle, Oxford 2003

Secret Conversions to Judaism in Early Modern Europe (Hg. Martin Mulsow und R.P.), Leiden 2003

Spinoza, Oxford 2004

Disputing Christianity: The 400-Year-Old Debate Over Rabbi Isaac den Abraham Troki's Classic Arguments, Amherst 2007

www.ingramcontent.com/pod-product-compliance
Lightning Source LLC
LaVergne TN
LVHW091408190726
843491LV00006B/1327

* 9 7 8 3 7 8 7 3 4 7 5 4 4 *